Hubo un tiempo en que los primeros cristianos eran estereotipados como robustos héroes de túnica blanca, que parecían poco menos que ángeles caminando por la tierra. En su libro, muy ameno (y minuciosamente documentado), Nadya Williams realiza la asombrosa proeza de presentar a aquellos antiguos creyentes como seres humanos reales, con virtudes y defectos muy reconocibles, que vivían en entornos no muy distintos de los que conocemos hoy. De hecho, como ella nos muestra, aquellos cristianos actuaban a menudo de forma muy parecida a sus homólogos modernos y se enfrentaban a muchos de los mismos dilemas en su vida cotidiana. Su libro es un gran logro de la investigación imaginativa.

Philip Jenkins, autor de *A Storm of Images*, catedrático de historia, Institute for Studies of Religion, Baylor University

La codicia, la lujuria, el egoísmo, los prejuicios, el nacionalismo cristiano: en la iglesia del siglo XXI luchamos contra todos estos problemas. Pero los modernos no estamos solos. En esta conmovedora y perspicaz obra de análisis histórico y cultural, Williams muestra que tales vicios han plagado las comunidades cristianas desde el principio. Espero que estos antiguos puedan servirnos de espejo para ver nuestros propios puntos ciegos y vicios en sus historias. Pero no todo son malas noticias. La iglesia primitiva contaba con esos pocos pero poderosos testigos del camino auténtico, contracultural y transformador de Jesús. Williams utiliza de forma creativa la historia de los primeros cristianos para iluminar el estrecho camino del discipulado fiel.

Nijay K. Gupta, profesor de Nuevo Testamento, Northern Seminary

Nadya Williams ha escrito un fascinante relato de cómo los cristianos se han enfrentado, desde la antigüedad, a la tentación de imitar a las culturas residentes en lugar de adoptar una auténtica vida cristiana. Ya se trate de comida, sexo, dinero o política, los cristianos se han enfrentado, desde el Tíber hasta Tallahassee, a la tentación de entregarse a los vicios mundanos en lugar de a los hábitos santos. Un excelente ejemplo de cómo comprender la lucha del cristianismo y la cultura en la antigüedad puede ayudarnos a entender nuestras propias luchas culturales en el presente. ¡Muy recomendable!

Rev. Dr. Michael F. Bird, decano académico, Ridley College, Melbourne, Australia

En este convincente y persuasivo libro, Williams demuestra que, aunque el cristianismo acabó transformando la sociedad romana, los primeros seguidores de Cristo lucharon por resistirse a la cultura circundante tanto como los creyentes de hoy. La autora combina vívidas historias de "cristianos culturales" de la iglesia primitiva con un análisis experto del contexto social, cultural e histórico que configuró su cosmovisión. El resultado es un relato lleno de matices sobre la iglesia primitiva y los pecadores que la integraban. Williams pide a los cristianos contemporáneos que dejen de idealizar a las personas del pasado y nos reta a renovar nuestros esfuerzos para resistir al pecado en todas sus formas, desde el conocido vicio de la avaricia hasta la idolatría más dañina del nacionalismo cristiano.

Meghan DiLuzio, profesor adjunto de estudios clásicos,
Baylor University

En *Cristianos culturales en la iglesia primitiva*, la Dra. Nadya Williams se remonta a los cinco primeros siglos del cristianismo para recordar a los cristianos evangélicos contemporáneos que el conocido fenómeno moderno del "cristiano cultural" tiene sus raíces en los orígenes mismos del cristianismo. Aunque las historias más vívidas sobre los cristianos de este periodo se centran en la persecución, el martirio y el rechazo radical del mundo secular romano, nuestros textos antiguos proporcionan abundantes pruebas de que estos "cristianos contraculturales" no eran la norma. De hecho, como demuestra Williams, hay otra historia del cristianismo primitivo que contar, una que pone de relieve hasta qué punto la mayoría de los primeros cristianos lucharon por rechazar los valores y las obligaciones sociales del mundo secular romano. Para Williams, es en estas luchas donde los lectores modernos pueden ver la brecha entre las enseñanzas cristianas y las prácticas cotidianas de muchos de los primeros cristianos. Basándose en pruebas antiguas que abarcan desde el siglo I hasta el V d. C., y desde Roma y el norte de África hasta el Oriente griego, Williams expone argumentos sólidos para comprender que los primeros cristianos compartían muchas de las mismas luchas a las que se enfrentan los cristianos contemporáneos cuando intentan vivir en el mundo secular a la vez que se aferran a su fe.

Cristianos culturales en la iglesia primitiva ofrece una apasionante historia de los primeros cristianos que lucharon por conciliar su fe con sus responsabilidades comunitarias, sus ambiciones profesionales y sus preferencias de estilo de vida. Al centrarse en las desordenadas vidas de estos "cristianos culturales", más que en los mártires heroicos que resultan más familiares a los cristianos contemporáneos, Williams anima a sus hermanos en la fe a considerar los desafíos que planteó el pecado desde los mismos orígenes del cristianismo. A través de una serie de vívidos estudios de casos, lleva al lector a un viaje relámpago desde la época del Nuevo Testamento hasta el cristianismo posconstantiniano y el auge del ascetismo. Sus héroes no son los famosos mártires, sino los cristianos que lucharon por vivir en el mundo secular, como miembros de comunidades, con responsabilidades familiares y cívicas, en cuerpos propensos al pecado.

Williams se interesa especialmente por el modo en que estas historias antiguas permiten al lector moderno reconocer y reflexionar sobre sus propios fallos como cristianos practicantes. En última instancia, *Cristianos culturales en la iglesia primitiva* ofrece a los cristianos contemporáneos una narrativa matizada de los complejos primeros siglos del cristianismo antiguo, con especial atención a distintos tipos de comportamiento que los cristianos evangélicos modernos considerarían pecaminosos (e. g., ignorar a los pobres). Williams es una escritora talentosa que narra una historia atractiva, ingeniosa e instructiva, a la vez que accesible para los no especialistas sin conocimientos previos de la historia cristiana primitiva. En última instancia, su objetivo es pedagógico: al explicar estas historias de "cristianos culturales", Williams pretende animar a sus lectores a reflexionar sobre sus propias vidas, sus propios comportamientos, y a tomar medidas para adoptar una práctica de "cristianismo contracultural" basada en el servicio a la comunidad y a los semejantes, al tiempo que se niega a acomodarse a las normas sociales del mundo secular.

Dra. Jennifer Ebbeler, profesora adjunta de estudios clásicos en la Universidad de Texas en Austin, autora de *Disciplining Christians*

Contundente y provocador, el libro de Williams ofrece una lectura accesible y entretenida sobre un tema serio. Su rica selección de ejemplos históricos y su esclarecedora contextualización del cristianismo primitivo en su contexto grecorromano llegan a un punto que difícilmente podría ser más oportuno, por mucho que los cristianos de entonces y de ahora discrepen sobre lo que constituye el "cristianismo cultural". El cristianismo primitivo nunca fue un Edén, inmune al perenne problema del pecado humano. No debemos idealizar ni a la iglesia primitiva ni a nosotros mismos.

Han-luen Kantzer Komline, profesor de historia de la iglesia y teología en Western Theological Seminary, colaborador Humboldt en la Universidad de Tubinga

La tesis de Nadya Williams es inquietante e irrefutable. Nunca hubo un periodo idílico en la historia de la iglesia, en el que los creyentes compartieran los bienes de forma coherente, se mantuvieran fieles al Evangelio y entregaran con alegría sus vidas en el martirio. Incluso la tan romantizada "iglesia primitiva" (del año 100 al 400 d. C.) se vio a veces empañada por el compromiso, la apostasía y la mera indiferencia. En otras palabras, el cristianismo nominal o cultural no es solo un problema de las modernas Sydney o Atlanta. Estaba presente entre los cristianos perseguidos de la Bitinia del siglo II, la iglesia en rápido crecimiento de Cartago del siglo III e incluso los famosos padres del desierto del Egipto del siglo IV. *Cristianos culturales en la iglesia primitiva* no es una obra de "presentismo", que juzga a nuestros antepasados por los valores de hoy. En cierto modo, es lo contrario. Al arrojar una luz evangélica sobre los antiguos cristianos, Williams consigue ofrecer una crítica mordaz de aspectos del cristianismo contemporáneo. No es un libro para cobardes, pero sí muy recomendable.

John Dickson, Catedrático Jean Kvamme de Wheaton College, anfitrión de *Undeceptions*, y autor de *Bullies and Saints*

Después de leer este libro tendré más cuidado cuando invoque la llamada naturaleza "contracultural" de la iglesia antigua al criticar la cautividad cultural de los evangélicos estadounidenses. Nadya Williams es un modelo de cómo pensar la relación entre el pasado y el presente.

John Fea, catedrático de historia de Estados Unidos, Messiah University

Cristianos culturales en la iglesia primitiva ofrece al lector la oportunidad de asomarse al cristianismo antiguo de una manera única. Al leer este libro, uno tiene la sensación de asomarse a la ventana de una iglesia y, al mismo tiempo, ver parte de su propio reflejo en el cristal, como si estuviera parcialmente representado en las personas del interior. En lugar de ofrecer una visión romántica de una iglesia primitiva ideal que solo más tarde cayó en el compromiso, y en lugar de perpetuar una narrativa sobre una iglesia jerárquica emergente que se casa con el poder y acaba con la diversidad, Nadya Williams introduce una serie de historias cautivadoras y escenarios vívidos que nos ayudan a ver el pasado y el presente en diálogo. Y se trata de una conversación importante para cualquier persona de fe de hoy, independientemente de su conocimiento previo de la historia cristiana primitiva.

David E. Wilhite, profesor de teología, George W. Truett Theological Seminary de Baylor University

Cristianos culturales EN LA iglesia primitiva

Introducción histórica y práctica a los cristianos
EN EL MUNDO GRECORROMANO

Nadya Williams

EDITORIAL CLIE
C/ Ferrocarril, 8
08232 VILADECAVALLS
(Barcelona) ESPAÑA
E-mail: clie@clie.es
http://www.clie.es

Publicado originalmente en inglés bajo el título *Cultural Christians in the Early Church* © 2023 por Nadya Williams. Con permiso de Zondervan Academic. Grand Rapids, Michigan.

CRISTIANOS CULTURALES EN LA IGLESIA PRIMITIVA
Introducción histórica y práctica a los cristianos en el mundo grecorromano
ISBN: 979-13-87625-08-5
Depósito legal: B 22997-2025
Iglesia cristiana / Historia
REL108020

Impreso en Estados Unidos de América / *Printed in the United States of America*

26 27 28 29 30 31 32 33 34 35 / TRM / 14 13 12 11 10 9 8 7 6 5 4 3 2 1

A Dan. Te amo más que al café.

Contenido

Imperio romano

Introducción

Cristianos culturales en lugares inesperados

A mediados del siglo III d. C., un obispo norteafricano escribió un tratado dirigido a las mujeres de su iglesia, en el que las exhortaba a resistirse a comportamientos culturalmente normalizados, pero inmodestos en su cosmopolita ciudad romana, como bañarse desnudas en público y llevar una cantidad excesiva de joyas. El tratado resulta aún más sorprendente cuando nos damos cuenta de que las escandalosas personas a las que iba dirigido eran mujeres solteras que habían dedicado su virginidad a Cristo. Estamos hablando, en efecto, de monjas, aunque antes de que el concepto existiera plenamente.[1]

Casi un siglo y medio más tarde, en el año 396 de nuestra era, un obispo italiano escribió una carta de reprimenda a una iglesia cercana que se había dividido en amargas facciones enfrentadas y que no se ponía de acuerdo para nombrar a un nuevo obispo tras la muerte del anterior párroco de la iglesia. Sin líder durante una temporada, la iglesia se estaba desintegrando en el caos y el conflicto. Para colmo de males, los miembros de la congregación estaban siendo influenciados por las escandalosas enseñanzas, decididamente anticristianas, de dos monjes apóstatas. Al parecer, llevar una vida más mundana era lo único en lo que las facciones enfrentadas podían ponerse de acuerdo. Ambrosio, el indignado autor de la carta, recordó a los miembros de la iglesia que, mientras que las enseñanzas de estilo epicúreo sobre la comida y los placeres sexuales que los dos apóstatas les presentaban eran aceptadas en el mundo pagano que los rodeaba, los cristianos desde sus primeros días habían sido llamados a resistirse a tales puntos de vista culturales.[2]

---

[1] El tratado en cuestión es *De los vestidos de las vírgenes*, de Cipriano, obispo de Cartago en 248–58 d. C.

[2] Ambrosio, Epístola LXIII, dirigida a la iglesia de Vercellae: https://www.newadvent.org/fathers/340963.htm.

Estas historias, y muchas otras similares de los cinco primeros siglos de la iglesia, ponen en tela de juicio la suposición general del público actual de que los primeros cristianos eran conversos fervorosos, mucho más devotos de su fe que los fieles típicos de hoy en día. Con demasiada frecuencia, los cristianos de hoy consideran que el cristianismo cultural es un concepto moderno, que suele darse en zonas donde el cristianismo es la cultura mayoritaria, como el Cinturón bíblico estadounidense.[3] Sin embargo, la historia que presenta este libro refuta ambos supuestos.

Pero, primero, ¿quiénes son esos cristianos culturales de los que hablo? Este término se refiere a personas que se identifican a sí mismas como cristianas, pero cuyo comportamiento exterior y, hasta donde podemos saberlo, sus pensamientos y motivaciones interiores están influidos en gran medida por la cultura que las rodea, más que por su fe cristiana y las enseñanzas de Jesús. En el Cinturón bíblico, suelen ser cristianos que asisten fielmente a la iglesia durante una hora la mayoría de los domingos, pero que compartimentan su fe el resto de la semana, adoptando una serie de comportamientos culturalmente normalizados en los Estados Unidos modernos que son contrarios a las enseñanzas y prácticas teológicas cristianas tradicionales en áreas clave de la vida, incluidas las actitudes hacia las citas amorosas y la sexualidad (p. ej., cohabitar antes del matrimonio o aceptar el aborto), el uso de las finanzas (p. ej., el juego de azar o la falta de diezmo o de compasión por los demás), la política (p. ej., el auge del nacionalismo cristiano), e incluso la asistencia a la iglesia (p. ej., los que creen que una vez que se han salvado, la asistencia a la iglesia es opcional).

En una cultura en la que la iglesia puede parecer a veces tanto un club social como una institución religiosa, y en la que ser miembro de una iglesia significa a menudo ganar en vez de perder respetabilidad, sobre todo a nivel local, el cristianismo cultural tiene sentido. Pero el escandaloso argumento de este libro es que los cristianos culturales podían existir e incluso florecer en un mundo en el que el cristianismo era una minoría perseguida. De hecho, la primera persecución de cristianos en todo el imperio estaba teniendo lugar justo cuando el asediado obispo de nuestro primer ejemplo, Cipriano, que finalmente fue martirizado por su fe, exhortaba a su rebaño, incluidas las vírgenes consagradas con mal comportamiento, a resistir a la cultura que les rodeaba. Además, el cristianismo cultural podía existir también en un mundo en el que el

[3] *N. del E.*: El Cinturón bíblico (*Bible Belt*, en inglés) es una región cultural del sur de Estados Unidos caracterizada por la fuerte influencia del protestantismo evangélico en la vida social y política.

cristianismo acababa de convertirse en la religión legalizada del imperio, como en el caso de Ambrosio. En lugar de pensar en el cristianismo cultural como una excepción, un fenómeno que solo podía florecer en condiciones muy específicas, quizá deberíamos pensar en él como un defecto, un resultado natural del estado caído y pecaminoso de la humanidad.

Por ello, este libro, que pretende ser a la vez histórico y práctico, sostiene que los cristianos culturales eran la norma y no la excepción en la iglesia primitiva, desde el siglo I hasta el siglo V de nuestra era. Utilizando diferentes categorías de pecados de inspiración cultural como principio organizador, y centrándose en un pecado diferente en cada capítulo, el libro considera el desafío de la cultura a los primeros conversos al cristianismo, en su lucha —y a menudo fracaso— por vivir en misión en el entorno cultural grecorromano del Imperio romano.

La razón de este libro

Escribí este libro por tres razones históricas y teológicas relacionadas, y estas tres razones son también las razones por las que usted debería leerlo. En primer lugar, como profesora de historia antigua que lleva más de una docena de años enseñando en una universidad estatal de una región predominantemente evangélica del sur de Estados Unidos, he oído a demasiados de mis alumnos y compañeros de iglesia a lo largo de los años, hacer comentarios sobre la superioridad de los primeros cristianos respecto a nosotros. Este libro es un intento de explicar tanto por qué esta visión es errónea como por qué sostener esta creencia puede acabar engañándonos en el presente. En segundo lugar, y relacionado con lo anterior, tanto el público estadounidense en general como los cristianos estadounidenses en particular tienen una comprensión muy limitada de la historia antigua y del mundo de la iglesia primitiva. Se echa especialmente en falta una comprensión precisa de la cultura grecorromana y su responsabilidad en la formación de la cosmovisión de las personas, lo que significa también la formación de los pecados a los que eran especialmente propensos. Y en tercer lugar, si comprendemos la presencia y el impacto del cristianismo cultural en la iglesia primitiva y comprendemos que muchos de nuestros propios pecados son pecados culturales, esto repercutirá en todo, incluidos nuestros puntos de vista sobre las finanzas, el matrimonio, la sexualidad y la política, por citar solo algunos ejemplos. Porque si muchos de nosotros también somos cristianos culturales, intentar arreglar el mundo a través de la política o de políticas concretas sobre el matrimonio, por ejemplo, nunca funcionará. Más bien, tenemos que buscar una auténtica conversión y santificación.

Al definir el cristianismo cultural, señalé que es la fe de quienes confiesan a Jesús con sus palabras mientras viven según las normas de la cultura circundante. Esos comportamientos culturalmente normalizados de los cristianos culturales se convierten, a su vez, en lo que yo llamo *pecados culturales*. En pocas palabras, los cristianos culturales cometen pecados culturales cada vez que pasan por alto las normas de Dios para participar en ciertos comportamientos culturalmente condicionados y aprobados. Estos temas pueden ser tan comunes que la cultura circundante los considere completamente normales, tal vez ni siquiera merecedores de comentario, como los baños públicos desnudos de las vírgenes sagradas, a los que Cipriano se oponía, o la actitud moderna de los estadounidenses hacia la cohabitación antes del matrimonio. Sin embargo, el Nuevo Testamento presenta una visión contracultural de estos temas cotidianos y de muchos otros.

En la disonancia de las enseñanzas evangélicas con las de la cultura circundante, encontramos pecados de inspiración cultural. Centrarnos en estos pecados de inspiración cultural, a su vez, nos permite considerar qué aspectos de la cultura grecorromana circundante fueron especialmente difíciles de superar para los primeros cristianos. Nos encontraremos, por ejemplo, con hombres y mujeres que se basaban totalmente en los ideales griegos y romanos del mecenazgo a la hora de pensar en cómo utilizar su dinero. También conoceremos a hombres que abrazaron con entusiasmo el cristianismo, pero siguieron frecuentando prostitutas en su ciudad cosmopolita, una práctica que estaba normalizada social y culturalmente. Y también conoceremos a hombres y mujeres deseosos de martirio en tiempos de persecución, pero que se negaron rotundamente a servir a los enfermos y moribundos de su comunidad. Por último, aunque muchas de las personas cuyas historias analizaremos formaban parte de las multitudes anónimas de las primeras iglesias, también escucharemos algunas voces más conocidas, como la de Agustín, cuyas opiniones sobre el nacionalismo cristiano estudiaremos en el capítulo 8.

Aunque se trata, ante todo, de una narrativa histórica, los relatos de estos creyentes, hombres y mujeres de todas las clases sociales y de todas las partes del Imperio romano de los cinco primeros siglos de la iglesia, ofrecen una nueva perspectiva para considerar las cuestiones difíciles y atemporales que persisten obstinadamente en nuestro propio mundo y en nuestras iglesias. ¿Cómo resistimos a las visiones de la propiedad, la alimentación, el género y la sexualidad, y el cuidado de uno mismo que dominan en la cultura circundante? ¿Por qué el nacionalismo cristiano es un problema y un pecado cultural? ¿Y por qué huir de la iglesia es una solución para los cristianos culturales? En última instancia, el reconocimiento de que los pecados culturales siempre formaron parte de la historia de la iglesia y de su pueblo nos recuerda que nunca debemos idealizar a los pueblos del pasado. Además, para los lectores cristianos en particular, ver a la iglesia primitiva enfrentarse a los mismos retos del cristianismo cultural, debería ser tanto una fuente de consuelo como una llamada a la acción en aras de la santificación en el presente.

Sostengo que observar las historias de estas personas lejanas, los cristianos culturales del mundo antiguo, por extrañas que puedan parecer a primera vista, es una forma fructífera de comprender mejor nuestras propias luchas como cristianos de hoy. Esta comprensión es, en última instancia, lo que me gustaría que obtuvieran de la lectura de este libro, más allá del mero valor de entretenimiento del estudio del mundo grecorromano, que también será evidente, espero.

Pero entender las historias de estos primeros cristianos culturales exige comprender primero algo sobre el mundo en el que vivían. El mundo romano no era ajeno al fenómeno de la religión cultural. Pero para los romanos, a diferencia de los cristianos, la idea de religión cultural no tenía connotaciones negativas. Algunos de nuestros mejores testigos de ello no son humanos, sino aves de corral.

El negocio de las aves: Religión cultural en el mundo romano

Las gallinas estaban hambrientas. Marco Furio Camilo, recién nombrado dictador para dirigir el ejército romano en su prolongada guerra contra Veyes, estaba cerca y las observaba con creciente confianza. Según su experiencia, las gallinas nunca mentían. Sabía que este presagio solo podía significar una cosa: los dioses paganos estaban a punto de conceder a los romanos una de sus victorias más importantes hasta la fecha. Se podría decir que la familia de Camilo estaba especialmente unida a los dioses: un pariente suyo, Quinto Furio Paculo, posiblemente un tío o primo lejano, llegó a ser pontífice máximo, jefe de un poderoso colegio sacerdotal.[4] Pero, sobre todo, la religión cultural de Roma formaba parte de la cosmovisión de Camilo, al igual que sucedía con todos los habitantes

[4] Como cristianos, podemos sentirnos incómodos al hablar de la religión pagana con sus muchas deidades. Utilizo aquí el término dioses porque es el lenguaje que utilizaban estos creyentes paganos. Y así, incluso esta misma terminología nos recuerda la cosmovisión tan diferente en la que vivían los primeros seguidores de Cristo, así como los retos lingüísticos a los que seguramente también se enfrentaban cuando intentaban compartir el Evangelio con los que los rodeaban. Para una visión general de las diferencias entre la cosmovisión romana y la de los primeros cristianos, véase Teresa Morgan, *Roman Faith and Christian Faith: Pistis and Fides in the Early Empire and Early Churches* (Oxford: Oxford University Press, 2015).

de la República romana. Sin embargo, ¿qué significa exactamente esta idea de religión cultural y qué significaba para los romanos? La experiencia de Camilo nos ofrece una idea.

Alrededor del año 396 a. C., los romanos, que por entonces se limitaban en gran medida a una aldea poco conocida y asolada por la malaria a orillas del Tíber, emprendieron el asedio de Veyes. Veyes, un importante bastión etrusco situado a menos de quince kilómetros de Roma, suponía una significativa amenaza para la seguridad y el crecimiento de Roma. Por ello, el Senado nombró un dictador, un cargo militar reservado para casos de extrema urgencia y solo durante seis meses. Ese dictador era Camilo, cuyo extraordinario historial militar hablaba por sí solo.

Durante el asedio, los romanos oraron a los dioses en busca de ayuda, como era su costumbre. De hecho, los generales romanos estaban sujetos a una gran variedad de rituales esenciales, cuya violación, según los romanos, ponía en peligro el éxito de toda la campaña. Por poner solo un ejemplo especialmente conocido, mencionado anteriormente, los generales debían consultar a las gallinas sagradas antes de la batalla. Si las gallinas comían el grano ofrecido, los augurios de los dioses prometían la victoria. Sin embargo, si las gallinas se negaban a picotear su comida, la derrota estaba asegurada, por lo que la batalla debía posponerse para otro día.

Oímos hablar de generales que intentaban amañar un poco el sistema: se sabía que las gallinas sagradas pasaban hambre en ocasiones, por lo que comían grano, cuando finalmente se les ofrecía, con especial avidez, proporcionando el deseado buen augurio. Pero, como sabe cualquiera que haya tenido la experiencia de cuidar gallinas, no son las criaturas más inteligentes ni las más predecibles. Más tarde, durante la primera guerra púnica, un general romano, comprensiblemente molesto porque las aves divinas perturbaban sus bien trazados planes de batalla, exclamó: «¡Si no quieren comer, que beban!», y arrojó las gallinas al mar. Las gallinas se ahogaron enseguida, pero su predicción resultó verdadera. Los romanos perdieron la batalla estrepitosamente, noventa y tres de sus ciento veintitrés naves naufragaron.[5]

---

[5] Publio Clodio Pulcro había tenido una distinguida carrera política y militar antes de este incidente, pero su derrota en la batalla de Drépano en el 249 a. C. puso fin a su carrera. Fue llamado de nuevo a Roma y juzgado, escapando por poco de la pena capital por un tecnicismo. La historia de su desprecio al presagio de derrota parece haber sido bien conocida en la Antigüedad. Cicerón la cuenta en *Sobre la naturaleza de los dioses* 2.7, Suetonio la incluye en *Vida de Claudio* 2, y a Valerio Máximo le pareció lo bastante llamativa como para incluirla en su colección de *Hechos y dichos memorables*.

En el asedio de Veyes, bajo el mando de Marco Furio Camilo, los protocolos se siguieron con precisión. Además de los rituales religiosos habituales, como la consulta a las gallinas, los romanos también llevaron a cabo una *evocatio*, la "llamada" ceremonial a un dios o diosa de otra ciudad o estado, para que se uniera al bando romano. En concreto, los romanos llamaron a Juno, la diosa patrona de Veyes, para que se uniera a su bando, prometiéndole un nuevo y elegante templo en Roma a cambio de su ayuda. El trato funcionó. Veyes cayó en manos de los romanos y (como cuenta el historiador romano Livio) un soldado romano especialmente descarado, que estaba ayudando a empaquetar la estatua de culto de Juno para transportarla a su nueva morada en Roma, le preguntó a la estatua si quería venir a Roma. Ante el asombro de todos, Juno asintió con la cabeza.[6]

Esta historia revela varios aspectos clave de la religión romana tradicional. En primer lugar, la religión romana fue, desde sus primeros días, tan expansionista y colonizadora como la propia Roma. A medida que Roma conquistaba territorios cada vez más alejados de la aldea del Tíber, incorporaba nuevos dioses, o nuevas manifestaciones de dioses conocidos, al panteón estatal. Pero normalmente había que romanizarlos al menos un poco para que encajaran. Lo más probable es que Juno formara parte de la religión romana desde sus primeros días, pero la Juno veyesiana seguía siendo acogida como una entidad nueva, que necesitaba su propio templo.

En segundo lugar, la religión romana era paradójicamente rígida y flexible a la vez, y en última instancia estaba arraigada en la negociación. Había que seguir ciertos rituales y mantener la *pax deorum* (paz con los dioses) mediante ceremonias correctas. Sin duda, la mayoría de los habitantes del Estado romano gozaban de una gran flexibilidad en su práctica religiosa personal. Pero en tiempos de crisis, se esperaba que todos participaran en los sacrificios. Y regularmente, para los sacerdotes, el trabajo conllevaba grandes responsabilidades. Las ceremonias más extrañas para complacer a determinados dioses quedaban relegadas a los escasos miembros de los colegios sacerdotales, sujetos a una serie de normas arcaicas bastante escandalosas, que supuestamente se remontaban a los

[6] Estas historias se conservan en el libro 5, capítulos 21–22, de la obra de Livio *Ab Urbe Condita*, una historia de Roma desde su fundación hasta la época de Livio (el periodo de Augusto). Aunque el propósito de estos relatos aquí es simplemente proporcionar un contexto sobre cómo funcionaba la religión romana en su entorno cultural, dirijo a cualquier persona interesada en Juno entre Veyes y Roma al libro de Lisa Mignone, *Rome's Juno: Religious Imperialism and Self-Preservation* (Ann Arbor: University of Michigan Press, próximamente).

tiempos del rey Numa, el legendario segundo rey de Roma que formuló por primera vez el concepto de *pax deorum*. Más concretamente, una ninfa del bosque, Egeria, se lo contó todo. Una historia verdadera, o eso cuentan historiadores romanos como Livio, aunque no está claro cuántos romanos se la creyeron.[7] En cualquier caso, estos pocos sacerdotes tenían que demostrar un alto nivel de compromiso.

El *Flamen Dialis*, sumo sacerdote de Júpiter, estaba sujeto a normas especialmente restrictivas en todos los aspectos de su vida, incluida una vestimenta especial con un extraño sombrero cónico (sin el cual nunca podía salir en público) y la prohibición de ausentarse de Roma más de una sola noche. Sus cabellos y uñas cortadas debían conservarse y enterrarse ceremonialmente bajo un árbol sagrado especialmente designado. Y esto no es más que la punta del iceberg en lo que se refiere a las muchas normas que tenía que seguir para asegurarse el favor de Júpiter para la ciudad de Roma. Pero el bienestar de Roma valía la pena para él, aunque, por desgracia, ningún *Flamen Dialis* nos ha dejado un diario detallado de cómo se sentía realmente con su trabajo. En cualquier caso, los complejos rituales romanos y los requisitos extremos para los sacerdotes y los sacerdocios nos recuerdan que, en la visión romana del mundo, todas las transacciones con los dioses eran esencialmente tratos *quid pro quo*.[8] Solo en el mundo de esos tratos tiene sentido la historia de Juno de Veyes. Y esto nos lleva al tercer aspecto.

Al igual que otras religiones politeístas antiguas, la religión romana era una religión cultural por excelencia. Aunque hoy en día podemos pensar que la religión es solo un aspecto particular de la vida en nuestra sociedad que puede aislarse de los demás —pensemos, por ejemplo, en el concepto estadounidense de separación de Iglesia y Estado (dejando a un lado el debate sobre si eso es exactamente lo que significa la Cláusula de Establecimiento de la Constitución)—, no ocurría lo mismo con otras

---

[7] Livio, *Ab Urbe Condita* 1.21.

[8] La bibliografía sobre la religión romana es inmensa. Especialmente accesible y comprensible es la monumental colección en dos volúmenes de Mary Beard, John North, y Simon Price, *Religions of Rome* (Cambridge: Cambridge University Press, 1998). El volumen 1 ofrece una amplia historia milenaria de las religiones romanas, desde los primeros tiempos de la República hasta la cristianización del imperio, mientras que el volumen 2 es una recopilación de fuentes primarias. También es de fácil lectura el texto introductorio de John North, *Roman Religion* (Oxford: Oxford University Press, 2000). El volumen editado por Sarah Iles Johnston es maravillosamente exhaustivo e incluye las antiguas religiones mediterráneas más allá de Roma, aunque su tono es más académico, *Religions of the Ancient World: A Guide* (Cambridge, MA: Belknap, 2004).

religiones del mundo premoderno.[9] La religión romana, en particular, era muy práctica y se integraba en todos los aspectos de la vida cotidiana, desde el nacimiento hasta la muerte, rigiendo en el proceso lo que significaba ser romano. El culto a los dioses romanos era parte integrante de la condición de ciudadano o residente romano. Más que basarse en un sistema de creencias teológicas o en un credo, este culto politeísta se basaba en valores culturales, el principal de los cuales era la aceptación de la importancia primordial de la ciudad de Roma y, con el tiempo, de lo que Roma representaba. Los individuos que rechazaban estos valores básicos, como hacían los primeros cristianos, se posicionaban directamente como enemigos de la sociedad romana en su núcleo, razón por la cual los romanos los veían como una amenaza para todo el edificio social.[10] Pero Juno de Veyes estaba dispuesta a seguir las reglas romanas, al menos.

La aceptación del trato por parte de Juno en Veyes significaba que estaba dispuesta a aceptar esta regla, y se romanizó. Dada la importancia de la ciudad de Roma para la religión cultural romana, no es casualidad que Constantino, el emperador que trasladó la capital del imperio de Roma a su nueva ciudad, Constantinopla, fuera también el primer emperador cristiano. Para colmo de males, ni siquiera se molestó en pedir permiso a las gallinas sagradas. Tras mil años bendiciendo o amenazando los planes de batalla de los generales romanos, las gallinas se quedaron sin trabajo.

Religión cultural: Lo nuevo y lo viejo

A primera vista, la idea de la religión cultural —en la que alguien puede identificarse culturalmente con una tradición religiosa concreta, pero no seguir la mayoría de sus principios teológicos o incluso no ver la relevancia de la teología más allá de la identificación cultural— puede parecer muy moderna, quizá porque estamos muy acostumbrados a verla. Al fin y al cabo, hay más católicos y protestantes estadounidenses que podrían clasificarse como cristianos culturales que los que no lo son, y lo mismo puede decirse de un porcentaje significativo de musulmanes y judíos estadounidenses. Como señaló un estudio del Pew Center, cada vez más judíos estadounidenses piensan que recordar el Holocausto es

[9] Véase Brent Nongbri, *Before Religion: A History of a Modern Concept* (New Haven, CT: Yale University Press, 2015).

[10] Véase Larry W. Hurtado, *Destructor de los dioses. El cristianismo en el mundo antiguo* (Salamanca: Ediciones Sígueme, 2017). Para fuentes primarias que documentan la preocupación de los romanos por las creencias y prácticas no romanas de los cristianos, véase Robert Wilken, *The Christians as the Romans Saw Them* (New Haven, CT: Yale University Press, 2003).

más esencial para su identidad judía que creer en Dios.[11] Yo también puedo dar fe de ello desde mi propia experiencia, que ofrece un ejemplo concreto de cómo puede ser la religión cultural hoy en día.

Crecí en un hogar judío laico en Rusia e Israel y vine a Cristo de adulta. Aunque la herencia judía significaba lo suficiente para que mis padres se trasladaran a Israel, mi familia nunca perteneció a una sinagoga y no celebraba las fiestas judías o, mejor dicho, no las celebraba de la forma originalmente prevista. Tengo muy buenos recuerdos de cuando, en Yom Kipur, me reunía con mis amigos y compañeros de clase para patinar por el barrio, seguido de una cena improvisada a base de bocadillos de queso. Era el único día del año garantizado en que no había autos en la calle. Así que cuando se ponía el sol y empezaba el Día de la Expiación —el día más sagrado del calendario religioso judío y, desde la antigüedad, un día de ayuno estricto de toda comida y bebida—, todos los niños de familias que no eran judías observantes salían a la calle en patines y bicicletas. Hay algo increíblemente liberador en patinar a toda velocidad por una calle llena de colinas y saber que, a diferencia de cualquier otro día del año, no aparecerá ningún automóvil por el camino. Aun así, tengo una cicatriz en la rodilla que demuestra que no es necesario que haya autos para caer estrepitosamente sobre el asfalto.

Sí, en el proceso de estas divertidas actividades, se podría decir que los niños como yo construimos juntos, sin darnos cuenta, nuevos rituales para marcar una fecha importante en el calendario judío. Pero nuestro ritual cultural no tenía nada que ver con Dios, como todos los demás rituales similares de diversas fiestas que llegué a marcar con la familia y los amigos. Por ejemplo, la recogida de leña y todo lo que se pudiera quemar para Lag Ba'omer, una fiesta menor que se celebra con hogueras nocturnas empezaba con meses de antelación. Ni siquiera supe con certeza qué se pretendía celebrar con esta fiesta hasta que fui adulta. Para ser justos, sus orígenes son turbios. La celebración es posterior a la Antigüedad, aunque

[11] Según un estudio, el 45 % de los estadounidenses tiene algún vínculo con el catolicismo, pero solo el 20 % se considera católico en la actualidad: Michael Lipka, "45 % of Americans Have a Connection to Catholicism", *Pew Research Center*, 5 de septiembre, 2015, https://www.pewresearch.org/fact--tank/2015/09/02/45-of-americans-have-a-strong-connection-to-catholicism/. Otro estudio de Pew pone de relieve la diversidad de niveles de creencia entre los musulmanes estadounidenses: "Muslims in America: Immigrants and Those Born in U.S. See Life Differently in Many Ways", *Pew Research Center*, 14 de abril, 2018, https://www.pewforum.org/essay/muslims-in- america-immigrants-and--those-born-in-u-s-see-life-differently-in-many-ways/. El énfasis de los judíos estadounidenses en la importancia de recordar el Holocausto por encima de mantener cualquier creencia religiosa queda documentado en este estudio: "A Portrait of Jewish Americans", *Pew Research Center*, 1 de octubre, 2013, https://www.pewforum.org/2013/10/01/jewish-american-beliefs-attitudes-culture-survey/.

posiblemente tenga que ver, entre otras causas, con la conmemoración de la revuelta de Simón bar Kojba contra los romanos. La revuelta fracasó, pero pervive el recuerdo del espíritu judío, de resistencia y persistencia contra la opresión.

Un deseo similar de conmemorar la perseverancia frente a la tragedia y la opresión define también el compromiso de los judíos laicos con el recuerdo del Holocausto, como señaló la encuesta Pew. También en esto mi familia se ajusta a las tendencias. Aunque mis padres no hablaban de Dios, mi madre ha enviado a mis hijos más libros sobre el Holocausto que sobre cualquier otro tema. Uno de ellos es una conmovedora colección de fotografías en blanco y negro de niños judíos de Europa del Este.[12] En las primeras partes del libro, los niños juegan en las calles, realizan tareas domésticas y pasean con sus padres. En las últimas páginas, las mismas calles aparecen vacías. Los niños y el mundo que habitaban han desaparecido. La tragedia de la historia mostrada es evidente. Pero sin hablar de Dios, la identidad judía que estos libros pretenden conmemorar se convierte en meramente étnica y cultural. La persecución siempre ha existido y sigue existiendo en esta narrativa. Pero no se trata de religión.

Aunque la religión cultural no tenía el mismo aspecto en el mundo antiguo que en el actual, en última instancia funcionaba de forma similar. La religión cultural creaba identidad sin exigir un compromiso personal excesivo. El mundo romano, con su politeísmo y una religión construida en torno a la protección divina de la capital del imperio, era un entorno natural para la religión cultural. ¿Cómo encajaban los primeros cristianos en este panorama? Algunos estudiosos, como Éric Rebillard, han argumentado que los primeros cristianos, al igual que los judíos e incluso los paganos de su entorno, no estaban tan claramente definidos como podríamos pensar. Por el contrario, las categorías de creencias religiosas se solapaban y, en ocasiones, eran fluidas.[13] Las pruebas que estos estudios previos han examinado demuestran de forma convincente la fluidez de las prácticas e identidades religiosas en la práctica —sí, algunos cristianos no se comportaban como cabría esperar que se comportaran en muchas ocasiones—, pero no ofrecen una explicación adecuada de por qué era así.

Una pregunta sigue sin respuesta: ¿por qué algunas personas que se convirtieron al cristianismo siguieron manteniendo prácticas paganas, a sabiendas o sin querer? La premisa de este libro es que entenderemos

---

[12] Chana Byers Abells, *The Children We Remember* (Nueva York: Greenwillow, 1986).

[13] Éric Rebillard, *Christians and Their Many Identities in Late Antiquity, North Africa, 200–450 CE* (Ithaca, NY: Cornell University Press, 2012).

mejor al pueblo de Dios en la iglesia primitiva si, en lugar de considerar historias como las que aparecen al principio de este capítulo como ejemplos de la fluidez de las antiguas identidades religiosas, las consideramos ejemplos de cristianismo cultural. Se trata de una diferencia importante, que se deriva de mis propias y claras creencias y supuestos teológicos, que rigen este estudio no menos que mi formación académica. Soy cristiana reformada, y a diferencia del argumento de Rebillard, que trata de normalizar la combinación de prácticas paganas y cristianas por parte de algunos cristianos primitivos como simple realidad objetiva de sus vidas, yo veo tales comportamientos como obviamente pecaminosos.

La clave, por tanto, para responder a la pregunta de cómo encajaban los primeros cristianos en este mundo de religión cultural es estudiar los pecados particulares que resultaban de la creencia cultural, más que de la profundamente contracultural. Dado que los primeros cristianos vivían en el Imperio romano, ya fueran romanos, griegos, judíos o miembros de docenas de otros grupos, el entorno cultural romano importa mucho para entender los pecados particulares a los que eran propensos, precisamente como resultado de su bagaje cultural.

En otras palabras, con cada categoría principal de pecado que consideramos en la iglesia desde el siglo I al V d. C., podemos identificar las actitudes culturales grecorromanas que hicieron posible el pecado en la forma que vemos que adopta. Y lo que puede ser una de las revelaciones más impactantes de todas es que los cristianos culturales estaban presentes en la iglesia tanto antes como después de la legalización del cristianismo. La adopción del cristianismo como religión oficial del Estado no supuso ninguna diferencia en la existencia de los cristianos culturales. Solo modificó la forma que podían adoptar sus pecados culturales.

La creencia cultural en la religión romana y la consiguiente creencia en la grandeza de Roma resultó algo fácil para los diversos politeístas que fueron absorbidos por el Imperio romano con el paso del tiempo.[14] De hecho, muchos de ellos tenían un problema mucho mayor con ser conquistados y gobernados por los romanos que con la idea de tener que añadir dioses romanos a los suyos.[15] Pero parte de lo que diferenciaba al

---

[14] Entre los estudios recientes que consideran las complejidades del lugar del individuo en la religión y la cultura romanas se incluyen Craige Champion, *The Peace of the Gods: Elite Religious Practices in the Middle Roman Republic* (Princeton: Princeton University Press, 2017); Jörg Rüpke, *Panteón. Una nueva historia de la religión romana* (Madrid: Ediciones Akal, 2021); y Jacob Mackey, *Belief and Cult: Rethinking Roman Religion* (Princeton: Princeton University Press, 2022).

[15] Un tentador estudio sobre cómo los romanos romanizaron gradualmente a los galos a finales del siglo I a. C. y en el siglo I d. C. documenta la resistencia de los conquistados a instituciones romanas

cristianismo de todas las demás religiones de la época era la oposición del movimiento a la idea de un compromiso casual con la fe, un rasgo común de la creencia cultural.

Como reitera una y otra vez el Nuevo Testamento, o se era cristiano o no se era. ¿Por qué? Sin duda, parte de la respuesta tiene que ver con la naturaleza del cristianismo como religión monoteísta. La creencia cultural, por el contrario, habría permitido la combinación de la creencia en Jesús más algo, lo que equivaldría efectivamente a la idolatría. Sin embargo, esa es la trampa en la que cayeron muchos de los primeros cristianos, precisamente porque vivir contraculturalmente siempre ha sido mucho más difícil que seguir la cultura. Su historia es la que este libro pretende contar.

En busca (histórica) de los cristianos culturales: Desde el Nuevo Testamento hasta el siglo V d. C.

En orden cronológico, este libro narra la historia de los cristianos culturales de la iglesia primitiva desde el siglo I hasta el V de nuestra era. Utilizando los pecados como principal elemento organizador de la narrativa general, cada capítulo se centra en un tipo concreto de pecado derivado de una creencia cultural. Intentaremos comprender a la gente corriente de las primeras iglesias, en la medida en que alguien pueda considerarse realmente corriente.

La primera parte se centra en los cristianos culturales del Nuevo Testamento y examina los pecados derivados del trato que los cristianos daban a la propiedad, la comida, la bebida y la sexualidad. En particular, el capítulo 1 utiliza el episodio de Ananías y Safira en Hechos 5 como punto de partida para considerar cómo los primeros cristianos culturales absorbieron las enseñanzas del mundo que los rodeaba, a veces incluso sin proponérselo, a través del examen de sus opiniones culturalmente impregnadas sobre la propiedad y la donación.

El capítulo 2 aborda cuestiones difíciles derivadas de la perspectiva cristiana de la comida y la bebida, como la Cena del Señor y la procedencia de la carne. En última instancia, vemos que para los conversos procedentes tanto del judaísmo como de la tradición grecorromana, la visión cultural de la comida era un escollo difícil de superar.

Para concluir esta sección, el capítulo 3 aborda la espinosa cuestión de las costumbres sexuales en la iglesia primitiva y los retos que planteaban

---

como las escuelas y la imposición de la lengua latina: Gregg Woolf, *Becoming Roman: The Origins of Provincial Civilization in Gaul* (Cambridge: Cambridge University Press, 1998).

las expectativas culturales. Mientras que los romanos, en particular, regulaban fuertemente la sexualidad de las mujeres respetuosas, los hombres estaban en gran medida exentos de esas expectativas. Además, los cuerpos de los esclavos se consideraban propiedad de sus amos, con todas las implicaciones que ello conllevaba. Al imponer a todos los creyentes el mismo nivel de santidad personal, la iglesia presentó una expectativa contracultural que supuso un desafío para muchos creyentes.

La segunda parte va más allá del período neotestamentario y examina la apostasía, la naturaleza de género del pecado y el pecado del cuidado propio entre los cristianos culturales de los siglos II y III de nuestra era. En concreto, el capítulo 4 examina la apostasía como pecado cultural en las iglesias primitivas, utilizando como estudio de caso una iglesia conocida tanto por los escritos de los no cristianos como por el Nuevo Testamento: la iglesia de Bitinia, documentada en el famoso intercambio de cartas entre Plinio y Trajano hacia 111 d. C., y que también era una de las iglesias en la audiencia de Primera de Pedro. El estudio del caso de la iglesia de Bitinia demuestra que los antiguos cristianos que renunciaron a la fe en tiempos de persecución no lo hicieron necesariamente por la amenaza del castigo; de hecho, algunas de las causas de la apostasía pueden haberse producido décadas antes de las acciones del gobernador. Y esto tiene resultados condenatorios para los cristianos de hoy.

A continuación, el capítulo 5 analiza el modo en que las mujeres de la iglesia primitiva desafiaron las expectativas culturales sobre lo que significaba ser una creyente devota tanto en el mundo pagano como en el cristiano. El estudio del caso central de este capítulo es el relato de la pasión de Perpetua, una joven madre que fue martirizada en Cartago a principios del siglo III. La historia de Perpetua pone de relieve los dilemas a los que se enfrentaban las conversas debido a la exigencia legal romana de que las mujeres estuvieran bajo la tutela de un familiar varón. Su historia muestra, en consecuencia, el carácter sexista de las expectativas inspiradas en la cultura. En última instancia, para que la iglesia aceptara que las mujeres podían desempeñar nuevas funciones, incluida una vida de soltería, se requería un rechazo radical de la visión cultural romana de las expectativas de género.

Por último, el capítulo 6 plantea una pregunta desafiante: ¿cuándo es el cuidado propio un pecado cultural? Veremos que el lado oscuro del cuidado propio es el pecado de la insensibilidad y el individualismo egoísta en la comunidad cristiana: ignorar el sufrimiento de los demás y centrarse exclusivamente en el propio sufrimiento o bienestar. Investigamos este pecado cultural a través del ministerio pastoral de Cipriano, obispo de Cartago, durante la peor década de la crisis del siglo III. Dado que Cipriano escribía durante una pandemia en el Imperio romano, sus ideas sobre la comunidad cristiana son especialmente adecuadas, ya que estamos saliendo de una pandemia que mató, según la estimación más conservadora, a más de un millón de personas en los EE. UU. y a más de seis millones en todo el mundo.[16]

A continuación, la tercera parte analiza los cambios que se produjeron tras la conversión de Constantino, cuando el cristianismo pasó de ser una minoría perseguida a una minoría privilegiada y, finalmente, a una religión mayoritaria y privilegiada en el imperio. ¿Cómo cambió la conversión de Constantino la historia del cristianismo cultural en la iglesia? La respuesta, como veremos, es el surgimiento de nuevas formas de cristianismo cultural, que no eran posibles cuando los cristianos eran una minoría perseguida.

El capítulo 7 considera uno de los retos más incómodos de la iglesia de la Antigüedad tardía: las luchas sectarias y la violencia en torno a la doctrina. El uso de la controversia donatista como principal ejemplo permite plantear difíciles cuestiones atemporales, como: ¿es posible que los cristianos acepten discrepar en algunas cuestiones doctrinales? Sostengo que la agresiva respuesta a los donatistas reflejaba tanto la tradicional comodidad romana con la violencia como las tradiciones regionales prerromanas que la normalizaban como parte de la vida regular. En otras palabras, la colisión de múltiples tradiciones precristianas que aceptaban la violencia extrema como parte habitual de la vida cívica amplificó el alto nivel de violencia que llegó a definir la controversia donatista.

El capítulo 8 se centra en el pecado cultural del nacionalismo cristiano (es decir, equiparar el reino de Dios y la fe cristiana con un determinado reino o nación terrenal), y examina el deseo de Agustín de educar a los cristianos y erradicar este pecado no solo de la iglesia local, sino del cuerpo de Cristo en todo el imperio tras la caída de Roma en el año 410 de nuestra era, un acontecimiento que (como muestran los escritos de Agustín) desafió a cristianos y paganos por igual en sus suposiciones y premisas. La existencia del Imperio romano y su éxito habían sido parte integrante de la teología de paganos y cristianos por igual. La caída de Roma en manos de los godos en el año 410 se consideró, con razón, un

[16] Las cifras que señalo son recuentos oficiales. El examen del exceso de muertes revela una estimación aún más sombría del número mundial de muertes: https://www.economist.com/graphic-detail/coronavirus-excess-deaths-estimates.

presagio de la caída del imperio en Occidente e inspiró una serie de respuestas valorativas, de las cuales la más monumental fue la *Ciudad de Dios* de Agustín.

Por último, el capítulo conclusivo examina una alternativa a los relatos considerados a lo largo de este libro: el escenario del "qué habría pasado si...", que ya existía en la antigüedad. Si las iglesias estaban llenas de personas que anhelaban la santidad, pero eran demasiado propensas al pecado, ¿qué pasaría si los fieles más entregados se separaran por completo del mundo y, por tanto, de toda forma de tentación del pecado y de la cultura? ¿Vivir al margen de la cultura no sería la clave para vivir una vida santa en este mundo? En los siglos IV y V de nuestra era, un pequeño número de santos y santas del desierto decidieron vivir santamente, y sus historias atrajeron la imaginación de los creyentes desde entonces. Estas historias nos permiten enfrentarnos al enigma esencial en el que nos encontramos en nuestras iglesias hoy en día: las personas son pecadoras, y siempre que los pecadores se reúnan, habrá debates sobre el pecado. Al mismo tiempo, sin embargo, un cristiano no puede vivir solo sin la iglesia. Las historias de los santos del desierto nos ofrecen una respuesta conmovedora al creciente número de personas que hoy en día afirman ser cristianos, pero rechazan la iglesia. Como reconocieron algunos de los santos del desierto, es tan fácil ser un cristiano cultural en la iglesia como fuera de ella.

Llegados a este punto, parece oportuno decir unas palabras sobre lo que este libro no es. No faltan libros que critican al cristianismo y a los cristianos, antiguos y modernos. Estos libros suelen sacar a la luz pecados legítimos y profundamente arraigados de cristianos individuales o de grupos enteros que claman por atención. Los cristianos evangélicos de los siglos XX y XXI, en particular, han sido objeto de importantes críticas, basadas en investigaciones ejemplares. Por mencionar solo algunos ejemplos, los recientes libros de Kristin Kobes du Mez y Beth Allison Barr han llamado la atención sobre la cultura de la masculinidad tóxica y el consiguiente maltrato y falta de respeto hacia las mujeres en algunos círculos eclesiásticos evangélicos.[17] Mientras tanto, la investigación de John Wigger sobre el escandaloso desenlace de dos destacados televangelistas, Jim y Tammy Faye Bakker, y el trabajo de Matthew Avery Sutton sobre el ministerio, igualmente plagado de escándalos, de la pastora de la

[17] Kristin Kobes du Mez, *Jesús y John Wayne: Cómo los evangélicos blancos corrompieron una fe y fracturaron una nación* (Madrid: Capitán Swing, 2023); Beth Allison Barr, *La construcción de la feminidad bíblica: Cómo se convirtió la subyugación de las mujeres en doctrina cristiana* (Viladecavalls: Editorial CLIE, 2024).

megaiglesia pentecostal Aimee Semple McPherson son solo dos ejemplos de libros sobre pecadores concretos y su lugar en la cultura que los convirtió en estrellas.[18] Por último, Jemar Tisby y Esau McCaulley han llamado la atención sobre el pecado histórico y aún presente del racismo sistémico en la iglesia.[19] Las historias de pecado que exponen todos estos escritores son desgarradoras, porque son verdaderas.

A primera vista, un libro sobre cristianos culturales podría parecer de la misma línea que estos libros sobre la historia más reciente de tipos específicos de pecados de inspiración cultural en la iglesia, y tal vez en ciertos aspectos lo sea. Una diferencia es que, en este estudio concreto sobre los pecadores, nos incluyo a todos en el debate. Este libro trata, sencillamente, de los fieles de a pie, no solo en el pasado, sino también en la actualidad.

Hablar del pecado y de los pecadores no es agradable. Pero al entablar este tipo de conversación, el objetivo de este libro no es dejar al lector sumido en la más absoluta desesperación por el estado de la iglesia y de su gente. Además, mi objetivo no es motivar a nadie para que se dé por vencido y abandone el cristianismo en lugar de seguir conviviendo con todas esas personas hipócritas, de las cuales yo soy una. El proceso de escribir este libro ha fortalecido mi propia fe, y espero que lo mismo ocurra con sus lectores.

Entonces, ¿por qué escribir un libro sobre los cristianos culturales de la iglesia primitiva con el objetivo expreso de llamar la atención sobre la prominencia de estos mismos pecados del cristianismo cultural en la iglesia actual? ¿Podemos observar y criticar a los creyentes del pasado de un modo que no sea un mero ejercicio de chisme histórico y, en el peor de los casos, de voyerismo, al contemplar ejemplos de dolorosos pecados de inspiración cultural y el modo en que muestran el corazón pecaminoso del pueblo de Dios? Escribo con la certeza de que la respuesta a esta pregunta es afirmativa. A través de estas muchas y variadas historias que abarcan el primer medio milenio de la iglesia, veremos que muchos de los primeros creyentes estaban tan ansiosos como los cristianos de hoy por afirmar que creían en Jesús mientras seguían haciendo ídolos de su riqueza, comida, apariencia, relaciones sexuales y patriotismo. Sus historias nos permiten

---

[18] John Wigger, *PTL: The Rise and Fall of Jim and Tammy Faye Bakker's Evangelical Empire* (Oxford: Oxford University Press, 2017); Matthew Sutton, *Aimee Semple McPherson and the Resurrection of Christian America* (Cambridge, MA: Harvard University Press, 2009).

[19] Jemar Tisby, *The Color of Compromise: The Truth in the American Church's Complicity in Racism* (Grand Rapids: Zondervan, 2018); Esau McCaulley, *Reading While Black: African-American Biblical Interpretation as an Exercise in Hope* (Downers Grove, IL: IVP Academic, 2020).

conocer a personas reales que vivieron e intentaron seguir a Jesús, aunque de forma imperfecta.

En última instancia, sus historias y pecados culturales son también profundamente identificables de un modo que resulta productivamente incómodo. Aunque pensemos que estamos alejados del mundo de la iglesia primitiva, la naturaleza del pecado humano no ha cambiado. Las historias de estos primeros cristianos, por tanto, nos resultan sorprendentemente familiares y convincentes si nos fijamos bien. Aunque a veces resulte chocante admitirlo, sus historias son también las nuestras.

PRIMERA PARTE

Los cristianos culturales en la era del Nuevo Testamento

1

Más para mí, menos para ti

El curioso caso de compartir sin cuidar al otro en la iglesia primitiva

En las arenas de Egipto se encuentran los restos de una antigua civilización que precedió a griegos y romanos, incluso cuando llegó a ser gobernada por ellos. Algunos de estos restos aún son visibles hoy en día, con un aspecto incongruente incrustado en el paisaje de ciudades modernas, como El Cairo. Otros restos de esta civilización parecen menos gloriosos a simple vista. Por supuesto, las apariencias no lo son todo.

Desde los tiempos de los faraones, los antiguos egipcios generaban cantidades de registros que habrían hecho llorar de alegría solidaria a un burócrata bizantino. Redactados minuciosamente por escribas cualificados en rollos de papiro, estos documentos debían eliminarse una vez superada su utilidad. Así que acababan arrojados a los vertederos locales o reciclados para ser utilizados como envoltorios de momias de animales sagrados. Los papiros reciclados, colocados en tiras, se utilizaban para crear una especie de antigua envoltura de cartón piedra para las momias. En particular, los cocodrilos sagrados, personificaciones vivientes del dios cocodrilo Sobek, eran cuidados con amor en vida y momificados en la muerte. Solo el cementerio de cocodrilos de la antigua ciudad de Tebtunis contiene miles de estas momias. Afortunadamente, las arenas secas de Egipto proporcionaron el entorno perfecto para preservar las momias y los documentos enterrados con ellas.

A primera vista, los papiros antiguos no parecen muy impresionantes. Su estado suele reflejar los miles de años que han pasado marinándose en un vertedero. Por supuesto, los papiros reciclados en carcasas de momias tienen un aspecto aún peor: rasgados, triturados, manchados y arrugados.

Pero el contenido de los documentos conservados en ellos merece nuestra atención.[20]

Los documentos conservados en papiros de la época en que los griegos y luego los romanos gobernaban Egipto, cuentan fascinantes historias de problemas de propiedad, muchas de las cuales probablemente tendrían eco en otras partes del Mediterráneo si tales registros hubieran sobrevivido. «En tal día y tal mes, alguien entró en mi patio por la noche y me robó la vaca», se queja indignado el informe policial de una aldea. A continuación figura una lista de las señas de identidad de la vaca. Es de esperar que el pobre hombre haya recuperado su vaca. Sin embargo, la frecuencia de informes similares sugiere que tales sucesos eran habituales. Tanto el código legal de Hammurabi como las leyes mosaicas tienen mucho que decir sobre el robo y el desprecio por la propiedad ajena. El código infantil de "lo veo y me gusta, así que es mío" era demasiado natural para muchos en las sociedades antiguas.

Otros documentos tratan sobre la recaudación de impuestos. El complicado sistema egipcio de cálculo de las obligaciones fiscales de sus residentes cada año hace que el Servicio de Impuestos Internos parezca un *boy scout*. Dado que los impuestos se recaudaban en grano —por algo se llamaba a Egipto "el granero del Imperio romano"—, existía un sistema para controlar la crecida anual del Nilo. Mediante complejas fórmulas, los funcionarios estatales podían predecir la cantidad de cosecha de ese año en función del nivel de inundación. Las obligaciones fiscales se calculaban, en consecuencia, para disgusto de los agricultores, que siempre estaban dispuestos a impugnar las excesivas exigencias. Al parecer, todas las sociedades de la historia mundial han compartido esta falta de entusiasmo por los impuestos.

Pero lo más intrigante para nuestros propósitos son los acuerdos prenupciales egipcios. Quizá no deba sorprendernos que tales documentos fueran razonablemente comunes. Estos documentos confirman que, a partir de la época helenística, los matrimonios entre hermanos no eran exclusivos de los faraones. Egipto era conocido en toda la Antigüedad por esta peculiaridad, que otros consideraban extraña (aunque, por supuesto, Abraham se casó con su hermanastra Sara). Más sorprendentes, sin embargo, son los acuerdos de divorcio egipcios.

[20] La mejor introducción en un solo volumen a la disciplina de la papirología griega sigue siendo P. W. Pestman, *New Papyrological Primer* (Leiden: Brill, 1994). Para leer historias del mundo social que revelan los papiros, véase Naphthali Lewis, *Greeks in Ptolemaic Egypt* (Nueva York: American Society of Papyrologists, 2001); y *Life in Egypt Under Roman Rule* (Nueva York: American Society of Papyrologists, 1999).

Aunque nadie ha hecho un análisis estadístico de la correlación entre los acuerdos prenupciales egipcios y los documentos de divorcio, parece que los matrimonios entre hermanos y hermanas tenían las mismas probabilidades que cualquier otro de acabar en divorcio.[21] Las disputas por la propiedad, en estos casos, no eran menos ásperas. Compartir, al parecer, nunca ha sido un impulso humano arraigado, ni siquiera compartir con los propios parientes, ya sean consanguíneos, afines o ambos. Uno de los deseos contraculturales de los primeros cristianos tenía que ver con desafiar estas ideas de compartir. Pero aprendieron muy pronto que resistirse a la cultura siempre es más difícil que seguirle la corriente.

En este capítulo veremos cómo los siempre presentes deseos personales, culturalmente reforzados —de dinero, de respeto y de gloria— influyeron en las actitudes de los primeros creyentes hacia el reparto de la propiedad y los recursos financieros. Aunque los primeros cristianos estaban de acuerdo en la importancia de dar y tenían una visión distinta de compartir la propiedad con los demás, también veremos cómo surgían preguntas en los primeros días de la iglesia sobre el grado exacto de generosidad al respecto de la riqueza personal que se esperaba.[22] ¿Cuánto tenemos que dar para que se nos considere generosos y amables con los demás? ¿No bastaría con el diezmo? La respuesta a estas complicadas preguntas está inextricablemente unida a las opiniones de la iglesia primitiva sobre el pecado, la santificación y la enmarañada relación entre cristianismo y cultura.

Un judío converso cultural: La historia de un levita

Los primeros cristianos eran residentes (y a veces ciudadanos) del Imperio romano, que tenía sus propias expectativas culturales en cuanto a prácticas religiosas, disposición de bienes, costumbres alimentarias y costumbres sexuales. Además, muchos de los primeros cristianos eran judíos que se convirtieron al cristianismo. Trajeron consigo sus propias expectativas culturales respecto a estos mismos conceptos. Los judíos de la época de Pablo no eran como los judíos de hoy, que valoran el recuerdo

[21] Para un análisis del matrimonio y el divorcio en el mundo grecorromano, incluido el mundo de los papiros egipcios, véase Claude-Emmanuelle Centlivres Challet, *Married Life in Greco-Roman Antiquity* (Londres: Routledge, 2021).

[22] Ejemplos neotestamentarios de estas discusiones son Hechos 2:45 y 4:32-35, así como la historia del joven rico (Mc 10:17-27; Mt 19:16-22; Lc 18:18-30); Ef 4:28; 1 Jn 3:17; y 1 Tm 6:17-19. Véase también Hannah Swithinbank y Steve Walton eds., *Poverty in the Early Church and Today: A Conversation* (Londres: Bloomsbury, 2018).

del Holocausto por encima de las creencias y prácticas religiosas.[23] Sin embargo, a veces también trataban el judaísmo como una religión cultural, considerándolo algo heredado y obligatorio, un deber y una fuente de identidad cultural más que su única fuente de seguridad y alegría. Como residentes en el Imperio romano, los judíos estaban en su mayoría exentos de las obligaciones religiosas romanas que violaban su conciencia, pero se veían claramente afectados por las actitudes de quienes los rodeaban en relación con sus propias prácticas religiosas.[24] Las actitudes hacia la propiedad, que constituyen el tema central de este capítulo, ejemplifican este impulso de atracción y rechazo.

El libro de Hechos comienza con un ímpetu apasionante, narrando una serie de acontecimientos que demuestran que la muerte y resurrección de Jesús fueron solo el principio de algo histórico y teológicamente asombroso. Tras la resurrección y ascensión de Jesús, el tan esperado don del Espíritu Santo se derrama sobre los creyentes de Jerusalén en Pentecostés, y la historia de la iglesia comienza en serio.[25] Un componente clave de esta primitiva comunidad de cristianos judíos de Jerusalén es la notable unidad del pueblo, y una parte integral de esa unidad es su visión de la propiedad y el dinero:

> Y la multitud de los que habían creído era de un corazón y un alma; y ni uno solo decía ser suyo propio nada de lo que poseía, sino que tenían todas las cosas en común. Y con gran poder los apóstoles daban testimonio de la resurrección del Señor Jesús, y abundante gracia había sobre todos ellos. Así que no había entre ellos ningún necesitado; porque todos los que poseían heredades o casas, las vendían, y traían el precio de lo vendido, y lo ponían a los pies de los apóstoles; y se repartía a cada uno según su necesidad (Hch 4:32-35).

---

[23] Para consultar un estudio que documenta estas prioridades, véase "A Portrait of Jewish Americans", *Pew Research Center*, 1 de octubre, 2013, https://www.pewforum.org/2013/10/01/jewish-american-beliefs-attitudes-culture-survey/

[24] Para conocer la perspectiva de un historiador judío del siglo I de nuestra era que escribió una historia de su pueblo hasta ese periodo, véase Josefo, *Antigüedades de los judíos*. Véase también Lester Grabbe, *An Introduction to Second Temple Judaism: History and Religion of the Jews in the Time of Nehemiah, the Maccabees, Hillel, and Jesus* (Londres: Bloomsbury Academic, 2010).

[25] Hay varios comentarios excelentes sobre Hechos de los Apóstoles. Uno que presta especial atención al contexto social e histórico es Ben Witherington III, *Hechos de los Apóstoles: Un comentario socio-retórico* (2 vol.; Salem: Kerigma, 2022). Véase también Craig Keener, *Acts: An Exegetical Commentary: Volume II* (Grand Rapids: Baker Academic, 2013); y Steve Walton, *Reading Acts Theologically* (Londres: Bloomsbury, 2022).

La narrativa de Hechos 4 está llena de esperanza y entusiasmo, al constatar que los creyentes se cuidaban unos a otros. Los que tenían más posesiones vendían algunos bienes para cuidar de sus hermanos y hermanas más necesitados. Y lo que es más extremo: «Ni uno solo decía ser suyo propio nada de lo que poseía». El capítulo termina con una historia ejemplar de cómo funcionaba esto en la práctica. José, también llamado Bernabé, un converso (¡y un levita, nada menos!), vendió un campo y donó el dinero a la caja común (Hch 4:36, 37). Esta historia nos ofrece un atisbo esperanzador de la transformación que una auténtica conversión podría suponer para este hombre, que, como veremos en breve, parece haber sido anteriormente un judío cultural.[26] En concreto, ¿ha captado la contradicción que supone la idea de un levita con propiedades?

En un principio, la tribu de Leví no recibía herencia alguna, por lo que tenía que depender de la generosidad de las demás tribus a cambio de su trabajo como maestros de la ley y líderes del culto en el templo. Un verdadero levita no debía poseer ninguna propiedad, por lo que esta anécdota muestra hasta qué punto se había alejado la comunidad judía de sus raíces. Por supuesto, a estas alturas muchos judíos llevaban mucho tiempo viviendo en el exilio, como nos recuerda el comentario de que este Bernabé era natural de Chipre. Como levita, ¿no debería haberse considerado natural de Israel?

No obtenemos mucha información más allá de este intrigante comentario sobre el lugar de origen de Bernabé. Tal vez ni siquiera había estado nunca en Chipre, y su familia simplemente tenía allí propiedades ancestrales, como solía suceder con algunos aristócratas. Pero esa no es la explicación más probable. La identificación de Pablo de Tarso nos ofrece un paralelismo y una hipótesis más plausible. Pablo nació en el seno de una familia de fariseos afincada en Tarso, en la actual Turquía, y su padre fue el primero de la familia en recibir la ciudadanía romana. Deseoso de que su hijo recibiera la mejor educación teológica posible, su padre lo envió a estudiar a Jerusalén, donde la familia también tenía parientes. Aunque Pablo no volvió a vivir en Tarso, siguió refiriéndose a sí mismo por este lugar de origen.[27] La historia de Bernabé puede haber sido similar, hasta el motivo de su traslado inicial a Jerusalén desde Chipre.

[26] Este pasaje esperanzador ilustra la transformación en todos los conversos que solo el Espíritu Santo puede producir; véase John Stott, *The Message of Acts: The Spirit, the Church, and the World* (Downers Grove, IL: Intervarsity Press, 1990), 106-8 [en español: *El mensaje de Hechos* (Barcelona: Andamio Editorial, 2010]

[27] Para una reconstrucción en profundidad de la biografía y el marco de pensamiento y orientación de Pablo, véase Ben Witherington III, *The Paul Quest: The Renewed Search for the Jew of Tarsus* (Downers

En cualquier caso, la descripción del lugar de origen de Bernabé, junto con su falta de riqueza, es probablemente una clara señal de su alejamiento (y, presumiblemente, el de su familia) durante generaciones del propósito original de su tribu de servir a Dios con todo su tiempo y energía. De hecho, sabemos por el historiador judío Josefo que había una activa comunidad judía en Chipre en esa época.[28] Alejado de Jerusalén durante tanto tiempo como para haber olvidado su propósito ordenado por Dios en el Antiguo Testamento, este levita es la quintaesencia del judío cultural. Como otros levitas de esta época, recuerda su identidad tribal, pero no la ha vivido hasta ahora. Como señala I. Howard Marshall, erudito del Nuevo Testamento, en su comentario sobre los Hechos: «La antigua ley que prohibía a los levitas poseer tierras (Nm 18:20; Dt 10:9) parece haber sido letra muerta (Jr 32:7 en adelante)».[29] Este relato de Hechos demuestra cómo la conversión del levita al cristianismo redimió su riqueza e irónicamente lo reconvirtió en lo que Dios había ordenado que fuera en un principio. Al vender el campo y donar lo recaudado a sus nuevos hermanos y hermanas en Cristo, el levita cerró el círculo y se dedicó a servir plenamente a Dios.

Al fin y al cabo, los apóstoles habían dado a José el nuevo nombre de Bernabé, «hijo de consolación» (Hch 4:36). El comportamiento de Bernabé muestra el poder transformador del Evangelio y la obra del Espíritu Santo en la vida de los primeros conversos. Su unidad de "corazón y mente" recuerda la forma en que el Nuevo Testamento describe el vínculo del matrimonio y el vínculo de Cristo con la iglesia. Los creyentes estaban, sin duda, unidos en un nuevo tipo de familia. Pero para que no nos engañemos pensando que la perfección es posible a este lado de la eternidad, esta historia es seguida inmediatamente en Hechos 5 por un episodio bastante diferente, que nos muestra que el pecado nunca estuvo lejos incluso de esta nueva comunidad aparentemente perfecta.[30]

Grove, IL: Intervarsity Press, 2001), especialmente 21-35 sobre las opiniones de Pablo acerca de su identidad y lugar de origen, y 69-73 sobre su ciudadanía romana.

[28] Josefo, *Antigüedades de los judíos*, 13.285-288.

[29] I. Howard Marshall, *The Book of Acts: An Introduction and Commentary* (Grand Rapids: Eerdmans, 1980), 110. Luke Timothy Johnson hace la misma observación: la posesión de propiedades, a estas alturas, hace tiempo que se considera normal para los levitas. Véase Luke Timothy Johnson, *The Acts of the Apostles* (Collegeville, MN: Liturgical, 1992), 87.

[30] Stott ve el contraste entre Bernabé y luego Ananías y Safira como un esfuerzo muy deliberado por parte de Lucas para mostrar lo mejor y lo peor de las actitudes, una divinamente inspirada, la otra demoníacamente. Véase Stott, *The Message of Acts*, 105, 109-12.

Conozcamos a los primeros cristianos culturales: Ananías y Safira

Un matrimonio, Ananías y Safira, vendió unas propiedades. Aunque afirmaron públicamente que donarían la totalidad de las ganancias, solo donaron una parte. Esta distinción resultará ser muy importante, y las consecuencias del engaño serán para ellos nefastas. Una lectura atenta del episodio sugiere que, para Ananías y Safira, su codicia y su visión cultural de la propiedad —a saber, su utilidad para ganarse la aclamación de la comunidad— fueron sus principales motivaciones, más que el amor genuino por la comunidad.

Pedro se enfrenta a la pareja por separado, interrogando primero al marido. Ananías miente a Pedro en respuesta a sus preguntas. Pedro le reprende duramente. En este punto, las cosas pasan de curiosas a francamente sorprendentes. Ananías cae muerto, fulminado por Dios. Cuando su mujer llega poco después, sin saber nada de lo ocurrido, se repite la escena anterior con los mismos resultados. Pedro también la interroga, y Safira insiste expresamente en que la cantidad de dinero donada era exactamente la que habían recibido de la venta. Tras la mentira, ella también muere en el acto. El relato se cierra con el siguiente comentario: «Y vino gran temor sobre toda la iglesia, y sobre todos los que oían estas cosas» (Hch 5:11).

¿Qué sentido tiene este relato en el contexto general de Hechos? ¿Por qué contar este desastre en medio de una narrativa bastante alentadora hasta el momento? Además, ¿cuál es el problema con las acciones de Ananías y Safira? Parece claro que Dios los está juzgando por un pecado, pero ¿cuál es exactamente el pecado que se castiga y por qué es un pecado? Para todos los que en algún momento no lo hemos dado todo a Dios, ya sea en términos de dinero, tiempo, energía o atención, esta es una cuestión preocupante. El castigo de la muerte parece ciertamente un poco duro para esta transgresión, como presumiblemente pensaron los creyentes que vieron cómo se desarrollaban estos acontecimientos; de ahí el profundo temor que experimentaron como consecuencia de ello.

El final de Hechos 4, con la historia de Bernabé, y la primera parte de Hechos 5, con la historia de Ananías y Safira, nos introducen deliberadamente en los corazones de verdaderos pecadores de la iglesia. Después de ver la transformación de un judío cultural en un cristiano devoto, ahora vislumbramos la naturaleza profundamente pecadora de algunos de los primeros cristianos. Aunque todavía tenemos que explicar exactamente por qué Ananías y Safira son pecadores que merecen la muerte, Hechos no nos da otra opción que ver que, a los ojos de Dios, deben serlo.

Esta secuencia de acontecimientos, con un nuevo y emocionante comienzo seguido inmediatamente por una historia de pecado, tiene múltiples paralelismos en el Antiguo Testamento. Por citar algunos ejemplos especialmente famosos, en Génesis 9, inmediatamente después del diluvio que Dios había enviado para aniquilar a la humanidad llena de pecado, con excepción de Noé y su familia, se nos describe el pacto de Dios con Noé, conmemorado con un arcoíris.

La mayoría de las Biblias para niños se detienen ahí, en esa nota esperanzadora. Pero detenerse en el pacto pasa por alto el final de la historia, que no es menos significativo. El siguiente episodio del mismo capítulo es la historia de Noé plantando un viñedo y emborrachándose con su producto. Su embriaguez se describe de un modo que muestra su innegable pecaminosidad. Además, su embriaguez llevó al menos a uno de sus hijos a otro tipo de pecado, ya que se burló de su padre, violando el quinto mandamiento. El pecado no se mantuvo alejado mucho tiempo, ni siquiera del único hombre al que Dios había juzgado lo bastante justo como para salvar del diluvio. A continuación, vislumbramos la unidad entre todas las personas.

Tras la descripción de las diferentes naciones descendientes de los hijos de Noé, Génesis 11 pasa a relatar la historia del pecado y la rebelión contra Dios después del diluvio: la construcción de la Torre de Babel. Y esa historia comienza con la afirmación: «Era entonces toda la tierra de una sola lengua y unas mismas palabras» (Gn 11:1). La unidad entre los pueblos no siempre es unidad en la búsqueda de la santidad, un tema que también se recoge en Hechos. En general, la yuxtaposición de los relatos de Bernabé y Ananías y Safira desempeña un papel clave para mostrar que, aunque la conversión logra una auténtica transformación en algunos, el pecado no ha muerto del todo.

Pero esto sigue dejando sin respuesta la otra pregunta que nos ocupa: ¿cuál es el problema con las acciones de Ananías y Safira? La Biblia no contiene muchos relatos en los que Dios castigue directamente a alguien por su transgresión, por lo que es legítimo plantearse esta pregunta: ¿por qué juzgó Dios que sus acciones, incluida la mentira, eran tan graves como para merecer la muerte? ¿Y por qué consideraban Ananías y Safira que sus acciones eran aceptables? Para responder a estas preguntas tenemos que considerar las expectativas culturales sobre la propiedad tanto en la comunidad judía de la época como en el mundo romano en general, ya que Ananías y Safira, junto con el resto de la comunidad cristiana de Jerusalén, navegaban por estos mundos y sus expectativas.

Expectativas patrimoniales y culturales

La historia de Bernabé de Chipre ya nos ha recordado que las costumbres de propiedad del Antiguo Testamento no continuaron en la comunidad judía de principios del Imperio romano. Por el contrario, las pruebas del Nuevo Testamento demuestran que las ideas judías sobre la propiedad eran notablemente egoístas. Veamos solo dos ejemplos de transacciones financieras que los judíos del siglo I de nuestra era consideraban aceptables y que Jesús condenó expresamente como perversiones de las enseñanzas del Antiguo Testamento. En ambos casos, podemos ver la religión cultural en acción, corrompiendo la enseñanza original.

En Mateo 15:4-6, Jesús reprende a los fariseos por pervertir las enseñanzas del Antiguo Testamento sobre honrar a los padres. En lugar de mantener a sus padres en la vejez, los fariseos afirmaban que su obligación financiera con sus padres podía cumplirse dando dinero a Dios, es decir, diezmando. De esta práctica se desprenden varios aspectos importantes. En primer lugar, Jesús la emite como una afirmación general, lo que sugiere que se trataba de una práctica generalizada y no de un hecho aislado. Las implicaciones son asombrosas para una sociedad en la que el único apoyo y cuidado para los ancianos era el que proporcionaban sus familias. Al no ocuparse económicamente de sus padres, los fariseos se abrogan una de sus obligaciones filiales más importantes en aras del beneficio económico personal.

Obviamente, no se trata de elegir entre apoyar al templo o a los padres. Ambos son esenciales. Los fariseos, sin embargo, habían creado un sistema que les permitía enriquecerse mientras fingían servir a Dios. Jesús no se deja engañar. De manera conmovedora les dice: «Así habéis invalidado el mandamiento de Dios por vuestra tradición» (Mt 15:6). La referencia a la tradición que los fariseos dicen servir es un indicador de la creencia cultural que vemos aquí. Los fariseos citaban la palabra de Dios acerca de honrar a sus padres, pero afirmaban cumplirla mientras la anulaban activamente, todo en aras de su codicia.

La codicia y el judaísmo cultural van de la mano en otro famoso episodio del ministerio de Jesús, lo bastante significativo como para ser relatado en los cuatro Evangelios: cuando echó del templo a los cambistas y mercaderes, reprendiendo a los fariseos por convertir la casa de Dios en un lugar de comercio o, para utilizar el lenguaje más contundente de Jesús, una «cueva de ladrones» (Mc 11:15-19; Mt 21:12-17; Lc 19:45-47). Resulta sorprendente que los dirigentes judíos de la época de Jesús consideraran apropiada la idea de realizar transacciones financieras en el templo. En lugar de molestarse por el mercado del templo, se molestan por las acciones de sanación y enseñanza de Jesús (Mt 21:15).

El desorden de prioridades que tienen los fariseos sobre las actividades que son o no adecuadas para el templo muestra una vez más su codicia y su inescrupulosa doblez de las normas culturales en aras de ella. Los cambistas y los vendedores de pequeños animales de sacrificio (como palomas) estaban en el templo con ánimo de lucro, y esto significa que prestaban sus servicios por un precio escandaloso, sabiendo que los que viajaban desde lejos no tenían más remedio que pagar esas tarifas para poder ofrecer los sacrificios requeridos. El hecho de que los fariseos se pusieran de parte de los vendedores y no de Jesús es, una vez más, un ejemplo de su preferencia por el lucro, pero de una manera que seguía pareciendo piadosa.

En ambos casos, vemos una actividad común que los judíos de la época de Jesús consideraban culturalmente aceptable, pero que violaba los principios del Antiguo Testamento y, como muestra Jesús, era en última instancia un acto de codicia. El judaísmo cultural estaba lleno de tales hipocresías, que le permitían a uno afirmar que daba mucho a Dios, mientras se quedaba con su fortuna. Además de estos dos ejemplos, nos vienen a la mente otros de la enseñanza de Jesús: la historia de la ofrenda de la viuda pobre, por ejemplo, muestra la plenitud de fe de algunos judíos, a la vez que pone de relieve la fe cultural de un donante rico que da públicamente solo para ser visto haciéndolo (Mc 12:41-44; Lc 21:1-4).[31] Podemos suponer con una certeza razonable que estas expectativas y comportamientos culturales influyeron enormemente en las acciones de algunos judíos que se convirtieron, incluidos Ananías y Safira. Por otra parte, sus ideas sobre las obligaciones financieras hacia los demás y hacia Dios se veían afectadas por las ideas de la cultura romana sobre la propiedad y las formas adecuadas de enriquecerse.

Independientemente de lo que pensemos de las opiniones judías sobre la disposición de la propiedad que Jesús criticó, las ideas romanas sobre la propiedad eran mucho más despiadadas: utilizar la riqueza para adquirir poder y utilizar el poder para adquirir más riqueza. Tradicionalmente, los romanos despreciaban la riqueza adquirida mediante el comercio e idealizaban la riqueza obtenida mediante actividades arraigadas en el trabajo de la tierra. Para poder ser miembro del Senado romano, los candidatos

[31] Medio milenio después de Jesús, el judaísmo rabínico intentará crear un nuevo sistema de atención al prójimo más orientado a la comunidad, desafiando las prácticas que vemos aquí. Véase Gregg Gardner, *The Origins of Organized Charity in Rabbinic Judaism* (Nueva York: Cambridge University Press, 2015).

debían poseer bienes raíces por valor de al menos un millón de sestercios, es decir, alrededor de once millones de dólares en la moneda actual.[32] Además, los senadores no debían dedicarse al comercio, pero esto se podía eludir fácilmente (y de hecho se hacía) relegando los negocios al cuidado de parientes de rango ecuestre o incluso de libertos de confianza. El intercambio de regalos a cambio de favores políticos también jugaba un papel importante en este cálculo.[33]

Los políticos romanos también utilizaban su poder para adquirir más riqueza, que a menudo era esencial para seguir apoyando la propia carrera. Especialmente notorios eran los nombramientos de gobernadores provinciales, que los senadores aprovechaban como una oportunidad para enriquecerse, fomentando o extorsionando activamente los sobornos a cambio de favores. Aunque tales prácticas se consideraban técnicamente poco éticas, todo el mundo lo hacía. Solo el caso más escandaloso de saqueo de una provincia por parte de un gobernador, la gobernación de Sicilia por Verres, causó revuelo en Roma en el año 70 a. C. El fiscal no fue otro que el gran orador Cicerón, que documentó minuciosamente el despojo de obras de arte de la provincia por parte de Verres, al tiempo que practicaba una serie de complejas estafas y aceptaba sobornos. En última instancia, lo único excepcional y censurable de Verres fue la escala a la que abusó de su poder. Utilizar el puesto de poder para extorsionar un poco menos, en otras palabras, habría sido perfectamente normal y no habría necesitado discusión.[34]

Para que no pensemos que solo unos pocos en la cúspide de la pirámide de poder romana empleaban prácticas tan dudosamente éticas en

---

[32] Hay diferentes formas de calcular las equivalencias entre las monedas antiguas y las modernas, y un factor que complica las cosas es la tasa de inflación actual, que hace que los cálculos numéricos de fechas tan recientes como 2015 sean menos precisos en el momento de escribir estas líneas. Aun así, esta calculadora online de conversión de monedas antiguas es una herramienta útil y estima que un millón de sestercios habrían sido 10 875 000 dólares: https://testamentpress.com/ancient-money--calculator.html. Para una explicación más detallada de cómo los expertos realizan estos cálculos, véase https://www.the-colosseum.net/history/monete_en.htm.

[33] Neil Coffee, *Gift and Gain: How Money Transformed Ancient Rome* (Nueva York: Oxford University Press, 2017).

[34] Para una historia de las actitudes romanas hacia el dinero, véase Neil Coffee, *Gift and Gain*. Para un análisis más detallado de los diferentes aspectos del caso de Cicerón contra Verres, véase la colección de ensayos editada por J. R. W. Prag, *Sicilia Nutrix Plebis Romanae: Rhetoric, Law, and Taxation in Cicero's Verrines. Bulletin of the Institute of Classical Studies. Supplement 97* (Londres: Institute of Classical Studies, Universidad de Londres, 2007). El caso Verres inspiró particularmente una serie de conversaciones, antiguas y modernas, sobre la apropiación del arte y los recursos culturales, más allá del mero dinero y la extorsión financiera. Véase, por ejemplo, Margaret Melanie Miles, *Art as Plunder: The Ancient Origins of Debate about Cultural Property* (Cambridge: Cambridge University Press, 2008).

su tratamiento de la riqueza, un ejemplo de mucho más abajo es el de los recaudadores de impuestos. Pocas profesiones en el Imperio romano eran tan ferozmente odiadas. Todo lo que los recaudadores de impuestos recaudaban por encima de la cantidad contratada era su paga. Las referencias a los recaudadores de impuestos a lo largo del Nuevo Testamento muestran que estos omnipresentes representantes del imperio en las provincias carecían de escrúpulos en su trato a los demás. Aunque Ananías y Safira no eran gobernadores provinciales ni recaudadores de impuestos, las prácticas culturales judías y romanas relativas a la riqueza formaban parte de su mundo.

Debemos tener presente un último concepto cultural a la hora de considerar el probable proceso de pensamiento de Ananías y Safira al deshacerse de sus bienes. El euergetismo, el uso de la riqueza para el beneficio público de la ciudad o la comunidad, era una característica importante de las ciudades-estado helenísticas y continuó en la época romana. Después de todo, la idea de utilizar los impuestos para obras públicas no existía en el Mediterráneo grecorromano. Muchas obras públicas, en cambio, tenían que ser patrocinadas por ciudadanos adinerados, que utilizaban estas estrellas doradas en su currículum de servicio público, con el máximo efecto a la hora de presentarse a las elecciones para cargos políticos posteriores. Además, algunos ciudadanos tenían que realizar obras públicas como parte de sus cargos oficiales electos y de sus capacidades no oficiales de liderazgo comunitario, como veremos más adelante.

El euergetismo iba más allá del mero uso filantrópico de la riqueza, ya que el objetivo final no era simplemente beneficiar a la comunidad. Se trataba más bien de una exhibición pública de riqueza con el fin de dar gloria y gratitud al donante, que pasaba a ser ampliamente conocido y reconocido públicamente como mecenas y benefactor de su ciudad o comunidad. Existen estatuas e inscripciones dedicatorias que celebran a estos donantes y ponen de relieve la importancia de este concepto para el progreso político y social de individuos y familias. Dos ejemplos de Pompeya de mediados del siglo I d. C. muestran el funcionamiento de este modelo de euergetismo.[35]

En el año 62 d. C., un terremoto destruyó el templo de la diosa Isis en Pompeya. El suceso presagiaba probablemente la gran erupción del 79 d. C., que acabaría sepultando toda la ciudad, pero nadie pareció

[35] Para una historia del euergetismo en el mundo griego helenístico, véase Marc Domingo Gygax, *Benefaction and Rewards in the Ancient Greek City: The Origins of Euergetism* (Cambridge: Cambridge University Press, 2016). En el lado romano, un gran recurso es Kathryn Lomas y Tim Cornell, *Bread and Circuses: Euergetism and Municipal Patronage in Roman Italy* (Londres: Routledge, 2003).

darse cuenta de ello en los años sesenta. En su lugar, Numerio Popidio Celsino reconstruyó el templo a sus expensas. La inscripción del edificio conmemora su generosidad y consideración y señala que, gracias a ello, el consejo de la ciudad lo inscribió en su número, a pesar de que solo tenía seis años. Ni que decir tiene que la financiación corrió a cargo del padre de Numerio, pero la gloria le proporcionó un buen comienzo en su carrera política.[36]

Otro gran proyecto público de Pompeya de principios del siglo I es el Edificio de Eumaquia, bautizado así por los arqueólogos por el nombre de su benefactora. Eumaquia era la patrona del gremio local de bataneros —el término latino *fullones*, traducido como "bataneros", es una forma elegante de referirse a los trabajadores de la lavandería, un oficio importante en un mundo en el que nadie estaba en condiciones de lavar la ropa en casa, del mismo modo que la mayoría de las personas no podía bañarse en su propio hogar y acudía a las termas públicas—. En cualquier caso, en señal de gratitud, los bataneros erigieron en público una hermosa estatua de Eumaquia. Aunque en el mundo romano las mujeres estaban excluidas de los cargos políticos, este ejemplo muestra la capacidad de las mujeres para ejercer el poder político dentro de su comunidad a través de su patrocinio financiero. Parece probable que Safira, que es tratada como una igual en el crimen y en su castigo en Hechos 5, fuera muy consciente de esta costumbre y albergara aspiraciones similares de reconocimiento público por su generosidad.

En resumen, vemos que las expectativas culturales sobre la propiedad estaban arraigadas en las primeras comunidades cristianas, tanto para los conversos judíos como para los gentiles. Ananías y Safira no eran la excepción, sino la regla. En este contexto, las acciones de Bernabé, que entregó alegremente a la comunidad cristiana todo el producto de la venta de una propiedad al final de Hechos 4, deberían parecernos profundamente contraculturales con respecto a la visión judía y romana de la propiedad. Las acciones de Bernabé fueron contraculturales no solo porque donó la totalidad de los beneficios de la venta, sino también por sus motivaciones. Se le describe sintiendo una profunda alegría por sus propias acciones, lo que sugiere que deseaba verdadera y genuinamente servir a su comunidad. Nada en el texto sugiere un deseo por su parte de ser reconocido

---

[36] Para una visión general de Pompeya y las historias que revela sobre la vida y la propiedad en el mundo romano, sin duda el libro moderno más legible es Mary Beard, *The Fires of Vesuvius: Pompeii Lost and Found* (Cambridge, MA: Belknap, 2010). Para una historia más académica de la ciudad a través de sus edificios y restos materiales, véase Paul Zanker, *Pompeii. Public and Private Life* (Cambridge, MA: Harvard University Press, 1999).

y recibir un poder especial en la iglesia a cambio de su generosidad.[37] La forma contracultural en que muestra su generosidad subraya aún más la transformación que la conversión operó en él. Ananías y Safira, por el contrario, se comportan de un modo que ejemplifica las expectativas culturales romanas.

Aunque atribuir motivos a individuos cuya propia voz nunca oímos es siempre complicado, lo que sigue es una explicación que considera probables motivos derivados de su entorno cultural. Parece probable que quisieran erigirse en benefactores de su comunidad, siguiendo el modelo del euergetismo grecorromano. En palabras del teólogo John Stott: «Querían el crédito y el prestigio de la generosidad sacrificial, sin los inconvenientes de esta. Así que, para ganarse una reputación a la que no tenían derecho, dijeron una mentira descarada. No daban para aliviar a los pobres, sino para engordar su propio ego».[38] De hecho, no parece que se les ocurriera dar nada para apoyar la labor de la iglesia hasta que vieron que Bernabé daba una suma inmensa. Ver a otra persona aparecer como benefactora de la comunidad de una manera tan pública presumiblemente les dio la idea de ganar la gratitud y la gloria de la misma comunidad a través de un regalo financiero similar. Además, la actuación de Safira junto a su marido muestra su deseo de buscar el reconocimiento como benefactora de la comunidad, siguiendo el modelo de mujeres romanas como Eumaquia en Pompeya.

No hay nada sorprendente en la forma de actuar de Ananías y Safira, dado su contexto cultural. Aunque en cierto modo sabían que no debían haberse quedado con parte del dinero —después de todo, por eso mintieron—, probablemente esperaban que se les celebrara y agradeciera públicamente su regalo y esperaban utilizarlo para conseguir un mayor nivel de respeto público y prestigio en la comunidad cristiana. Pero como ahora hemos tenido la oportunidad de desentrañar sus motivos dentro de su contexto cultural, la pregunta sigue en pie: si se limitaron a seguir los valores culturales y los precedentes sobre cómo tratar la riqueza, ¿por qué Dios juzgó sus acciones con tanta severidad? Nuestra mejor pista para responder a esta pregunta está en la respuesta de Pedro a sus acciones.

La respuesta de Pedro a Ananías, al confrontarlo sobre el engaño, enfatiza el significado de mentir al Espíritu Santo, pero la propiedad también está en el centro de la historia: «Ananías, ¿por qué llenó Satanás tu

---

[37] Los comentarios subrayan la confiabilidad de Bernabé para el futuro que este episodio ya establece. Véase Stott, *The Message of Acts*, 108; Johnson, *The Acts of the Apostles*, 91.

[38] Stott, *The Message of Acts*, 109-10.

corazón para que mintieses al Espíritu Santo, y te quedases con parte del precio de la heredad? Reteniéndola, ¿no se te quedaba a ti?; y vendida, ¿no estaba en tu poder? ¿Por qué pusiste esto en tu corazón? No has mentido a los hombres, sino a Dios» (Hch 5:3, 4).[39]

La reprimenda de Pedro sitúa el engaño de Ananías y Safira dentro del lenguaje de la guerra espiritual: el engaño está motivado por Satanás, y la mentira no está dirigida no contra la iglesia, sino contra el Espíritu Santo. Pedro señala que en cada etapa, Ananías y Safira podrían haber tomado una decisión diferente con respecto a esta propiedad. Enfatiza que la propiedad era de ellos antes de la venta y que las ganancias les pertenecían enteramente después de la venta. Cualquiera de los tres posibles cursos de acción habría sido aceptable: podrían haberse quedado todos los beneficios para ellos, podrían haber regalado parte de ellos, o podrían haberlos regalado todos. El problema surgió al dividir secretamente los beneficios en dos partes, una para ellos y otra para Dios, mientras se presentaban como sacrificados dadores como Bernabé, todo ello con el objetivo de ganar aplausos para sí mismos en lugar de servir a la iglesia.

En el modelo practicado tradicionalmente, el euergetismo grecorromano equivalía a crear un ídolo de dinero y honor, todo ello con el objetivo de elevarse a uno mismo y a su familia por encima de los demás. Mientras que el uso de las finanzas para ganar prestigio era culturalmente aceptable entre judíos y romanos de la época, los cristianos debían ser contraculturales. Con respecto a las posesiones en particular, esto significaba un rechazo del modelo grecorromano de euergetismo, junto con un reconocimiento de que todos los creyentes y sus propiedades están apartados para Dios. Al igual que Bernabé de Chipre volvió a sus raíces levitas al utilizar sus propiedades en beneficio de la iglesia, Ananías y Safira debían seguir la ley judía tradicional al cumplir el voto que parecen haber hecho. La mejor pista de que se trata de esto es la elección de las palabras.

Los comentaristas observan paralelismos entre este episodio y la historia de Acán en Josué 7.[40] En esa historia, los israelitas habían conquistado y destruido la ciudad de Jericó, y todas las propiedades de la ciudad estaban consagradas a Dios para su destrucción. Pero un hombre, Acán, robó en secreto parte de la propiedad, incitando la ira de Dios contra toda la comunidad y provocando la aplastante derrota de los israelitas en

[39] John Stott considera que el ataque satánico a la comunidad cristiana primitiva es el tema que define este pasaje. Véase Stott, *The Message of Acts*, 105.

[40] Johnson, *The Acts of the Apostles*, 91-92.

Hai. El episodio termina con la revelación del crimen secreto de Acán y la lapidación de este y su familia por el resto de los israelitas.

La conexión entre Ananías y Safira y Acán es más que meramente hipotética. Sucede que el verbo preciso utilizado para describir las acciones de ambas partes es el mismo. Como explica John Stott:

> Lucas, al declarar que Ananías se quedó con parte del dinero, elige el verbo *nosphizomai*, que significa "apropiarse indebidamente". La misma palabra se usó en los LXX para el robo de Acán, y en su única otra aparición en el Nuevo Testamento significa robar. Tenemos que suponer, por lo tanto, que antes de la venta, Ananías y Safira habían firmado algún tipo de contrato para dar a la iglesia la cantidad total recaudada. Por eso, cuando trajeron solo una parte en lugar de todo, fueron culpables de malversación.[41]

La mentira de Ananías y Safira fue, en otras palabras, peor de lo que podríamos pensar. Fue una negación de una promesa o un voto hecho previamente. El discurso de Pedro se cita con tanto detalle porque pretende ser una advertencia contra la mentalidad de glorificación propia ejemplificada por las acciones de Ananías y Safira. Dios lo exige todo, incluidas las motivaciones correctas para las acciones exteriormente buenas e incluido el cumplimiento de las promesas financieras. En última instancia, este episodio sirve para recordar a todos los públicos, antiguos y modernos, que las verdades enunciadas en el primer mandamiento siguen vigentes. Dios es celoso y no tolera dioses ajenos. La religión cultural es idolatría y una violación directa de este mandamiento, porque implica adorar algo (en este caso, el honor y el prestigio públicos, junto con la riqueza personal) como si estuviera a la altura de Dios, negándole algo que ya le pertenece. Según el Antiguo Testamento, la pena por idolatría era la muerte, y esa es la pena que recibieron Ananías y Safira.

Conclusión

El continuo atractivo de la cultura y el deseo de vivir como cristianos culturales en lugar de contraculturales es un problema eterno que sigue sacudiendo nuestro mundo y nuestras iglesias. La cuestión de cómo utilizar mejor nuestro dinero, en particular, ha surgido en el contexto de este tipo de debates desde los primeros tiempos del cristianismo. El magistral libro de Peter Brown, *Por el ojo de una aguja: La riqueza, la caída de Roma*

---

[41] Stott, *The Message of Acts*, 109.

y la construcción del cristianismo en Occidente (350-550 d. C.), analiza los complejos sentimientos de incomodidad ante la riqueza en la comunidad cristiana de la Antigüedad tardía.[42]

El estudio de Brown se centra en los extremos —las figuras de Bill Gates de la Antigüedad, como Paulino de Nola o las dos Melanias— y muestra que estos individuos buscaron la manera de hacer respetable su riqueza mediante la construcción de lugares sagrados y otras formas de beneficiar a la comunidad cristiana. Mientras que el mundo romano no veía nada malo en la acumulación ostentosa y la exhibición de riqueza, y de hecho la fomentaba, la comunidad cristiana luchaba por cuadrar la riqueza extravagante con las enseñanzas de Jesús.

Por supuesto, es fácil sentirse incómodo por la riqueza excesiva. Pero el contraste entre Bernabé y Ananías y Safira nos recuerda que no se trata solo de la riqueza en sí, sino de la motivación interna para utilizarla. Y esto debería convencer al creyente occidental promedio del siglo XXI.

Al considerar la visión de la propiedad de Ananías y Safira, motivada culturalmente y no centrada en Dios, se hace evidente que lo que más debería escandalizarnos de esta situación no es que Dios castigara a Ananías y Safira, sino que perdonara a otros que han sido culpables de esa misma violación. Si somos honestos con nosotros mismos, no nos costará pensar en momentos en los que hemos actuado de forma similar. Pero como Dios había dicho en otras ocasiones: «Tendré misericordia del que yo tenga misericordia» (Ex 33:19; citado en Rm 9:15). Los espectadores originales de la muerte de Ananías y Safira comprendieron las implicaciones, y por eso el episodio concluye con la observación de que todos los que vieron u oyeron hablar de este incidente tuvieron mucho miedo. No estaban sorprendidos o perplejos en primer lugar —aunque quizás sintieron estas emociones también—, sino asustados.

El miedo ha sido la reacción apropiada desde el jardín del Edén, para los momentos en los que las personas se ven particularmente sorprendidas por su propia y profunda pecaminosidad en contraste con la santidad de Dios. Comprender que la religión cultural es una idolatría *de facto* es clave para entender las preocupaciones que vemos al respecto en la iglesia primitiva y por qué deberíamos preocuparnos más por ello en nuestras propias vidas hoy en día. Aunque las implicaciones van mucho más allá del trato que damos a la propiedad, sin duda es un buen punto de partida.

---

42 Peter Brown, *Por el ojo de una aguja: La riqueza, la caída de Roma y la construcción del cristianismo en Occidente (350-550 d. C.)* (Barcelona: Acantilado, 2016).

El relato de Ananías y Safira debería incomodarnos. Y debería incomodarnos por las razones correctas. Es fácil culpar a Dios de la injusticia si pensamos que el castigo no se ajusta al delito. Sin embargo, es sorprendente que los primeros cristianos no pensaran así. Por el contrario, querían considerarse santos, gente santa apartada, pero fueron condenados repetidamente por su pecaminosidad individual y colectiva a través de acontecimientos como este. Si pensamos que el castigo fue injusto, no es más que un ejemplo de nuestro propio "bagaje" cultural que distorsiona nuestra comprensión teológica. Esta historia nos desafía a preguntarnos: ¿somos como Ananías y Safira? ¿Estamos centrados en obtener honor y reconocimiento público por nuestros actos benevolentes en lugar de desear genuinamente servir a quienes necesitan de nuestra generosidad y compasión? Al menos a veces, si somos sinceros, es probable que la respuesta sea afirmativa.

En última instancia, la generosidad y el dar no nos resultan más fáciles que a la mayoría de los antiguos judíos, los primeros cristianos o los romanos paganos. La historia de Verres, el escandaloso político acusado de extorsión durante su mandato como gobernador provincial, se sentiría como en casa en las noticias modernas. Pero también hay atisbos de esperanza. Estudios recientes han demostrado la correlación entre creencias religiosas y donaciones filantrópicas. Los cristianos que van a la iglesia donan más que los laicos. Además, sus donaciones no se limitan únicamente a la iglesia local. Estas mismas personas también son más propensas a hacer donaciones a diversas organizaciones.[43] Es evidente que los creyentes de hoy están dispuestos a compartir parte de su riqueza para ayudar a los demás. Pero la historia de Ananías y Safira nos obliga a no contentarnos con compartir solo un poco y nos pide que consideremos las motivaciones: ¿compartimos por amor o también buscamos honor y reconocimiento? ¿Podríamos compartirlo todo con alegría, como hizo Bernabé? ¿Cómo podría ser? Hay muchas aplicaciones posibles, pero me limitaré a tres.

Un ministerio que ejemplifica la generosidad de todos es la adopción. La paternidad siempre exige sacrificios, pero mucho más que la paternidad de hijos biológicos, la adopción exige a menudo el sacrificio de dinero, tiempo personal y salud. Los sacrificios pueden ser asombrosos. Una pareja de mi iglesia tomó la decisión de retirar sus ahorros de la

---

[43] Para consultar algunas estadísticas útiles que resumen este fenómeno, véase Karl Zinsmeister, "Less God, Less Giving?" *Philanthropy Magazine*, invierno 2019, https://www.philanthropyroundtable.org/philanthropy-magazine/less-god-less-giving.

jubilación para adoptar, una decisión que puede parecer insensata a los ojos del mundo, pero que es un ejemplo de sacrificio extraordinario por la causa de Cristo. Otra pareja decidió adoptar a dos niñas con necesidades especiales de China después de que sus tres hijos biológicos crecieran. En lugar de vivir una vida más tranquila en la madurez y la jubilación, sacrificaron su tiempo, energía y dinero para este ministerio.[44]

Otra aplicación podría ser adoptar una visión diferente de la fiscalidad, a la luz de los distintos fines de los impuestos en el mundo moderno. El resentimiento hacia los impuestos en el mundo antiguo tenía que ver con los aspectos de los mismos que eran decididamente corruptos; después de todo, los agentes fiscales se aumentaban su propio salario como parte de lo que recaudaban. Por el contrario, los impuestos en los Estados Unidos de hoy asumen, a gran escala, gran parte de lo que la iglesia intenta hacer a nivel local, como la labor de cuidar de los huérfanos, las viudas y los indigentes, proporcionándoles alimentos, atención sanitaria y un mejor acceso a la educación. Sin embargo, cada vez que se aprueban recortes fiscales, estas obras de misericordia suelen sufrir en nombre del equilibrio presupuestario del Estado. En lugar de quejarnos de que todos los impuestos son una carga sin sentido, ¿podríamos aceptarlos como una oportunidad adicional para cuidar de los menos afortunados, tanto dentro como fuera de la iglesia? No deberíamos ver estas obras como un intento de sustituir a la iglesia, sino como tipos de ministerios paraeclesiásticos. Y esto podría ser especialmente cierto si más cristianos se dedicasen al trabajo social, una vocación que, dada su baja remuneración, también implica sacrificar la seguridad económica.

Por último, al replantearnos lo que significa compartir algo o todo con otros cristianos, esto debería repercutir en nuestras actitudes hacia la inmigración y la ayuda exterior. Dar y compartir con sacrificio exige reconocer el sufrimiento y las necesidades de los demás. Si nos negamos a considerar las necesidades de las personas que están dispuestas a arriesgar sus vidas solo para entrar en este país, nos parecemos a los romanos paganos que no tenían reparos en decir que algunas personas (es decir, los nobles ciudadanos romanos) eran mejores que otras y, por tanto, más

[44] Para conocer más historias inspiradoras de cristianos que dieron mucho para vivir la vocación de adoptar, consulte Katie Davis Majors, *Kisses from Katie: A Story of Relentless Love and Redemption* (Brentwood, TN: Howard, 2012). A los dieciocho años, Katie renunció al "sueño americano" de ir a la universidad y pasar gradualmente a la edad adulta. En su lugar, se trasladó a Uganda y acabó adoptando a un pueblo (¡casi literalmente!) de huérfanos. Russell Moore, que con su esposa también ha adoptado internacionalmente, ha escrito un poderoso llamamiento a los cristianos para que se dediquen a la adopción como ministerio: *Adopted for Life: The Priority of Adoption for Christian Families and Churches* (Wheaton, IL: Crossway, 2015).

dignas de asistencia o, incluso, de una oportunidad de supervivencia. Hoy, como en la Antigüedad, compartir bienes y recursos con los menos afortunados tiene el potencial de mejorar o incluso salvar vidas, literalmente. En última instancia, la verdad teológica que a menudo olvidamos, cegados por nuestra propia cultura materialista, es que nada de lo que poseemos es realmente nuestro.

Por supuesto, la religión cultural implica mucho más que nuestras opiniones sobre la propiedad y el reparto de los recursos. Por eso, en el próximo capítulo analizaremos cómo la adopción de normas culturales por encima de las normas de Dios podría corromper nuestro tratamiento de una de las necesidades humanas más básicas: la alimentación.

2
Barbacoa y vino

Cuando la comida lleva a pecar

Según los primeros mitos griegos, el primer sacrificio de carne que los humanos ofrecieron a los dioses consistió en un truco.[45] Prometeo, un dios de la vieja generación que se había puesto repetidamente del lado de los humanos en contra de los jóvenes olímpicos, ofreció a los dioses dos montones de carne a elegir. En uno de los montones, disimuló las mejores partes del animal sacrificado, dándoles un aspecto bastante desagradable. En la segunda pila, cubrió hábilmente lo que en gran parte eran huesos con algo de grasa. Zeus y los demás dioses fueron engañados para que eligieran el segundo montón como suyo, dejando el resto para los humanos. Así, creían los griegos, nació la costumbre griega del sacrificio para los dioses como banquete para los humanos. El precedente del procedimiento de sacrificio, una vez reconocido por los dioses, debía seguirse de la misma manera para siempre. Al fin y al cabo, aceptar el sacrificio era un acto contractual.

Este mito etiológico explica ciertos valores culturales que compartían quienes vivían en el mundo grecorromano y rendían culto a sus dioses tradicionales. Uno de estos valores culturales era la asociación del consumo de carne con los rituales religiosos. Dado que un animal de sacrificio típico era demasiado grande para que un individuo o una familia se lo comieran solos, estos rituales se celebraban generalmente con comidas comunitarias en las que participaban muchas personas, a menudo de diferentes rangos sociales. Como resultado, estas ocasiones de festín también crearon y perpetuaron costumbres sociales específicas que dictaban la disposición de los asientos en el banquete por motivos

[45] Hesíodo, *Teogonía*, vv. 509-72; y *Trabajos y días*, vv. 58-76.

sociales y una distribución igualmente estratégica de las mejores y peores partes del animal en la comida.[46]

La idea cultural de los sacrificios a los dioses como grandes ocasiones de fiesta comunal continuó a lo largo de toda la Antigüedad. Al igual que sus vecinos politeístas, los judíos tenían su propia tradición de sacrificios de animales y fiestas comunales, después de dar a Dios una porción de la carne. Las reuniones judías también se caracterizaban por una clasificación, aunque más informal, de los individuos según la calidad de la carne que recibían. Encontramos un ejemplo de ello en Primera de Samuel 1:5, donde aprendemos que el padre del futuro profeta Samuel expresó su afecto por Ana, la favorita de sus dos esposas, dándole la mejor porción de la carne en los sacrificios. Y sí, fue recibido en su casa tan bien como lo sería en la casa de cualquiera que decidiera intentarlo.

La costumbre religiosa judía de los sacrificios de animales terminó para siempre con la destrucción del segundo templo por los romanos en el año 70 de la era cristiana. Pero incluso antes, el cristianismo primitivo puso en tela de juicio las costumbres alimentarias tanto de la cultura romana como de la cultura judía. Mediante el desmantelamiento de las tradiciones y restricciones dietéticas previamente esperadas, las primeras enseñanzas cristianas sobre las costumbres alimentarias mostraron la importancia de ser contraculturales en un mundo que valoraba la conformidad con la cultura existente. Las opiniones culturales sobre la comida, al igual que las opiniones culturales sobre la propiedad, eran problemáticas, porque podían llevar a la idolatría. Una cuestión relacionada tenía que ver con el concepto de santidad personal. «Eres lo que comes» era un concepto muy literal para los judíos que seguían las leyes dietéticas mosaicas, y en su forma redefinida, se convirtió en una parte integral de las enseñanzas sobre la santidad personal para los primeros cristianos.

En este capítulo se examinan algunos de los primeros debates que tuvieron lugar en las comunidades cristianas sobre el papel de los alimentos en el pecado de la religión cultural. En última instancia, veremos que la convicción de que el consumo de ciertos alimentos podía conducir al pecado no se debía a ningún alimento o bebida en particular, sino al modo en que el bagaje cultural asociado a estos alimentos y bebidas podía distorsionar las relaciones de las personas entre sí y con Dios. El cristianismo fomentaba las relaciones contraculturales, reuniendo a creyentes

[46] Si desea saber más sobre la visión religiosa griega de los sacrificios, véase Marcel Detienne y Jean-Pierre Vernant, *The Cuisine of Sacrifice Among the Greeks* (Chicago: University of Chicago Press, 1998); y Fred Naiden, *Smoke Signals for the Gods: Ancient Greek Sacrifice from the Archaic through Roman Periods* (Oxford: Oxford University Press, 2015).

que no tenían nada en común, salvo su fe. La comida, especialmente la celebración de la Cena del Señor como parte del culto, era esencial para la construcción de esta nueva y deliberadamente contracultural comunidad de santos.

Elogio de los vegetales

Alrededor del año 160 a. C., Catón el Viejo, un político romano profundamente conservador, quizás recordado sobre todo por insistir ante el Senado romano para que destruyera Cartago (durante un año no dejó de terminar sus discursos con el añadido «¡Y yo creo que Cartago debe ser destruida!», hasta que nadie pudo soportarlo más), escribió el tratado *Sobre la agricultura*. El elogio de la agricultura por parte de Catón forma parte de su imagen pública, cuidadosamente escenificada, como un auténtico conservador y defensor del tradicionalismo romano. La agricultura era una noble ocupación romana, y la propiedad de la tierra era un requisito para los senadores. Sin embargo, en su manual, Catón hace gala de sus conocimientos sobre mucho más que el mero funcionamiento cotidiano de la hacienda.

La joya de la corona del documento es el discurso sobre los diversos usos de la col: una verdura que "supera a todas las demás". La col no solo es versátil —se puede comer cruda o cocida—, sino que tiene un increíble valor medicinal, explica Catón. ¿Dolores de cabeza? Coma col. ¿No puede usted dormir? Coma col. ¿Problemas digestivos? Coma col o beba un caldo especial de col, para el que Catón proporciona una receta. También es útil cuando se aplica tópicamente sobre heridas, úlceras e incluso cánceres. Por último, Catón, partidario de la política de "no desperdiciar", da algunos usos medicinales a la orina de los consumidores habituales de coles. Al parecer, bañar a los bebés débiles en esa orina les garantiza la salud. Calentada suavemente y aplicada de forma tópica, la orina de col ayuda a aliviar dolencias oculares y dolores de cabeza.

Catón vivió hasta la avanzada edad de ochenta y cinco años, así que quizás las curas le funcionaron. Al menos, es de suponer que su robusta disposición natural pudo protegerse de cualquier peligro potencial de, por ejemplo, lavarse regularmente los ojos con orina de col. Pero sus alabanzas a los vegetales, incluido el humilde milagro de la col, no eran del todo originales. Tenían su origen en una antigua escuela filosófica, la de los pitagóricos, que propugnaban una dieta totalmente vegetariana y evitaban totalmente la carne. ¿El motivo? Creían que las almas migraban de un ser vivo a otro tras la muerte. Así que siempre existía el peligro de que, al comer la carne de un animal, uno se comiera inadvertidamente a un ser querido.[47] Aunque el razonamiento de los pitagóricos para abstenerse de comer carne era exclusivo de ellos en el mundo antiguo, los antiguos judíos a veces mantenían una dieta similar, rica en verduras, por razones propias.

Las leyes dietéticas que Dios reveló por primera vez a los judíos a través de Moisés en Levítico 11, sentaron las bases de la dieta más restrictiva de la historia del mundo antiguo. Para ser considerado kosher (apto para el consumo), el animal debía rumiar y tener las pezuñas abiertas. Algunos animales terrestres y marinos comunes se consideraban impuros según este sistema y, por tanto, no se podían comer ni tocar. Entre ellos figuraba, sobre todo, el cerdo, la fuente de carne barata por excelencia de las civilizaciones antiguas y modernas. Las leyes también especificaban una forma concreta de sacrificar y cocinar a los animales. En particular, no se podía consumir sangre. El propósito de este sistema era mantener santo y apartado al pueblo de Dios. Pero ¿hasta qué punto eran exigentes estas normas para los judíos? En pocas palabras, mucho. Cuando el profeta Daniel, esclavizado en Babilonia, decidió cumplir las leyes dietéticas de Dios, la única solución que encontró fue seguir una dieta vegetariana a base de verduras y agua.[48]

La elección de Daniel nos recuerda que las leyes dietéticas mosaicas hacían algo más que permitir que el pueblo de Dios mantuviera la santidad personal. Un propósito relacionado con estas leyes era el de apartar al pueblo de Dios de todos los demás que lo rodeaban en el mundo antiguo. Aunque esta separación debía ser una virtud, su idolatría podía convertirse rápidamente en pecado. Lo vemos en las reacciones de los fariseos ante la asociación de Jesús con personas consideradas de mala reputación, como Zaqueo, el recaudador de impuestos. Los fariseos se escandalizaron especialmente de que Jesús comiera con personajes tan cuestionables. Se

---

[47] Colin Spencer, *The Heretic's Feast: A History of Vegetarianism* (Lebanon, NH: University Press of New England, 1996), 50. Para más información sobre el vegetarianismo de los pitagóricos, véase Michael Beer, *Taste or Taboo: Dietary Choices in Antiquity* (Totnes, UK: Prospect, 2009), cap. 2.

[48] Para una visión histórica de las antiguas leyes dietéticas judías y las costumbres que las rodeaban, véase Jordan D. Rosenblum, *The Jewish Dietary Laws in the Ancient World* (Cambridge: Cambridge University Press, 2017). Para consultar libros que relatan la historia de las costumbres y leyes alimentarias judías desde la antigüedad hasta la actualidad, mostrando cómo se han reinterpretado y adaptado las normas desde la antigüedad, véase John Cooper, *Eat and Be Satisfied: A Social History of Jewish Food* (Nueva York: Aronson, 1993); David C. Kraemer, *Jewish Eating and Identity through the Ages* (Londres: Routledge, 2007); y más recientemente, Aaron Gross, Jody Myers y Jordan D. Rosenblum eds., *Feasting and Fasting: The History and Ethics of Jewish Food* (Nueva York: NYU Press, 2020). Por último, si desea conocer un interesante enfoque moderno de la alimentación inspirado en la dieta de Daniel, consulte el libro de Rick Warren, escrito en coautoría con Daniel Amen y Mark Hyman, *El plan de Daniel: 40 días hacia una vida más saludable* (Miami: Vida, 2013).

trataba de un acto controvertido debido al temor que los judíos devotos tenían de los menos devotos entre ellos. Al fin y al cabo, esas personas podían no guardar perfectamente las leyes dietéticas y, por lo tanto, era probable que contaminaran a los que comían con ellos.

La preocupación de los fariseos por las acciones de Jesús y su aparente desprecio por las leyes dietéticas tradicionales, muestran su idolatría culturalmente arraigada de su propio estatus separado. Su estricta adhesión a las leyes dietéticas, después de todo, los llevó a rechazar al Hijo de Dios, juzgando literalmente que la plena obediencia a las leyes dietéticas era más importante que Dios mismo. Lo absurdo de la elección de los fariseos es evidente. Para subrayar aún más lo absurdo de privilegiar las leyes dietéticas sobre los mandamientos de Dios, Hechos 10 nos habla de la visión milagrosa que se le dio a Pedro. La visión abolió las antiguas leyes, pero creó otras nuevas que regulaban el consumo de carne en la iglesia primitiva. Como veremos, ambas medidas sirvieron para incorporar a los gentiles a la iglesia, al tiempo que se reconocía la diferencia entre su bagaje cultural al respecto a la comida y el de los judíos. De nuevo en el centro del campo de batalla estaba la carne.

El consumo de carne y la iglesia primitiva

En el siglo I de nuestra era, en tiempos del emperador Tiberio (y, por tanto, durante la vida de Jesús), un experto culinario romano, Apicio, publicó un libro de recetas populares contemporáneas. No sabemos mucho sobre Apicio, y muchas de las recetas conservadas en *Sobre la cocina* son adiciones posteriores. Sin embargo, la obra nos ofrece una visión fascinante de las prácticas dietéticas romanas. Especialmente esclarecedora es la sección dedicada a las carnes.[49]

Apicio dedicó el libro 8 específicamente a los cuadrúpedos, y sus recetas están convenientemente agrupadas por animales, como en algunos libros de cocina modernos. Sin embargo, las similitudes terminan con la disposición. Los animales incluidos son en su mayoría desconocidos para nuestros gustos occidentales: jabalí, venado, gacela, oveja salvaje (nótese que aquí están separadas de las ovejas domesticadas, lo que sugiere que se

[49] Para una traducción en inglés de Apicio con útiles notas contextuales, de dominio público, véase Apicio, *De Re Coquinaria*, trad. Joseph Dommers Vehling, https://penelope.uchicago.edu/Thayer/E/Roman/Texts/Apicius/home.html. Tenga en cuenta que Apicio, al igual que muchas guías de cocina premodernas, no proporciona medidas detalladas ni instrucciones precisas para sus recetas. El cocinero intrigado que desee recrear una comida romana en su casa puede consultar mejor Christopher Behr y Annie Schlechter, *Carne: Meat Recipes from the Kitchen of the American Academy in Rome* (Roma: Little Bookroom, 2016).

trataba de un animal diferente), ternera y buey, cabrito y cordero, cerdo y lechón, liebre y, por último —para los que tienen gustos más económicos—, el lirón (un pariente más cercano de la ardilla o la rata modernas que del ratón).

Al parecer, el lirón se puso de moda culinariamente en el Imperio romano, dando lugar al *glirarium*, una granja comercial donde se criaba el *glis*, el lirón, para obtener su carne. Los gastrónomos romanos observaron que los lirones criados en un *glirarium* eran mucho más gordos que los silvestres y, por tanto, más apetecibles para comer. Además, en ciudades como Pompeya se han encontrado pequeñas tinajas de barro con ranuras en su interior, diseñadas específicamente para almacenar y engordar un lirón individual para la cena. Las ranuras permitían al roedor atrapado hacer algo de ejercicio mientras esperaba su inevitable destino.

Las especias pueden ayudar mucho a hacer apetecibles carnes poco sabrosas. Hace años, un alumno de mi clase de Introducción a la historia romana recreó la receta del lirón relleno de Apicio. Sustituyó la carne original por pollo, lo que fue muy bien acogido por los compañeros, dándole la vuelta al chiste de que todas las carnes desconocidas saben a pollo.

Al mismo tiempo, las sofisticadas especias, hierbas y salsas empleadas en las recetas de Apicio nos recuerdan que estaban destinadas en gran medida a los *gourmands* de la alta sociedad romana. Algunas recetas llevan incluso el nombre de personas concretas cuyos cocineros (normalmente esclavos) presumiblemente las habían servido con gran éxito. Una receta de conejo ahumado lleva el nombre de Passenius. Una receta bastante sencilla de lechón con puerros y eneldo lleva el nombre de Fronto, que fue *praetor urbanus* (senador encargado de juzgar los casos civiles) durante el breve gobierno del emperador Vitelio en el año 69 de la era cristiana. Otra receta, también de lechón, lleva el nombre de Vitelio, un emperador tan famoso por su apetito desmesurado como por su incompetencia administrativa.

No todos los animales mencionados reciben la misma atención en el libro de cocina. Aparentemente, no hay muchas maneras de preparar un lirón, por ejemplo. Pero la sección de recetas para cocinar un cerdo o un lechón es especialmente extensa, lo que refleja la amplia disponibilidad del animal y la versatilidad de esta carne en particular. Sin embargo, la variedad de las carnes incluidas es notable en comparación con nuestros gustos actuales. Nos recuerda lo aventureros que eran los antiguos comensales. Pero también es un recordatorio de un mundo con el que muchos de nosotros no estamos personalmente familiarizados, un mundo que no era ajeno a la inseguridad alimentaria y que, por tanto, había aprendido a ser ingenioso. No solo se consumen muchos animales diferentes, sino que también hay recetas para utilizar cada parte del animal, como las dos recetas diferentes de hígado de liebre y otras vísceras. La sangre, además, aparece en salsas, como la receta de hígado de liebre y vísceras cocinadas con sangre.

Para los judíos que vivían en el Imperio romano y veían lo que comían sus vecinos no judíos, las diferencias dietéticas en torno a la carne eran un recordatorio constante de su propia singularidad. No solo no podían comer ninguna de las comidas convenientemente preparadas, como los pasteles de carne, que se vendían en las calles de la ciudad como "comida rápida" romana, sino que tampoco podían comer ninguna de las carnes que se vendían en los mercados romanos. Después de todo, al menos la mitad de las carnes que comían los romanos no cumplían los requisitos de las leyes mosaicas. La liebre, por ejemplo, mastica el bolo alimenticio, pero no tiene pezuñas hendidas, por lo que queda excluida. Otra barrera tenía que ver con la forma de sacrificar a los animales. Debido a que el código mosaico exigía una forma específica de sacrificar al animal para drenar la sangre, hasta el día de hoy los judíos que mantienen el kosher solo compran carne de carniceros kosher. Los judíos que vivían en el Imperio romano hacían lo mismo, y es posible que hubiera carnicerías kosher en algunas ciudades importantes, como Roma y Alejandría. Pero para aquellos judíos que fueron los primeros conversos al cristianismo, su conversión pronto vino acompañada de un nuevo y sorprendente mandato con respecto a la carne. Y esta nueva regla, en última instancia, fue clave para la difusión del Evangelio entre los gentiles.

El valor cultural de la singularidad judía, impuesto por las leyes dietéticas mosaicas, se vio cuestionado en los albores de la historia de la iglesia por la anulación del antiguo mandato dietético y el mandato concomitante de llevar el Evangelio a todos los pueblos. La historia que ilustra esta conexión de forma más evidente se encuentra en Hechos 10, donde el apóstol Pedro experimentó una visión inusual mientras esperaba una comida:

> Y vio el cielo abierto, y que descendía algo semejante a un gran lienzo, que atado de las cuatro puntas era bajado a la tierra; en el cual había de todos los cuadrúpedos terrestres y reptiles y aves del cielo. Y le vino una voz: Levántate, Pedro, mata y come. Entonces Pedro dijo: Señor, de ningún modo; porque no he comido jamás ninguna cosa común o inmunda. Volvió la voz a él la segunda vez: Lo que Dios ha purificado, no lo llames tú común. (Hch 10:11-15).

Las objeciones de Pedro a Dios durante la visión, negándose tres veces a comer alimentos cuyo consumo no era lícito según las leyes mosaicas, sugieren tanto una fuerte adhesión cultural a estas leyes, a las que había estado sometido toda su vida, como quizá también un temor a que Dios lo pusiera a prueba. Pero, finalmente, Pedro está convencido de que el mandato no es una prueba de su fidelidad y que va en serio.

Aunque es comprensible que esta visión lo sorprenda, Pedro interpreta correctamente que se trata de algo más que de comida. Cuando un centurión romano, Cornelio, convoca a Pedro inmediatamente después para que vaya a su casa y le hable del evangelio, Pedro le cuenta la visión a modo de introducción: «Y les dijo: Vosotros conocéis perfectamente cuán abominable es para un varón judío juntarse o acercarse a un extranjero; pero a mí me ha mostrado Dios que a ningún hombre llame común o inmundo; por lo cual, al ser llamado, vine sin replicar. Así que pregunto: ¿Por qué causa me habéis hecho venir?» (Hch 10:28, 29). Pedro habla de Jesús a Cornelio y su familia, y el capítulo concluye con la primera efusión del Espíritu Santo sobre los gentiles convertidos y el bautismo en grupo de los miembros de la familia de Cornelio.

La declaración inicial de Pedro a Cornelio sugiere que había una gran posibilidad de que Pedro se hubiera negado a ir a la casa de Cornelio si no hubiera recibido la visión anterior. Habría sido una oportunidad perdida para compartir el evangelio. Este episodio demuestra que las costumbres dietéticas culturales judías podían ser un obstáculo para la difusión del evangelio debido a la actitud de que las personas, y no solo los alimentos, eran impuras. Además, hay que tener en cuenta que la hospitalidad en el mundo antiguo exigía compartir los alimentos. Si se visitaba a alguien durante horas para hablar de un tema complejo, como fue el caso de la visita de Pedro a Cornelio, se esperaba que en algún momento de la visita se compartiera la comida. Ofrecer a un invitado embutidos o salchichas con pan, queso y aceitunas habría sido habitual pero, por supuesto, una violación de múltiples normas dietéticas judías. Sin embargo, que Pedro rechazara la hospitalidad de Cornelio habría sido algo más que una simple grosería: habría sido un insulto de un inferior social a su superior.

Al leer este episodio, debemos recordar que el propio Cornelio tenía prejuicios culturales que superar al llamar a Pedro a su casa. Después de todo, como centurión distinguido y ciudadano romano, estaba, desde el punto de vista cultural romano, muy por encima de Pedro en rango social. Sin embargo, no tuvo ninguna duda en relacionarse con Pedro. Puede que a este romano temeroso de Dios le resultara más fácil rechazar las expectativas culturales romanas sobre la comida y las personas que a un antiguo judío devoto rechazar las expectativas culturales judías sobre estos conceptos. En última instancia, vemos una redefinición del pecado derivada de una redefinición de qué alimentos, especialmente las carnes, son aceptables para el consumo. El mandamiento preciso, cuya violación solía ser pecado bajo el código mosaico, es ahora un pecado si se sigue con precisión, porque es una barrera para llevar a la gente a Dios.

La experiencia de Pedro muestra los retos a los que se enfrentaban incluso algunos de los líderes de la primera comunidad cristiana a la hora de resistirse a las expectativas culturales judías anteriores sobre la carne. Pero ¿y los paganos conversos? Podríamos imaginar que los romanos que se convirtieron al cristianismo no tuvieron que enfrentarse a pecados relacionados con la comida. Después de todo, si Dios mismo declaró que todos los animales eran limpios, ¿no debería ser esto una señal de que se podía ser un *gourmet* al estilo de Apicio y también cristiano? El lechón hervido en leche ya puede volver a la mesa, ¿no?

Pero no es tan sencillo. La primera carta de Pablo a la iglesia de Corinto nos da una idea de los desafíos a los que se enfrentaban los conversos de la religión tradicional grecorromana. En lo que respecta a las prácticas alimentarias, el bagaje cultural del mundo pagano tenía su propio potencial significativo para llevar a la gente al pecado precisamente porque en el mundo pagano ciertas prácticas alimentarias eran inseparables de la idolatría en un sentido literal. Pero tanto la preocupación por la santidad personal como la posibilidad de crear barreras a la fe de los demás también formaban parte del rompecabezas.

En 1 Corintios 8, Pablo plantea la cuestión de si los cristianos deben comer carne procedente de sacrificios paganos. El hecho de que plantee esta cuestión indica claramente que al menos algunos miembros de la iglesia de Corinto la practicaban, pero quizá también había dudas sobre si era aceptable. En el caso de los judíos, la cuestión ni siquiera se habría planteado: puesto que las formas paganas de sacrificar la carne no cumplían las normas de Dios, eso ya era una buena razón para no participar. Podemos recordar una vez más el ejemplo de Daniel y su negativa a comer carne de la mesa del rey en Babilonia. Parece que los cristianos de Corinto eran gentiles conversos, para quienes no regían tales prohibiciones anteriores. En cambio, estaban acostumbrados a celebraciones culturales que giraban en torno al consumo de carne que había sido ofrecida a los dioses paganos.

Comer alimentos ofrecidos a los ídolos no significaba simplemente comer carne procedente de animales sacrificados a dioses paganos. Más bien, significaba participar en toda la gama de actividades que acompañaban a tales ocasiones de consumo dentro de templos paganos, nada menos. Y eso, más que el mero acto de comer, podía ser una piedra de tropiezo tanto para los que decidían comer carne de los sacrificios como para sus compañeros conversos más débiles, que los veían comer. Como advierte Pablo:

> Pero no en todos hay este conocimiento; porque algunos, habituados hasta aquí a los ídolos, comen como sacrificado a ídolos, y su conciencia, siendo débil, se contamina.
>
> Si bien la comida no nos hace más aceptos ante Dios; pues ni porque comamos, seremos más, ni porque no comamos, seremos menos.
>
> Pero mirad que esta libertad vuestra no venga a ser tropezadero para los débiles.
>
> Porque si alguno te ve a ti, que tienes conocimiento, sentado a la mesa en un lugar de ídolos, la conciencia de aquel que es débil, ¿no será estimulada a comer de lo sacrificado a los ídolos?
>
> Y por el conocimiento tuyo, se arruina el hermano débil por quien Cristo murió.
>
> De esta manera, pues, pecando contra los hermanos e hiriendo su débil conciencia, pecáis contra Cristo.
>
> Por lo cual, si la comida le es a mi hermano ocasión de caer, no comeré carne jamás, para no poner tropiezo a mi hermano. (1 Co 8:7-13).

En teoría, señala Pablo, la comida es comida. Sin embargo, en la realidad, tiene demasiadas asociaciones culturales que pueden llevar a los comensales y a otros a pecar.

¿Cuál habría sido el costo de renunciar a la carne de los sacrificios? ¿Por qué es un tema tan importante como para discutirlo en detalle? Tenemos que recordar que si los habitantes de las ciudades del Imperio romano no iban a participar de la carne ofrecida a los ídolos, probablemente habrían tenido que renunciar a comer algunos tipos de carne por completo, con la excepción, por supuesto, de los siempre presentes y decididamente dudosos pasteles de carne misteriosa vendidos en la calle. Pero ni siquiera los pasteles de carne eran una garantía, ya que varios emperadores a lo largo del siglo I d. C. intentaron prohibir o restringir la venta de alimentos calientes en las *popinae*, los omnipresentes establecimientos callejeros que vendían bebidas y aperitivos.

Una teoría para explicar las restricciones es práctica: los *popinae* podían suponer un peligro de incendio en las abarrotadas ciudades antiguas, como Roma, que contaba con un millón de habitantes en el siglo I de nuestra era. Otra teoría, sin embargo, es política: si la gente se reunía para comer comida caliente, habría pasado más tiempo en la tienda, y existía la posibilidad de conspirar contra el emperador. Después de todo, ¿qué otra cosa podría hacer alguien que saliera a comer? Cualquiera que fuera la razón, hacía que los sacrificios religiosos y la oportunidad de comer carne que proporcionaban fueran aún más especiales.

Mientras que los ricos podían comprar un animal entero para cocinar o (lo que es más probable) disponían de animales criados en sus propias fincas, esto no era una opción para la mayoría de los antiguos habitantes de las ciudades. Debemos tener en cuenta este entorno urbano para entender lo que Pablo dice sobre su propia decisión dietética al final de 1 Corintios 8: si comer alimentos puede hacer tropezar a otro creyente, lo preferible es evitarlo. Pablo supone que cualquier carne comprada en la ciudad podría proceder de un sacrificio y, por tanto, estar sujeta a esta preocupación de idolatría. Para que no pensemos que este es un problema específico de la iglesia de Corinto, que ciertamente parecía tener una buena cuota de desafíos, Pablo trae a colación la misma preocupación en Romanos, una iglesia que parece haber sido ejemplar por su plenitud de fe: «Recibid al débil en la fe, pero no para contender sobre opiniones. Porque uno cree que se puede comer de todo; otro, que es débil, come legumbres. El que come, no menosprecie al que no come, y el que no come, no juzgue al que come; porque Dios le ha recibido» (Rm 14:1-3).[50]

Los comentarios de Pablo a su audiencia dejan claro que comer un alimento o una dieta en particular no hace santo o pecador. Sin embargo, las opciones dietéticas son importantes y constituyen una elección personal. Lo más significativo es que Pablo señala que cada persona debe tomar la decisión utilizando su propia fe como criterio principal. Los demás deben respetar esa decisión para edificar al hermano o hermana en lugar de derribar su fe. Una vez más, las decisiones dietéticas no pueden separarse de la fe. Una elección dietética solo se convierte en pecado si lleva al que la come o a los que lo rodean al pecado.

Como alguien que ha admitido intentar ser todo para todos en nombre de Cristo, Pablo ha señalado en 1 Corintios 8 que opta por "pecar de precavido". Eso significaba prestar mucha atención a las personas con las que cenaba y prescindir por completo de la carne cuando era necesario.

[50] El tema en cuestión en Romanos podría implicar dos posibilidades que no son mutuamente excluyentes: a Pablo podría preocuparle que los cristianos comieran carne sacrificada a los ídolos, o podría preocuparle que los cristianos judíos comieran carne que no debían comer según las leyes levíticas.

Este cambio efectivo de nuevo a la "dieta de Daniel" para Pablo, y cualquier otro cristiano primitivo que tomara la misma decisión, habría tenido costos tanto dietéticos como sociales. Los costos dietéticos, por supuesto, significaban simplemente eliminar la carne de la dieta. Pero el pescado abundaba en Corinto, una ciudad situada justo en el istmo, y también estaba ampliamente disponible en Roma. Además, los garbanzos, las lentejas y otras legumbres formaban parte habitual de la antigua dieta mediterránea. Satisfacer las necesidades de proteínas no habría sido un reto.

Pero el costo social de la decisión de Pablo de renunciar a la carne era más grave. Perderse las ocasiones en las que se consumía carne sacrificada significaba perder la oportunidad de relacionarse con otros líderes de la comunidad y ser reconocido por su estatus social entre ellos. Por lo tanto, la dieta de Pablo significaba aceptar voluntariamente un estatus humilde en un mundo que juzgaba a todo el mundo por su estatus. Como vemos en su conversación con los cristianos de Corinto, esa elección no era fácil, ya que las prácticas culturales se filtraban en las primeras iglesias. Parece, en particular, que los cristianos corintios trasladaron las expectativas culturales que se aplicaban durante los banquetes paganos a su celebración de la Cena del Señor de una manera decididamente pecaminosa.

De los banquetes paganos a la Cena del Señor

En 1 Corintios 11, Pablo acusa a los corintios de pervertir la Cena del Señor al celebrarla de forma muy individualista. Su descripción de los procedimientos es contundente: «Cuando, pues, os reunís vosotros, eso no es comer la cena del Señor. Porque al comer, cada uno se adelanta a tomar su propia cena; y el uno tiene hambre, y el otro se embriaga. ¿Pues acaso no tenéis casas en que comáis y bebáis? ¿O menospreciáis la iglesia de Dios, y avergonzáis a los que no tienen nada? ¿Qué os diré? ¿Os alabaré? En esto no os alabo» (1 Co 11:20-22). Como Pablo sigue explicando, se trata de una distorsión de la celebración original de la Cena del Señor con sus discípulos, que hacía hincapié tanto en la igualdad de los discípulos como en el significado simbólico de la comida. Los corintios han olvidado el mandato de Jesús: «Haced esto en memoria de mí» (1 Co 11:24). En lugar de ello, se han limitado a seguir el ritual, distraídos por el bagaje cultural de las prácticas festivas griegas y romanas.

Los corintios vivían en un mundo marcado por la intersección de las culturas griega y romana. Corinto era una ciudad portuaria destacada en el mundo griego desde la época arcaica, pero en tiempos de Pablo era también un centro de presencia romana en la provincia de Acaya. Si pensamos en las prácticas culturales que giraban en torno a las fiestas, el mundo de los corintios incluía el conocimiento y la práctica de valores tanto del simposio griego como del convivio romano. Estos dos tipos de celebraciones comunales presentaban ciertas diferencias, que es pertinente esbozar aquí.

El simposio griego, una fiesta aristocrática en la que se bebía (el término significa literalmente "beber juntos"), formaba parte de las actividades sociales de los hombres respetables de las ciudades-estados griegas. El famoso diálogo de Platón, *Symposium*, esboza un relato semificcional de una ocasión de este tipo, en la que varios aristócratas y pensadores atenienses importantes, incluido el propio Sócrates, se reunieron para una noche de bebida y conversación informal. Tras un acuerdo en el grupo de que todos han bebido demasiado la noche anterior, la compañía decide en su lugar pasar la velada presentando refinados discursos extemporáneos sobre el tema del amor. Las ordenadas actividades acaban desbaratándose cuando Alcibíades, el *enfant terrible* de la Grecia de finales del siglo V, aparece sin invitación. El simposio concluye con todos, menos Sócrates, borrachos hasta el olvido. Demasiado para una noche de conversación civilizada.[51]

Aunque la obra de Platón no pretendía describir con precisión cómo se desarrollaban los simposios en la vida real, el diálogo subraya la igualdad de todos los participantes que merecían ser incluidos en esta reunión. Incluso el no invitado, Alcibíades, es un igual social y, por ese motivo, podría haber sido invitado. Por tanto, su presencia no rompe del todo las convenciones. Solo se permitía la presencia de hombres en un simposio (aunque podían estar presentes mujeres de dudosa reputación, algunas de ellas de naturaleza altamente deshonrosa), pero a los que se les permitía eran tratados como iguales. Esto significa que todos los asientos eran más o menos igual de honorables, y todos los invitados recibían la misma calidad de vino y comida. De hecho, el vino se servía en un recipiente común. Como los griegos solían mezclar el vino con un poco de agua,

[51] El estudio académico definitivo sobre el tema sigue siendo Pauline Schmitt-Pantel, *La cité au banquet: histoire des répas publiques dans les cités grecques* (París: Sorbonne, 1992). Véanse también los ensayos de Oswyn Murray ed., *Sympotica: A Symposium on the Symposion* (Oxford: Oxford University Press, 1990); y William J. Slater ed., *Dining in a Classical Context* (Ann Arbor: University of Michigan Press, 1991). Una historia menos académica del banquete, centrada en particular en la historia de las bebidas, es Tom Standage, *La historia del mundo en seis tragos: De la cerveza de los faraones a la Coca-Cola* (Madrid: Debate, 2006). Por último, para una historia de las fiestas, paganas y cristianas, hasta la Antigüedad tardía, véase el interesante estudio de Jason König, *Saints and Symposiasts: The Literature of Food and the Symposium in Greco-Roman and Early Christian Culture* (Cambridge: Cambridge University Press, 2012).

esto garantizaba también que la fuerza del vino fuera igual para todos. El simposio, en otras palabras, aunque era un rasgo de la vida aristocrática, en la práctica era una institución muy democrática, siempre y cuando se cumpliera el alto requisito exigido para ser incluido.

Este aspecto democrático del simposio griego clásico siguió fascinando a los pueblos del Mediterráneo mucho después de la conquista romana. A principios del siglo III d. C., Ateneo de Náucratis escribió una enorme obra de quince volúmenes titulada *Banquete de los eruditos*. El libro, una historia ficticia de una serie de larguísimas cenas ambientadas en la Roma imperial, es un diálogo sobre todo lo relacionado con el simposio griego. Aunque el aspecto democrático del simposio se hace patente —todos los invitados tienen el mismo protagonismo en la sociedad—, otro aspecto del simposio que destaca este trabajo es su potencial para incitar a «consumir pasiones».[52] El simposio era un lugar en el que se suspendían las limitaciones habituales de la sociedad para moderar los placeres de la carne. Así que comer, beber y portarse mal con las flautistas (que hacían algo más que tocar la flauta) de forma inmoderada era una parte aceptada de las festividades.

Para que quede claro, no se trata de un nuevo elemento del simposio inventado por Ateneo. Las escenas del simposio abundan en las pinturas de los vasos de la Atenas clásica, que se utilizaban en estas fiestas. Las decoraciones representan de forma muy gráfica los extremos de las pasiones consumistas que formaban parte integrante del simposio. Un tema popular en las pinturas de vasos es un juego de fiesta conocido como *kottabos*. Aunque no estamos del todo seguros de cómo se jugaba, parece ser que consistía en lanzar los restos de vino del fondo de la taza a un blanco. El dilema para los jugadores era, por supuesto, que para volver a jugar había que vaciar otra taza hasta los sedimentos. Pero consumir demasiado acababa afectando a la puntería. Un mosaico que se conserva en el suelo de una casa cercana al ágora ateniense recuerda, por cierto, el desorden que crearon los excesos de comida y bebida en el simposio: el mosaico, exquisitamente ejecutado, muestra restos de cabezas y espinas de pescado, conchas de ostras y otros fragmentos de comida. También podríamos imaginar algunas manchas de sedimentos de vino en la mezcla. Para los acostumbrados al simposio, estos excesos eran el reflejo de

[52] Véase James Davidson, *Courtesans and Fishcakes: The Consuming Passions of Classical Athens* (Chicago: University of Chicago Press, 2011).

una vida bien vivida y de una estructura social en la que los que disfrutaban de la fiesta no eran los que limpiaban después.

El banquete romano —*convivium* (término que significa literalmente "vivir juntos" en latín)— representaba un conjunto diferente de valores culturales que, a primera vista, eran intrínsecamente menos caóticos y desordenados. Aunque aparentemente más inclusivo que el simposio griego —se podía invitar a mujeres y a personas de distintas clases económicas—, el convivio romano reforzaba firmemente la jerarquía social de todos los invitados, tanto por la disposición de los asientos como por la calidad del vino y la comida que se les servía. En otras palabras, el lugar donde uno se sentaba en un banquete romano y lo que se le servía estaban dictados únicamente por su posición socioeconómica. En el convivio romano, al igual que en la sociedad romana propiamente dicha, el estatus era visible. Además, el propósito de la cena era, en última instancia, permitir que el anfitrión se luciera, manteniendo o incluso mejorando su estatus en la comunidad.

Un texto literario romano de esta época que muestra los extremos del convivio romano es la "Cena en casa de Trimalción", un episodio de la novela de Petronio *El Satiricón*. Trimalción, un liberto con la historia definitiva de una vida de pobreza y riqueza, utiliza su riqueza para mostrar su superioridad a los demás, sirviendo la cena más extravagante que se pueda imaginar; de hecho, algunos de los platos y su presentación desafían deliberadamente la imaginación. Uno de los platos es una bandeja con los doce signos del zodiaco, con alimentos representativos colocados sobre cada signo. Otro plato presenta un jabalí entero asado, con cestas de dátiles de lujo colgando de sus colmillos y pasteles en forma de lechones, rodeándolo en la bandeja de servicio apropiadamente enorme. Como dirían los anuncios cursis: «Pero espera, ¡todavía hay más!». Cuando se abre el jabalí, una bandada de tordos sale volando espectacularmente. En general, la exhibición de riqueza y estatus de Trimalción es, sin duda, exagerada y vulgar. Sin embargo, como demuestran las recetas de Apicio, las exhibiciones moderadas de la misma naturaleza eran perfectamente aceptables y esperadas.

El comportamiento de los cristianos de Corinto en sus celebraciones de la Cena del Señor, tal como lo describe Pablo, combinaba las peores características tanto del simposio griego como del convivio romano. Algunos de los creyentes tomaron prestado del simposio griego la aceptabilidad de la embriaguez comunitaria. Al mismo tiempo, la distribución de la comida en estas ocasiones —en las que algunos comían en abundancia, mientras que otros pasaban hambre— reproducía el convivio romano, en el que se servía comida de la calidad (y, en realidad, cantidad) acorde con el estatus de cada invitado.[53] Pablo señala que este enfoque servía para humillar a los miembros más pobres de la congregación. Si bien esto habría sido aceptable en un convivio romano, donde la humillación de algunos solo habría servido para resaltar aún más la riqueza de los demás, no era aceptable en el culto cristiano.

Los corintios parecían olvidar que la Cena del Señor era una fiesta ofrecida por Dios y no por simples personas. Aunque las comidas ofrecidas por los dioses eran una característica de ciertos festivales tanto en la religión griega como en la romana, esas comidas seguían estando sujetas a las costumbres típicas del banquete romano. Al adoptar las prácticas culturales de los banquetes griegos y romanos, los corintios rechazaron el valor de la igualdad de los creyentes y la exigencia de Jesús de cuidarse unos a otros. Al mismo tiempo, también mostraban una falta de respeto por lo que la comida de la última cena debía representar: el cuerpo y la sangre de Cristo, derramados en común por todos los creyentes.

El modo en que la cultura trataba la comida estaba íntimamente relacionado con su visión de las personas, una idea que también es válida hoy en día. Vemos esto en la discusión de Pablo sobre la Cena del Señor. La declaración de Pedro a Cornelio de que Dios no hizo a nadie ni a nada "común" también viene a la mente en este contexto. En el mundo romano, donde el convivio simplemente reproducía la creencia socialmente aceptada de que algunas (muy pocas) personas eran más valiosas que otras, la idea de que todos los creyentes fueran preciosos a los ojos de Dios era totalmente contracultural y difícil de comprender. Tenemos que recordar, después de todo, que la esclavitud era una parte integral de la sociedad romana, y las personas esclavizadas formaban parte de las iglesias urbanas de todo el imperio. Cualquier miembro de una iglesia urbana en el Imperio romano, por lo tanto, tenía que estar preparado para partir el pan en el culto con individuos de clases sociales más altas y más bajas. Ninguna otra situación en la cultura romana habría implicado una mezcla tan radical de grupos sociales. Resistirse a los pecados culturales cuando la comida se consumía comunitariamente en la iglesia requería una visión contracultural tanto de la comida como de las personas en la visión de Cristo para la iglesia y el mundo.

[53] El hambre era una realidad muy común en la vida de muchos en el mundo romano. Véase Peter Garnsey, *Famine and Food Supply in the Greco-Roman World: Responses to Risk and Crisis* (Cambridge: Cambridge University Press, 1989).

Conclusión

Los cristianos de hoy suelen tener una visión instintiva de la importancia de la comida en el cuidado de los demás. No es casualidad que sigan proliferando las iglesias y los ministerios paraeclesiásticos que alimentan a los hambrientos. Este deseo de alimentar a los hambrientos se remonta al mandato de Jesús de apacentar a sus ovejas.[54] También es un sutil recordatorio de cómo las prioridades del evangelio se han infiltrado en nuestra cultura. Al fin y al cabo, esta mentalidad, tan instintiva en nuestra cultura actual, no existía en el mundo romano. Muchos aristócratas romanos habrían considerado normal que otros a su alrededor pasaran hambre. Tanto la calidad como la cantidad de los alimentos disponibles estaban destinadas simplemente a reforzar el orden social. Pero incluso cuando rechazamos con indignación esta visión, ¿estamos haciendo lo suficiente? Con mucha frecuencia, nos contentamos con alimentar los cuerpos sin alimentar los espíritus y las mentes. En el cristianismo cultural de hoy, el énfasis en alimentar solo los cuerpos se ha convertido en nuestro pecado cultural, incluso cuando intentamos cumplir el mandato de Jesús.

Hace una década, asistí a una conferencia sobre el libro de Romanos en el Seminario Teológico de Princeton. Uno de los ponentes, en un momento de reflexión, se preguntó cómo se podría distinguir un comedor social gestionado por una iglesia o un ministerio de alimentación similar, de otro gestionado por un grupo secular. La pregunta era reveladora y debería ser un reto para las iglesias que dirigen tales ministerios. Aunque servir a los demás nunca debería depender de su fe, la oportunidad de ayudar a cubrir las necesidades más básicas, como la comida, no debería estar divorciada de la provisión de otros recursos, incluidos los espirituales. Como cristianos, de hecho, deberíamos considerar el alimento espiritual como una necesidad básica, junto con el alimento físico.

Los cristianos de hoy también se apresuran demasiado a descartar la idea de que la comida o la bebida lleven a un hermano o a una hermana a pecar al adoptar los ideales culturales de la comida. Ser un sibarita se ha puesto de moda, y es casi un distintivo de la clase profesional. Este interés por las comidas y bebidas refinadas y exóticas ha llevado incluso a algunas iglesias urbanas a crear iglesias cafetería o incluso iglesias bar. El argumento a favor de esta tendencia reside en su potencial como gesto de bienvenida a quienes, de otro modo, podrían sentirse rechazados por la

[54] Juan 21:15-17. Además, alimentar a los hambrientos es el tema del único milagro presente en los cuatro Evangelios: Jesús alimentando a los cinco mil (Mt 14:13-21, Mc 6:30-44, Lc 9:12-17 y Jn 6:1-14).

formalidad de la iglesia. Este potencial de acogida es importante, y admito que fui una de las que más celebró cuando mi iglesia recuperó la cafetería en el vestíbulo después de que hubiera estado cerrada durante más de un año a causa de la pandemia de COVID-19. Y sí, todos los alimentos (y bebidas) están permitidos por la gracia de Dios. Pero no podemos olvidar plantearnos la pregunta esencial que articuló Pablo: ¿pueden los alimentos que consumimos hacer tropezar a otra persona? Consideremos tres ejemplos que muestran esta pregunta bajo consideración en los círculos cristianos de hoy: el consumo de alcohol, carne y gluten.

En 2003, Wheaton College, una de las principales instituciones evangélicas de enseñanza superior, saltó a los titulares por los cambios introducidos en su política conservadora de larga tradición sobre una tripleta de actividades controvertidas: beber, bailar y fumar.[55] La prohibición de bailar se derogó por completo. Se derogó la prohibición de beber y fumar para los estudiantes no graduados, lo que permitió a los estudiantes graduados y al profesorado beber en privado, algo que antes no se les permitía hacer, según la normativa de la institución. La decisión de Wheaton provocó la respuesta de otros colegios y universidades evangélicos, algunos de los cuales, en aquel momento, reiteraron su compromiso con la prohibición del alcohol.[56] Pero como han demostrado las encuestas de opinión pública realizadas desde entonces, la decisión de Wheaton refleja las tendencias de las iglesias.

En los últimos veinte años, los evangélicos se han vuelto mucho más tolerantes e incluso partidarios del consumo de alcohol. Una encuesta de Pew Research de 2019 encontró una clara conexión entre las creencias religiosas y la creencia de que el consumo de alcohol es moralmente incorrecto: menos del 1 % de los ateos creían que beber era moralmente incorrecto, mientras que el 16 % de todos los protestantes, el 23 % de los protestantes evangélicos blancos y el 13 % de los protestantes negros creían que era moralmente incorrecto.[57] Una minoría considerable de cristianos evangélicos sigue desconfiando del alcohol, pero su número lleva tiempo disminuyendo.

[55] Ted Olsen, "Wheaton College Allows Dancing for All, Drinking and Tobacco for Non-Undergraduates", *Christianity Today*, 1 de febrero, 2003, https://www.christianitytoday.com/ct/2003/februaryweb-only/2-17-32.0.html.

[56] Véase, por ejemplo, Michael Foust, "Wheaton Changes Alcohol Policy; Others Not Ready to Follow Its Lead", *Baptist Press*, 3 de marzo 2003, https://www.baptistpress.com/resource-library/news/wheaton-changes-alcohol-policy-others-not-ready-to-follow-its-lead/.

[57] Philip Schwadel, "Americans' Drinking Habits Vary by Faith", *Pew Research Center*, 03/06/2019, https://www.pewresearch.org/fact-tank/2019/03/06/americans-drinking-habits-vary-by-faith/.

Las ocasiones sociales entre cristianos incluyen ahora más que nunca vino o cerveza. Quienes abrazan esta tendencia afirman que se trata de una rebelión contra el legalismo de las iglesias evangélicas en un pasado no tan lejano. La bebida, por tanto, se presenta a menudo como un despojo de la máscara farisea y un abrazo a la gracia de Dios que nos ha ofrecido todos los alimentos y bebidas. Un estudiante de seminario de mi iglesia actual cree, de hecho, que no consumir alcohol es moralmente malo. ¡El péndulo se ha movido!

No obstante, el alcoholismo y el consumo irresponsable de alcohol siguen existiendo entre los feligreses, al igual que en el resto de la población. El consumo social de alcohol, que puede no ser un desafío para algunos, puede llevar a otros al pecado y destruir vidas en el proceso, como señalaba incluso el documento original de Wheaton que suavizaba la prohibición del alcohol. El documento reafirmaba la denuncia de la embriaguez por parte de la institución, al tiempo que fomentaba el disfrute responsable de la creación de Dios, un tema que también ha sido central en la obra de la teóloga Gisela Kreglinger.[58] Otro estudio reciente sugiere que los que asisten a la iglesia con regularidad tienen menos probabilidades de caer en atracones de bebida o incluso de comida.[59] Se trata de una tendencia alentadora que plantea cuestiones adicionales sobre la manera en que formar parte del cuerpo de Cristo edifica a los individuos que forman parte de ese cuerpo.

En la actualidad, el consumo de carne es objeto de otro tipo de debate. El teólogo católico Charles Camosy ha defendido que, como parte del cuidado y la administración radicales de la creación, todos los cristianos deberían ser vegetarianos o veganos. Camosy ha vinculado abiertamente su argumento a favor del veganismo con su postura a favor de la vida. Rechazar cualquier forma de vida, argumenta, debería incluir preservar la vida de los animales que Dios creó.[60] El argumento no ha sido muy popular en los círculos evangélicos, a pesar de que el número de vegetarianos éticos —aquellos que creen que comer carne o productos animales es moralmente incorrecto— lleva décadas creciendo entre la población general. Para ser justos, los vegetarianos éticos también eran pocos en

[58] Gisela Kreglinger, *The Spirituality of Wine* (Grand Rapids: Eerdmans, 2016); y *The Soul of Wine: Savoring the Goodness of God* (Downers Grove, IL: InterVarsity Press, 2019).

[59] Alexa Lardieri, "Religious People Drink Less than Those with No Religious Affiliation", *US News*, 6 de marzo, 2019, https://www.usnews.com/news/national-news/articles/2019-03-06/study-actively-religious-people-drink-less-than-those-with-no-religious-affiliation.

[60] Charles Camosy, *For Love of Animals: Christian Ethics, Consistent Action* (Cincinnati: Franciscan, 2013).

tiempos de Daniel y Pablo, así que los pocos creyentes que se adhieren a este tipo de dietas hoy en día están en buena compañía histórica.

En el otro lado de la cuestión de la carne, pocas marcas han sido tan enfáticas sobre su identidad cristiana como Chick-fil-A. Proliferan los memes y chistes sobre Chick-fil-A como "el pollo de Dios". Un meme muestra una imagen renacentista de Dios, que afirma pensativo: «Voy a poner dos pollos en el arca, para poder bendecir al mundo dentro de 2000 años con Chick-fil-A». El pie de foto en la parte inferior señala, por si alguien se perdió la broma: «Él realmente tenía un plan para que estuviéramos llenos de amor y de tiras de pollo». Otro meme, maravillado por el dispensador de enjuague bucal que se ha convertido en estándar en los baños de Chick-fil-A, afirma que el dispensador de enjuague bucal está ahí, «para que puedas lavar tu sucia boca pagana antes de comer el pollo de Dios». Y luego, en deferencia a las luchas de la sociedad estadounidense con el peso, están los memes que señalan que «Chick-fil-A no afecta a mi dieta, porque esas son las calorías del Señor».

Algunos cristianos insisten en que es moralmente malo beber, mientras que otros insisten en que es moralmente malo no beber. Algunos cristianos creen que es moralmente incorrecto comer productos animales, mientras que otros ven la carne como una bendición que Dios nos dio para nuestro disfrute. ¿Quién tiene razón? Y, más concretamente, teniendo en cuenta que los argumentos morales son sentencias condenatorias, ¿quién está pecando? Dado que las personas con cualquiera de estas posturas pueden permanecer en comunión entre sí y asistir a las mismas iglesias, esto es un recordatorio de que no todos los retos que algunos cristianos consideran importantes lo son para todos los demás. Pero siempre existe la amenaza de la idolatría. Si uno se obsesiona con una postura concreta sobre uno de estos desafíos, podría acabar cayendo en pecado al romper la comunión con otros por una cuestión que teológicamente es menos central para la ortodoxia.

Irónicamente, quizá el desafío relacionado con la alimentación que más probabilidades tiene de romper el compañerismo es aquel sobre el que la gente tiene menos control. Me refiero a las alergias alimentarias, especialmente las que impiden comulgar. El debate persiste: ¿es el trigo modificado genéticamente el causante del aumento de la intolerancia al gluten y la celiaquía en las dos últimas décadas? ¿O siempre han existido estas alergias, pero ahora estamos mejor equipados para diagnosticarlas? Independientemente de la respuesta, la simple verdad médica es que quienes padecen ciertas alergias no pueden comulgar en su forma tradicional a base de trigo. Sorprendentemente, esto ha provocado divisiones en el cuerpo. En particular, para los católicos, la comunión sin gluten no es una opción, según las repetidas decisiones del Vaticano.[61] Para las iglesias evangélicas, esto no ha sido motivo de división, ya que muchos fabricantes comerciales de comuniones ofrecen opciones prefabricadas sin gluten. ¿Quién tiene razón?

Las iglesias siguen teniendo que responder a preguntas difíciles sobre la alimentación y el pecado. Al igual que en las primeras comunidades cristianas, los cristianos de hoy están encontrando formas de ser contraculturales en su uso de la comida para servir a los demás y construir relaciones tanto dentro de la iglesia como fuera de ella. El reciente libro de Rosaria Butterfield sobre la hospitalidad, aboga apasionadamente por extender la mesa a la comunidad de una forma claramente contracultural y centrada en el evangelio. En un mundo en el que se sospecha de la hospitalidad, la comunidad cristiana puede continuar su misión inicial de acoger al extranjero, recordando la conexión que Dios reveló a Pedro entre el valor de todos los alimentos y el precioso valor de todas las personas a los ojos de Dios. Compartir una comida con Pedro fue un acto consciente de reconocimiento de la dignidad de los gentiles para ser injertados en la iglesia. En nuestro contexto cultural puede seguir teniendo el mismo significado e impacto, como nos recuerda la poderosa historia de conversión de Butterfield.[62]

Roland Barthes, distinguido crítico literario y filósofo francés del siglo XX, escribió un ensayo titulado "El bistec y las papas fritas" como parte de sus *Mitologías*, una colección de ensayos sobre nuevas mitologías y simbolismos creados en lo cotidiano.[63] Su exagerado elogio de la simple combinación del bistec (cuanto más crudo y sangriento esté, mejor) y las humildes papas fritas es un recordatorio del poder de la comida como símbolo. ¿Pero un símbolo de qué? La respuesta está determinada culturalmente. La comida nunca es solo comida, y la iglesia quizá sea más consciente de ello que cualquier otra entidad.

---

[61] Kevin Lui, "The Vatican Says Gluten- Free Wafers Can't Be Used for Communion", *Time*, 10 julio, 2017, https://time.com/4850893/vatican-gluten-free-eucharist-communion-wafers/.

[62] Véase Rosaria Butterfield, *El evangelio viene con la llave de la casa: La práctica de la hospitalidad radicalmente ordinaria en nuestro mundo poscristiano* (Ipswich, MA: Proyecto Nehemías, 2020). Vea también la impactante historia de conversión de Butterfield, que comenzó con la hospitalidad que otros le mostraron: *The Secret Thoughts of an Unlikely Convert: An English Professor's Journey into Christian Faith* (Pittsburgh: Crown and Covenant, 2012).

[63] Para una edición reciente, véase *Mitologías* (México: Siglo XXI Editores/Clave intelectual, 2022).

3

Cuerpos (no) santos, mentes (no) santas

Resistiendo a la visión cultural de la sexualidad

En el año 2 de nuestra era, uno de los poetas romanos más famosos de la época, Ovidio, publicó el pergamino final, de la que resultó ser su obra más controvertida. Se trataba de un manual de seducción presentado en forma de poema elegíaco en tres libros: *El arte de amar*. Su primer libro estaba dedicado a aconsejar a los hombres sobre cómo encontrar novia. Abundan las frases para conquistar, así como una lista de lugares adecuados para encontrar mujeres elegibles y no exactamente elegibles con las que tener una cita: Ovidio no tiene reparos en dar consejos para conquistar mujeres casadas.

El segundo libro ofrece consejos sobre cómo mantener una novia, mientras que el tercero está dirigido a las mujeres y ofrece consejos para mantener el interés de un hombre. Crudo en todo momento, y sin reparos a la hora de aconsejar mentiras y cualquier tipo de engaño a los hombres para seducir a las mujeres, el manual se convirtió en un éxito de ventas instantáneo en la antigua Roma. El libro tuvo tanto éxito que Ovidio, como muchos autores de superventas de hoy en día, escribió una secuela: *La cura del amor*, un manual sobre cómo abandonar una relación o desenamorarse bien. También derivó su franquicia para escribir poemas sobre temas como *Sobre cosméticos*, un poema épico para mujeres sobre… bueno, maquillaje. Como buen conocedor de la belleza femenina, Ovidio era el hombre adecuado. Solo se conservan un centenar de líneas de esta obra, pero son suficientes para dejar en claro que las modernas *transformaciones totales* no son nada comparadas con la versión romana.

Los consejos de Ovidio en todas estas obras, especialmente en el *Arte de amar*, parecen sacados de una revista moderna atrevida y, además, son misóginos en su esencia. Un hombre al acecho (abundan las metáforas de la caza y el servicio militar) tiene mucho trabajo por delante. Afortunadamente, los numerosos lugares de ocio popular de Roma, desde teatros hasta hipódromos, cenas de gala e incluso la popular playa de Bayas, ofrecían a hombres y mujeres muchos sitios donde ir y dejarse ver. Ovidio señala que los teatros en particular eran «fatales para el pudor casto». De hecho, una de las estrategias que recomienda para ligar en teatros y circos consiste en sentarse tan cerca de una mujer que acabe tocándola aparentemente por accidente. La excusa es que los asientos están demasiado llenos en esos eventos. Y si una mujer se resiste a los encantos de uno, siempre se puede encontrar a otra más dispuesta. Aunque, señala también, un hombre nunca tiene que aceptar un no por respuesta. Si hacemos caso a Ovidio, la cultura romana de la seducción y la violación por cita era más escandalosa que cualquier cosa que podamos imaginar hoy en día.

El retrato que Ovidio hace del mundo de las citas en Roma puede que fuera satírico en parte, pero los chistes tienen que acercarse lo suficiente a la realidad para ser divertidos. Resulta que los chistes de Ovidio, aunque convirtieron sus libros en éxitos de ventas, dieron demasiado en el blanco. El emperador Augusto, que había promulgado una amplia legislación moral para fomentar los matrimonios más fructíferos y fieles entre las clases sociales más altas, desterró a Ovidio de Roma en el año 8 de la era cristiana. La razón del exilio parece haber sido la naturaleza inmoral del *Arte de amar*. Está claro que Augusto no se tomaba el poema a broma y consideraba a Ovidio una mala influencia para la sociedad romana. Pero también tuvo que desterrar de Roma a su propia hija, Julia, por sus adulterios en serie. Varios aristócratas romanos recibieron su propia pequeña isla como lugar de exilio en la primera década del nuevo milenio por el mismo motivo.[64]

A primera vista, la descripción que hace Ovidio de las actitudes romanas hacia la sexualidad parece sorprendentemente moderna. Pero la arqueología confirma la imagen de Ovidio de la normalización de las muestras públicas romanas de sexualidad de forma sorprendente. Los turistas que pasean hoy por las calles de Pompeya aún pueden ver los

[64] Para un estudio de este complicado vaivén de las costumbres estatales y privadas en la época de Augusto, véase Kristina Milnor, *Gender, Domesticity, and the Age of Augustus: Inventing Private Life* (Oxford: Oxford University Press, 2005). Para una visión más amplia de la cultura de la época de Augusto, véase Karl Galinsky, *Augustan Culture* (Princeton: Princeton University Press, 1998).

falos grabados en los adoquines y en las paredes exteriores de los edificios. Aunque algunos estudiosos han teorizado que los símbolos fálicos de las calles eran indicaciones para llegar al burdel más cercano, una teoría que se ha impuesto más recientemente es que simplemente daban buena suerte. Esta teoría encaja bien con las omnipresentes muestras de sexo en la decoración de la ciudad. Sí, Pompeya tenía una buena cantidad de burdeles, lo que da fe de la popularidad de este oficio en la famosa ciudad balneario. Está claro que lo que ocurría en Pompeya, se quedaba en Pompeya. Pero un edificio que no era un burdel tiene un timbre con forma de falo. Además, abundan las escenas explícitas de diversos actos sexuales en los frescos de las numerosas villas privadas adineradas de la ciudad y son especialmente populares en los comedores formales.[65] Al parecer, al menos en la Pompeya del siglo I d. C., estaba de moda encargar una escena erótica para la pared del comedor formal. Por supuesto, también eran lectores de Ovidio.

Cualquier intento de explicar estas elecciones decorativas debe tener en cuenta las mismas actitudes culturales romanas que hemos examinado en el capítulo anterior al hablar del *convivium* romano. El Imperio romano era una sociedad altamente estratificada en la que cada persona conocía (o debía conocer) su lugar, y cada interacción social, pública o privada, reflejaba la dinámica del poder. Las escenas eróticas del arte romano reflejan esta misma idea: los individuos que aparecen en ellas nunca son iguales, y muchas de estas escenas retratan historias mitológicas de violación, como la de Zeus (o Júpiter) visitando a Leda disfrazado de cisne. Los actos sexuales, al igual que la celebración de elaboradas cenas, eran otra forma en la que algunos romanos mostraban su superioridad sobre los demás. Del mismo modo, para los hombres a los que Ovidio da consejos, las mujeres a seducir eran meros objetos de conquista. Una vez conseguida una victoria, es hora de poner la vista en la siguiente, decía Ovidio.

En lugar de ver a los romanos como sexualmente liberados, debemos recordar el horrible uso y abuso de los cuerpos que perpetuó el Imperio romano. Los poemas de Ovidio describen a las mujeres nacidas libres como meros objetos de lujuria para ser usados y desechados. Aunque puede que se escribiera en tono irónico, si leemos el *Arte de amar* de Ovidio con detenimiento, nos daremos cuenta de que se trata esencialmente de un manual de cómo violar, en el que todas las mujeres, incluidas las casadas,

[65] Quizás la visión general más legible sobre Pompeya se halla en Mary Beard, *The Fires of Vesuvius: Pompeii Lost and Found* (Cambridge, MA: Belknap, 2008). Más académico, pero exquisito es Andrew Wallace-Hadrill, *Houses and Society in Pompeii and Herculaneum* (Princeton: Princeton University Press, 1994).

son retratadas como presas que hay que cazar y dominar por cualquier medio necesario. Su destino, sin embargo, no era el peor. La mayoría de las prostitutas, en particular, eran esclavas y, por lo tanto, literalmente no eran dueñas de sus propios cuerpos a los ojos de la ley. El uso de hombres y mujeres esclavizados para el sexo por parte de sus amos era tan común que no merece comentario. Por ejemplo, la novela *Satiricón* de Petronio tiene como protagonista a Encolpio. Encolpio es un hombre romano que mantiene una relación sexual con su esclavo adolescente Gitón. Las opiniones de Gitón al respecto, por supuesto, no importan.

Los escritos de Ovidio ponen de manifiesto una realidad fundamental del mundo romano: la lujuria era el pecado cultural romano por excelencia, y estaba arraigado en las demostraciones de poder que reforzaban la estructura social de formas similares a las que hemos visto en el *convivium* romano. Las historias de violación y explotación sexual, de hecho, formaban parte de la tradición básica de la religión pagana grecorromana. Por eso eran omnipresentes en la literatura y el arte griegos y romanos. El propio Ovidio popularizó estos relatos en su epopeya mitológica *Metamorfosis*.[66] Entre las historias de transformaciones —metamorfosis— de individuos víctimas en animales u objetos diversos, se incluyen relatos como el intento de violación de la ninfa Dafne por parte del dios Apolo. Tras una angustiosa persecución por el bosque, Dafne solo pudo escapar de las indeseadas atenciones de Apolo rezando para transformarse en un árbol. Afortunadamente, su plegaria fue escuchada. Pero ni siquiera su metamorfosis en laurel le permitió escapar por completo, ya que Apolo la adoptó como su árbol sagrado, reclamando sus ramas para su corona, cortando así literalmente partes de ella, aunque en forma de árbol, para conservarlas como recuerdo.

Otras historias son aún más desgarradoras. En otro mito que Ovidio incluye en esta epopeya, el rey tracio Tereo violó a la hermana de su esposa, Filomela. Cuando Filomela amenazó con contar su crimen al mundo, Tereo le cortó la lengua y la encarceló. Privada del habla, Filomela tejió su triste historia en un tapiz y se lo envió a su hermana Procne. Comprendiendo el mensaje, Procne cocinó a su hijo Itys y se lo sirvió a Tereo para cenar. Solo cuando Tereo descubrió la verdad de este horrible acto final, los dioses intervinieron y transformaron a los tres en aves. Filomela se convirtió en un triste ruiseñor, Procne en una golondrina y

[66] Para una traducción legible de la epopeya a la poesía inglesa moderna, véase Stephanie McCarter, *Metamorphoses by Ovid* (Nueva York: Penguin Random House, 2022). [Para una edición en español actual, véase Ovidio, *Metamorfosis* (Madrid: Ediciones SM, 2023)].

Tereo en una abubilla. Al escuchar cuentos como estos como entretenimiento, verlos en el arte por todas partes y reflexionar sobre algunos de ellos en contextos religiosos, los romanos quizá se insensibilizaron ante tales abusos. Pero cualquiera que fuera el grado de horror y pena que sintieran por ellos, estas historias formaban parte de su cosmovisión.

El cristianismo desafió este uso y abuso de los cuerpos humanos como muestras de poder personal, exigiendo a todos los creyentes que tuvieran cuerpos santos, y mentes santas. Esto significaba, en particular, borrar el doble estándar que el mundo romano tenía hacia la sexualidad de hombres y mujeres. Así pues, tras considerar la enseñanza de Pablo sobre este tema para la iglesia de Corinto como un ejemplo representativo de las opiniones contraculturales sobre la sexualidad que se reflejan en todo el Nuevo Testamento, pasamos a un texto anónimo de mediados del siglo II de nuestra era, el *Pastor de Hermas.* Este documento alegórico, lo suficientemente leído por la iglesia primitiva como para que algunos Padres de la Iglesia lo consideraran parte del canon, refleja la preocupación de la comunidad cristiana primitiva más allá de la época del Nuevo Testamento, por los pecados inherentes a la visión cultural de la sexualidad y el impacto de estos pecados en la iglesia en su conjunto. Al mismo tiempo, veremos tanto en los escritos de Pablo como el *Pastor de Hermas,* el mensaje alentador de la santificación gradual como desafío al cristianismo cultural. Los pecadores que creyeran de verdad podrían convertirse con el tiempo en santos, transformando a la iglesia en la gloriosa novia que estaba destinada a ser.

El desafío de los puntos de vista culturales sobre la sexualidad en la iglesia primitiva

El *Arte de amar* de Ovidio fue el texto popular más famoso y controvertido sobre la seducción ilícita y el adulterio a principios del siglo I d. C., pero no fue el único. Todo el género de la poesía elegíaca latina se basaba en romances disfuncionales dignos de un tren descarrilado, en los que los poetas que componían estas obras estaban aparentemente comprometidos. Un poeta de la época de Augusto, Propercio, dedicó la mayor parte de sus elegías a describir su tumultuoso romance con una mujer a la que se refiere con el seudónimo de Cintia y que podría haber sido una cortesana de alto nivel. Tan turbulenta fue su relación con Cintia que fantaseaba con la idea de que volviera para atormentarla tras su muerte. Otro poeta del siglo I a. C., Catulo, escribió una parte importante de su poesía sobre su tormentosa relación con Lesbia, seudónimo que utilizó para ocultar la identidad de su amante.

Los eruditos modernos creen que la misteriosa Lesbia no era otra que Clodia, hija del aristócrata romano Apio Claudio Pulcro y hermana del famoso tribuno plebeyo Clodio, que acabó muerto en una pelea callejera entre gánsteres de la antigua Roma. También era la esposa de Quinto Cecilio Metelo Céler.[67] La sangre de Clodia era más azul que el azul, y sus múltiples relaciones extramatrimoniales fueron motivo de no poco escándalo. Si la telerrealidad existiera en la Roma del siglo I a. C., esta familia la habría dominado. De hecho, consiguieron fascinar al público sin necesidad de las redes sociales. Cuando en el año 56 a. C., Clodia acusó a su antiguo amante, Marco Celio Rufo, de intento de envenenamiento, el orador que defendía a Celio, el gran Cicerón, se aseguró de sacar a la luz los trapos sucios de Clodia para que toda Roma los viera. Parecía deleitarse demasiado con la tarea, pero cumplió su cometido: ganó el caso.

Al considerar la popularidad de la poesía amorosa romana y los escándalos sociales de la época, es importante tener en cuenta no solo lo que hay —descripciones e incluso glorificación de relaciones disfuncionales en las que abundan los abusos emocionales y posiblemente físicos—, sino también lo que no hay. Llama la atención la ausencia de cualquier mención al matrimonio o, al menos, de cualquier mención al matrimonio entre los amantes. Sin embargo, sabemos que Lesbia, al menos, era una mujer casada, por lo que siempre que se nombra el matrimonio en estos poemas, se menciona solo como una barrera para el romance.

El mensaje de esta poesía popular era claro: el amor y el matrimonio no van de la mano, pero el matrimonio no es motivo para abandonar la búsqueda del placer, especialmente para los hombres. Además, el lenguaje de la violación homosexual parece haber sido una táctica común para amenazar o humillar a los oponentes. En un poema particularmente obsceno, Catulo amenaza con infligir todo tipo de violencia sexual degradante a dos oponentes masculinos que aparentemente criticaban su poesía. Uno de los individuos a los que amenaza por su nombre era un destacado político que fue cónsul. Está claro que la publicidad negativa no le sentó mal.

[67] Para un análisis de la lujuria y el poder en la poesía amorosa romana de este periodo, véase Ellen Greene, *The Erotics of Domination: Male Desire and the Mistress in Latin Love Poetry* (Baltimore: Johns Hopkins University Press, 1998). Para una biografía de la amante de Catulo, véase el magistral intento de Marilyn Skinner de recrear la historia de su vida a partir de fuentes limitadas, ninguna de ellas escrita por la propia mujer: *Clodia Metelli: The Tribune's Sister* (Oxford: Oxford University Press, 2011).

Para quienes no estuvieran tan interesados en leer o escuchar poesía, los mismos mensajes sobre el uso y abuso de la sexualidad, ya fuera por placer personal o para amenazar y humillar a los oponentes, estaban fácilmente disponibles a través de espectáculos populares como comedias y farsas, representadas gratuitamente para el público en determinadas fiestas religiosas a lo largo del año. En medio de tales valores culturales, con los que eran bombardeados en la vida cotidiana, el arte y la literatura, no es sorprendente ver que los primeros cristianos se esforzaban por resistirse a las opiniones culturales romanas sobre la sexualidad y eran propensos, por el contrario, a seguir manteniendo estos puntos de vista después de la conversión.

Pablo comenta la naturaleza común de tales comportamientos en su carta a los Romanos, conectando específicamente la inmoralidad sexual y la idolatría. Aquellas personas que, a pesar de conocer a Dios, se negaban a honrarlo y servirle, se enfrentaban a las siguientes consecuencias:

> Por esto Dios los entregó a pasiones vergonzosas; pues aun sus mujeres cambiaron el uso natural por el que es contra naturaleza, y de igual modo también los hombres, dejando el uso natural de la mujer, se encendieron en sus deseos lascivos, los unos hacia los otros, cometiendo hechos vergonzosos hombres con hombres, y recibiendo en sí mismos la retribución debida a su extravío. Y como ellos no tuvieron a bien el reconocer a Dios, Dios los entregó a una mente reprobada, para hacer cosas impropias. (Rm 1:26-28)

Los comentarios generales de Pablo aquí no pretenden señalar específicamente que la iglesia de Roma fuera culpable de tal comportamiento. Su comentario es más general y describe el entorno sociocultural que normalizó y popularizó los valores glorificados en la poesía de Catulo, Propercio, Ovidio y muchos otros. Esta descripción deja claro que los cristianos que no estaban seguros en su fe podían caer fácilmente en la sexualidad desordenada que era la norma en el mundo romano.

Para Pablo, la idolatría y la visión cultural de la sexualidad van de la mano, al igual que hemos visto con la visión cultural de la propiedad y la alimentación. Abrazar estas costumbres culturales significaba, como vemos en la poesía de la época de Augusto, hacer lo que uno quería y no atenerse a ninguna otra norma de conducta. Es cierto que Ovidio cruzó una línea y fue desterrado por ello, pero la pena que él y otros aristócratas recibieron por adulterio era relativamente infrecuente. Más que nada, el caso de Ovidio demuestra que un hombre de la aristocracia romana tenía que superar un listón muy alto de comportamiento prodigiosamente inmoral para meterse en problemas por ello.

Este bagaje cultural es directamente pertinente para nuestra comprensión de los problemas de la iglesia de Corinto. Pablo ofrece ejemplos concretos de la variedad de comportamientos pecaminosos que surgen de la visión cultural de la sexualidad en su primera carta a la iglesia de Corinto, que abre dirigiéndose a los cristianos corintios como "santos". En primer lugar, señala que uno de los hombres de la iglesia mantiene relaciones sexuales con la mujer de su padre, una transgresión que, según Pablo, «ni aun se sabe que exista entre los gentiles» (1 Co 5:1). A continuación, Pablo reprende a los miembros de la iglesia por frecuentar prostitutas, contaminando así todo el cuerpo de Cristo (1 Co 6:15-20). Concluye esta sección de la carta hablando del matrimonio. Aunque sugiere la soltería como ideal, recomienda el matrimonio por encima de la tentación: «Digo, pues, a los solteros y a las viudas, que les iría bien el quedarse como yo; pero si no tienen don de continencia, cásense, pues mejor es casarse que estarse quemando» (1 Co 7:8, 9).

Los tres problemas específicos que Pablo identifica tienen que ver con la lucha contra el ideal cultural grecorromano de anteponer los propios deseos y dejar a Dios fuera del proceso de toma de decisiones. El primer ejemplo, un hijo que se acuesta con la mujer de su padre, es un buen ejemplo de la visión desordenada de la sexualidad que Pablo identifica en Romanos 1. Habría recordado al público original de Pablo varios mitos griegos, incluido el popularizado en la tragedia *Hipólito* de Eurípides. En esa tragedia, Fedra se enamoró de su hijastro, Hipólito. Cuando él la rechazó, ella orquestó su muerte alegando falsamente una violación, lo que llevó a su marido, el héroe Teseo, a clamar la venganza de los dioses contra Hipólito. Finalmente, Fedra se suicidó, consumida por la pasión y el arrepentimiento. Pero los Hipólito y Fedra corintios de Pablo, que mantienen una relación sexual consentida, han recreado una tragedia peor, que, según Pablo, incluso los paganos habrían considerado horrible, aunque el padre hubiera fallecido.

La unión consensuada de un hijastro y su madrastra habría recordado al público griego el matrimonio más horrible de toda la mitología griega: el de Edipo y su madre, Yocasta. Pero ese matrimonio, también tras la muerte del padre (¡asesinato accidental por parte del hijo, nada menos!), se produjo sin que las dos partes fueran conscientes de que eran madre e hijo. Es innegable que la situación descrita por Pablo se habría considerado incesto en el mundo pagano, y el hecho de que la madrastra y el hijo fueran conscientes de su relación no hacía sino empeorar las cosas.

Es sorprendente, por lo tanto, que a pesar de estas asociaciones negativas, nadie en la iglesia de Corinto interviniera hasta que Pablo habló en contra de este pecado en particular. Vemos aquí otro valor cultural romano en acción: el de dejar a los demás con sus pecados.

Mientras que el primer ejemplo de conducta sexual desordenada que Pablo describe en la iglesia de Corinto es ciertamente excepcional, el siguiente ejemplo que menciona es uno que era común en la sociedad romana: frecuentar prostitutas.[68] El precio de contratar a una prostituta barata en el Imperio romano era casi igual al precio de un almuerzo, lo que hacía que este tipo concreto de pecado sexual fuera fácilmente accesible para todos, incluidos los hombres más pobres de la sociedad romana. Una vez más, por supuesto, gran parte del comercio sexual se basaba en mujeres esclavizadas. Un tropo de la comedia romana, ejemplificado en el musical y la película modernos *A Funny Thing Happened on the Way to the Forum*,[69] era el secuestro de honorables muchachas libres por ladrones o piratas y su venta como esclavas para trabajar en burdeles. En las comedias —como *Miles Gloriosus*,[70] de Plauto—, al final se descubría la identidad de la muchacha como libre y honorable, lo que desembocaba en su libertad y matrimonio. En la vida real, sin embargo, las mujeres esclavizadas en los burdeles rara vez eran rescatadas y simplemente vivían vidas miserables y cortas.

Aunque no está claro hasta qué punto este pecado de frecuentar prostitutas era común en la iglesia de Corinto, la frase de Pablo sugiere que era lo suficientemente habitual en la comunidad como para abordarlo en términos generales, en lugar de describirlo como un comportamiento excepcional específico de una o dos personas. Pablo tiende a señalar cada vez que los comportamientos pecaminosos son específicos de unas pocas personas, como ya vimos en la discusión de la relación madrastra-hijastro. Parece, de hecho, que Pablo había hablado previamente con algunos de los cristianos corintios, ya fuera individualmente o en grupos, ya que cita sus justificaciones reales al abordar los supuestos particulares que

---

[68] El trabajo de Thomas McGinn sobre la prostitución romana es de gran autoridad y se basa en gran medida en las pruebas de Pompeya: *The Economy of Prostitution in the Roman World: A Study of Social History and the Brothel* (Ann Arbor: University of Michigan Press, 2004); y *Prostitution, Sexuality, and the Law in Ancient Rome* (Oxford: Oxford University Press, 1998). Más recientemente, Anise Strong ha cuestionado el binario tradicionalmente aceptado entre matronas respetables y prostitutas definitivamente no respetables en el mundo romano: *Prostitutes and Matrons in the Roman World* (Cambridge: Cambridge University Press, 2016).

[69] *N. del E.*: El musical se estrenó en 1962 y la película en 1966 (en Hispanoamérica con el título *Algo gracioso sucedió camino del foro* y en España como *Golfus de Roma*).

[70] *N. del E.*: También conocida como *El soldado fanfarrón*.

subyacen a este comportamiento pecaminoso: «Todas las cosas me son lícitas, mas no todas son provechosas; todas las cosas me son lícitas, mas yo no me dejaré dominar de ninguna. Los alimentos son para el vientre, y el vientre para los alimentos; pero tanto al uno como a los otros los inutilizará Dios. Pero el cuerpo no es para la fornicación, sino para el Señor, y el Señor para el cuerpo» (1 Co 6:12, 13).

Vemos aquí una conexión en las actitudes de los cristianos hacia la comida y hacia el cuerpo y la sexualidad. Si todos los alimentos son lícitos para los creyentes, y ningún alimento puede contaminarlos, ¿por qué debería contaminarlos cualquier otra cosa que hagan con su cuerpo? Esta actitud seguirá creciendo en los movimientos cristianos marginales del siglo II d. C., ya que algunos grupos gnósticos adoptarán la idea de separar el cuerpo y el espíritu en su teología, llegando a la conclusión de que no importa lo que uno haga con su cuerpo porque solo importa el espíritu. Pero esta idea también tiene sus raíces en la cultura romana, donde el concepto de contaminación religiosa existía, pero rara vez se atribuía a actividades como comer o mantener relaciones sexuales, e incluso en esos casos, esto no aplicaba a la mayoría de la gente —solo entre unos pocos miembros de ciertos sacerdocios, tales actividades podían representar a una impureza ritual durante un breve período de tiempo—.

Una visión contracultural del propio cuerpo, como señala Pablo en 1 Corintios 6, es aquella que ve el propio cuerpo como parte de la iglesia en su conjunto. La idea de la iglesia como la esposa de Cristo es fundamental para comprender la importancia de la santidad de los cuerpos individuales para la santidad del conjunto. Cada individuo es parte de la esposa de Cristo, y el sexo, el acto que une a dos en una sola carne, se ha establecido como una actividad del pacto desde la unión original de Adán y Eva en Génesis 2:24. La unión de un cristiano con una prostituta es una ofensa absurda contra todo el cuerpo de Cristo, pues se burla de la unión pactada de la esposa de Cristo con Cristo mismo. Esta comprensión del significado pactado del sexo específicamente en una comunidad cristiana tiene una relación obvia con los puntos de vista apropiados de la soltería y el matrimonio para los cristianos, como señala Pablo en la tercera y última cuestión que aborda sobre este tema.

Resistiendo la cultura en la soltería y el matrimonio

Una de las leyendas más famosas de la historia romana tiene que ver con los primeros matrimonios que tuvieron lugar en la flamante ciudad. Cuando Rómulo, tras un episodio de fratricidio, fundó Roma con su banda de guerreros, la ciudad carecía de mujeres. Los hombres idearon una ingeniosa solución: tras invitar a los vecinos sabinos a un festival, secuestraron a todas las jóvenes, consiguiendo así esposas. A los sabinos no les hizo mucha gracia, pero como explica el historiador romano Livio, una vez que las nuevas esposas se acostumbraron a sus maridos romanos, mediaron en la guerra que se estaba fraguando entre los romanos y sus familias de origen, poniendo fin al conflicto.

Este episodio de la historia romana temprana se conoció como el rapto de las sabinas. Aunque es probable que se trate de una leyenda posterior, refleja la actitud general hacia el matrimonio en el mundo romano. En primer lugar, el matrimonio se consideraba una transacción práctica y un deber cívico, especialmente para las familias aristocráticas, por cuya propagación y supervivencia estaban más preocupados los gobernantes. En segundo lugar, como en el resto del mundo antiguo, las mujeres no tenían voz en la elección del marido. Sin embargo, una vez casadas, podían facilitar las relaciones diplomáticas entre su nueva familia y la de origen. Salvo contadas excepciones, como los papiros que han sobrevivido y que consisten en su mayoría en contratos legales sobre dotes y divorcios, debemos esforzarnos por conocer la versión de las esposas a partir de las pruebas conservadas, aunque Emily Hemelrijk lo ha conseguido recientemente al publicar una impresionante colección de inscripciones de fuentes primarias relativas a las experiencias de las mujeres en diversos ámbitos de la vida en el Occidente romano.[71] Sin embargo, como muestra incluso la colección de Hemelrijk, la inmensa mayoría de documentos como los epitafios romanos para mujeres, son redactados por familiares varones y son notablemente unidimensionales. «Amaba a su marido». «Trabajaba la lana». «Una esposa y madre obediente».

Al hablar del matrimonio y la sexualidad ordenada en 1 Corintios 7, Pablo da consejos tanto a los solteros como a los casados de la comunidad cristiana. Es importante señalar en este contexto que la gran mayoría de las personas que vivían en el mundo antiguo habrían estado casadas en algún momento de sus vidas. Dependiendo del lugar y del estatus social, las mujeres se casaban ya en la pubertad, mientras que los hombres solían ser algo mayores. En la sociedad romana no había lugar para hombres y mujeres solteros, y estas expectativas sociales se vieron aún más reforzadas tras la entrada en vigor de la extensa legislación matrimonial de Augusto del 18 a. C., la misma legislación que Augusto creía que la poesía de Ovidio había amenazado. A partir de entonces, la promoción profesional

[71] Emily Hemelrijk, *Women and Society in the Roman World: A Sourcebook of Inscriptions from the Roman West* (Nueva York: Cambridge University Press, 2020).

en la burocracia imperial, así como en la política, incentivaba no solo el matrimonio, sino también la procreación de tres hijos. La proliferación de enfermedades y, en el caso de las mujeres, la muerte durante el parto, hizo que muchos enviudaran muy pronto, y las leyes de Augusto fomentaron la celebración de segundas nupcias, al menos entre los aristócratas.[72]

La naturaleza concertada de muchos matrimonios, sin embargo, significaba que el amor no formaba parte de la ecuación, y el divorcio era razonablemente común en algunos círculos. También era frecuente el doble estándar de la sexualidad. Muchos hombres romanos casados frecuentaban a prostitutas, mientras que las mujeres debían permanecer fieles. Esto era habitual en el antiguo mundo mediterráneo. Por poner un ejemplo no romano que muestra lo arraigados que estaban estos valores, la ley ateniense sobre el adulterio, promulgada en algún momento del siglo VI a. C. y aún vigente durante todo el periodo clásico (480–323 a. C.), permitía a un marido matar en el acto a cualquier hombre al que sorprendiera con su mujer en su propia casa. Se trataba de un raro caso de homicidio justificado en el código legal ateniense, que por lo demás desaconsejaba el asesinato como fuente evidente de contaminación sanguínea de toda la ciudad.[73] La contaminación de la sangre, por lo demás, era una mala noticia. En el caso de un asesinato no evitado, como nos recuerda la trama de la tragedia de Sófocles *Edipo rey*, la ira de los dioses caería sobre toda la ciudad, en ese caso en forma de una plaga mortal que seguiría matando ciudadanos hasta que se encontrara al asesino. Pero en ninguna parte de las leyes atenienses existe preocupación alguna porque hombres respetablemente casados se acuesten con prostitutas. El único caso en el que se menciona la prostitución como motivo de preocupación tiene que ver con una mujer de mala reputación que había trabajado anteriormente como cortesana de clase alta, haciéndose pasar a sí misma y a su hija por respetables.[74]

---

[72] Para una visión general de la sexualidad antigua, véase Marilyn Skinner, *Sexuality in Greek and Roman Culture* (Oxford: Blackwell, 2005). Para un excelente estudio sobre la historia del matrimonio romano, fundamentado en estudios de las legislaciones romanas sobre el tema, véase Susan Treggiari, *Roman Marriage: Iusti Coniuges from the Time of Cicero to the Time of Ulpian* (Oxford: Clarendon, 1991). Para un estudio específico de las reformas matrimoniales de Constantino, véase Judith Evans-Grubbs, *Law and Family in Late Antiquity: The Emperor Constantine's Marriage Legislation* (Oxford: Oxford University Press, 2000). Por último, Kyle Harper ofrece un relato perspicaz de la transformación de los valores de las normas romanas a las del cristianismo en *From Sin to Shame: The Christian Transformation of Sexual Morality in Late Antiquity* (Cambridge, MA: Harvard University Press, 2013).

[73] El estudio autorizado sobre la contaminación en la religión griega sigue siendo Robert Parker, *Miasma: Pollution and Purification in Early Greek Religion* (Oxford: Clarendon, 1996).

[74] Demóstenes 59 ("Contra Neera"). También véase Debra Hamel, *Trying Neaira: The True Story of a Courtesan's Scandalous Life in Ancient Greece* (New Haven, CT: Yale University Press, 2003).

Esta visión cultural del matrimonio, al igual que de la sexualidad en general, estaba muy arraigada en los corintios, situados a un día y medio de viaje de Atenas. Aunque Pablo no menciona esta cuestión en su reprimenda a los cristianos que frecuentaban prostitutas, es razonable suponer que al menos algunos, sino todos, de los cristianos corintios que tenían este comportamiento estaban casados. Además de despreciar la santidad de sus propios cuerpos como parte de la esposa de Cristo, estos hombres también estaban traicionando sus propios votos matrimoniales, faltando al respeto al pacto del matrimonio, al tratarlo de la misma manera que la cultura que les rodeaba.

Aunque es de esperar que Pablo incluya consejos sobre el matrimonio, sobre todo en el contexto de la presentación de principios para una visión de la sexualidad centrada en el evangelio, su mención de la soltería como opción habría sido totalmente contracultural para los habitantes del mundo antiguo: «Mas esto lo digo por vía de concesión, no por mandamiento. Quisiera más bien que todos los hombres estuviesen como yo; pero cada uno tiene su propio don de Dios, uno de un modo, y otro de otro. Digo, pues, a los solteros y a las viudas, que les iría bien el quedarse como yo; pero si no tienen don de continencia, cásense, pues mejor es casarse que estarse quemando» (1 Co 7:6-9).

El consejo de Pablo habría tenido repercusiones significativas para el lugar que ocupaban los individuos en la sociedad grecorromana, similares en cierto modo a las repercusiones que consideramos en relación con la decisión de dejar de comer carne de animales sacrificados. En primer lugar, los solteros no habrían podido optar a un número relevante de puestos de trabajo en la burocracia imperial ni a ningún cargo político en el gobierno local, y habrían sido vistos con recelo en la comunidad local. Por tanto, la soltería habría tenido un coste social importante. Además, para quien tuviera propiedades, la expectativa cultural habría sido casarse y tener hijos que pudieran heredarlas. La erradicación de un apellido se describe repetidamente en la literatura griega y romana como una maldición.[75] Sin embargo, los valores del cristianismo presentaban esta maldición como un nuevo tipo de bendición.

[75] Suele ser la etapa final de la serie de maldiciones que persiguen a las familias desafortunadas en la tragedia griega, como la casa real de Tebas, a la que pertenecía Edipo. Sus hijos acaban siendo los últimos de la línea real, y esta muere con ellos. Esta maldición, el fin de una línea familiar, también está en el centro del mito de Níobe, narrado en al menos dos tragedias griegas diferentes, pero que solo sobrevive en las *Metamorfosis* de Ovidio 6.146-312. Níobe se negó a rendir culto a Leto, la madre de los dioses gemelos Apolo y Artemisa, presumiendo, en cambio, de su fertilidad como madre de siete hijos y siete hijas. En venganza, Apolo y Artemisa mataron a todos sus hijos, y ella, en su dolor, se convirtió en estatua.

Tan contracultural como habría sido la soltería para los hombres, lo habría sido aún más para las mujeres, en una sociedad en la que no había lugar para las solteras en ninguna etapa de la vida. Permanecer soltera o no volver a casarse tras perder a un marido habría acarreado importantes problemas económicos en un mundo en el que la mayoría de las mujeres no se mantenían a sí mismas ni a sus familias. Esta precaria situación económica de las viudas aparece repetidamente en el Nuevo Testamento.[76] Esta preocupación era compartida por muchos obispos de las primeras iglesias, y Ambrosio de Milán incluso escribió un tratado sobre el cuidado de las viudas.[77] Las decisiones contraculturales de los individuos de permanecer solteros y servir a la iglesia a través de su soltería requerían el apoyo económico y social de toda su comunidad, otro recordatorio de que todos los cuerpos santos pertenecían al cuerpo santo supremo, la iglesia.

Por último, pero no por ello menos importante, el énfasis cristiano en la importancia del bienestar y la santidad de todos los cuerpos de los creyentes también fue contracultural, ya que abolió la estructura social jerárquica romana. Como hemos señalado, la visión cultural grecorromana tanto de la alimentación como de la sexualidad perpetuaba la estructura basada en el poder de la sociedad romana, y la tendencia de los poderosos a demostrar y aumentar su posición social mediante el ejercicio de su poder contra los más débiles, incluidos los esclavos. La igualdad de todos los creyentes ante Cristo supuso el desmantelamiento de estas estructuras y tipos de interacción para los cristianos en las iglesias, los hogares y la comunidad.

En última instancia, dos conceptos clave emergen en los consejos de Pablo, y ambos asumen esta igualdad de los creyentes y su precioso valor para Dios. En primer lugar, Pablo subraya la importancia de mantener cuerpos santos para todos los cristianos, solteros o casados: «¿O no sabéis que vuestro cuerpo es santuario del Espíritu Santo, el cual está en vosotros, el cual tenéis de Dios, y que no sois vuestros? Porque habéis sido comprados por precio; glorificad, pues, a Dios en vuestro cuerpo y en vuestro espíritu, los cuales son de Dios» (1 Co 6:19, 20).

Además de señalar la importancia de mantener cuerpos santos que se apartan para Dios, Pablo defiende el matrimonio como una forma de mantener las mentes libres de la lujuria que podría existir de otro modo. Esta preocupación por mantener tanto el cuerpo como la mente libres del pecado de la lujuria, que a nivel cultural era tan fácilmente aceptable,

[76] Algunos ejemplos son Lc 7:12-14; Hch 6:1; 1 Tm 5:3-16; St 1:27.

[77] Ambrosio de Milán, *Sobre las vírgenes y sobre las viudas*, Fuentes Patrísticas 12 (Madrid: Ciudad Nueva, 1999).

continuó ocupando a la comunidad cristiana después de la era del Nuevo Testamento y está en el centro de un texto alegórico de mediados del siglo II de nuestra era, el *Pastor de Hermas*. Este texto muestra el impacto de los pecados de cada individuo, o a la inversa, la santificación gradual, en la iglesia en su conjunto. Su mensaje es que la santidad es tanto comunitaria como individual, y solo mediante el cultivo de una santidad comunitaria se transformará la iglesia en la esposa de Cristo.

La santidad del cuerpo de Cristo

En el *Pastor de Hermas*, un antiguo esclavo relata cinco sorprendentes visiones en las que experimenta de forma visible el impacto de los pecados de los creyentes sobre la iglesia. En primer lugar, la iglesia se le aparece como una frágil anciana, lastrada por los pecados de los creyentes. En cada visión sucesiva, se vuelve cada vez más joven y hermosa, y finalmente aparece en su aspecto perfecto como la radiante esposa de Cristo. El mensaje es claro: los pecados de los creyentes corrompen la belleza de la iglesia, pero hay esperanza de restauración mediante el arrepentimiento y la purificación comunitaria.[78]

La estructura narrativa del texto como una serie de visiones remite a los diálogos filosóficos de la literatura grecorromana, incluidos modelos como el episodio del sueño de Escipión en el libro 6 de *La república* de Cicerón. En él, un distinguido estadista y general, Escipión, tiene una visión que presenta eficazmente al lector la filosofía cósmica estoica. Además, esta obra se hace eco de la sólida tradición judía de literatura apocalíptica que se remonta hasta el libro de Daniel.

Adaptando al cristianismo modelos paganos y judíos tan antiguos, el *Pastor de Hermas* se abre con la visión que tiene el narrador de una antigua esclava a la que conoció, Roda, que lo acusa de tener pensamientos impuros sobre ella. El lector ve rápidamente que el principal pecado que pesa sobre la iglesia en esta narrativa alegórica es la lujuria. Haciéndose eco de las declaraciones de Jesús en el sermón del monte, no se hace ninguna diferenciación entre el pecado de la mente (lujuria sobre la que no se ha actuado) y el pecado del cuerpo (lujuria que procedió a la acción). Después de la visión final de la iglesia como la novia perfeccionada, la quinta y última visión habla de un ángel del arrepentimiento que se apareció al narrador y le habló de doce mandatos y diez parábolas sobre la vida santa. Sí, estos números son significativos.[79]

---

[78] Véase Mark Grundeken, *Community Building in the Shepherd of Hermas* (Leiden: Brill, 2015).

[79] Para un análisis específico de la quinta visión, véase Mark Grundeken y Joseph Verheyden, "The Spirit Before the Letter: Dreams and Visions as the Legitimization of the Shepherd of Hermas: A

El impacto visible del pecado en la iglesia presenta una imagen impactante. Pero aún más sorprendente es el énfasis que pone este relato alegórico en la importancia de los pecados de cada individuo sobre la iglesia en su conjunto. De forma visualmente descriptiva, este texto se hace eco del mensaje de Pablo a la iglesia de Corinto, según el cual los pecados de cada individuo afectan a todo el grupo. Este mensaje a los miembros de las primeras comunidades cristianas es igualmente importante para nosotros hoy: los cristianos no viven aislados. Las acciones y pensamientos pecaminosos de los individuos reverberan en todo el cuerpo. Sin embargo, a través del arrepentimiento, las acciones y pensamientos santos resuenan aún más fuerte, transformando la iglesia en la hermosa novia que está destinada a ser. Culturalmente, nuestra propia predilección pecaminosa, mucho más que la de los primeros cristianos, es vernos a nosotros mismos como individuos y no como parte de un todo. Pero del mismo modo que los pecados de los individuos repercuten en la comunidad de creyentes, en última instancia la santificación de los individuos también está inextricablemente relacionada con la santificación de sus comunidades.

El mensaje de la santificación nos recuerda que, en el cristianismo, el pecado no define permanentemente al pecador que se arrepiente. Más bien, un cristiano tiene un poder de transformación como parte de una comunidad de creyentes. Este poder de transformación, que podemos dar por sentado, era totalmente contracultural en la Antigüedad. En el mundo grecorromano, el carácter y la personalidad de un individuo se consideraban inamovibles, y esta premisa se utilizaba comúnmente en los tribunales de justicia, a menudo aportando pruebas de acciones inmorales que databan de años, incluso décadas.[80] Se podía suponer que una persona que en el pasado había demostrado estar moralmente en bancarrota era un individuo podrido en el presente y, por lo tanto, era probable que hubiera cometido cualquier delito o crimen que se le imputara ahora. Por el contrario, alguien que era un ciudadano honrado y de carácter ejemplar, era considerado una buena persona en cualquier circunstancia. Así, un ciudadano ateniense juzgado en parte por adulterio argumentó en su defensa que había cumplido admirablemente el servicio militar y otros

---

Study of Vision 5" en Bart J. Koet, *Dreams as Divine Communication in Christianity: From Hermas to Aquinas. Studies in the History and Anthropology of Religion* 3 (Leuven: Peeters, 2012), 23-56.

[80] Este testimonio de carácter es clave, por ejemplo, en Lisias 1, Antífona 5 y Esquines 1. A veces, los oradores de apoyo se encargaban también de introducir más testimonios de carácter, *synegoroi*. Véase Lene Rubinstein, *Litigation and Cooperation: Supporting Speakers in the Courts of Classical Athens* (Stuttgart: Steiner, 2000).

deberes cívicos y que, por tanto, era incapaz de cometer el delito del que se le acusaba.[81]

En el mundo de la cultura grecorromana, el mensaje del *Pastor de Hermas* sobre el cuerpo de los individuos y el cuerpo de la iglesia era claramente contracultural. Pero contracultural no siempre significa que fuera difícil de aceptar. Las pruebas de la popularidad de este texto sugieren que este mensaje de la posibilidad de cambio para cada individuo era uno que muchos cristianos encontraban alentador. Escrito originalmente en griego, *El pastor* fue rápidamente traducido al latín, al copto y a otras lenguas habladas en el Imperio romano, entre ellas la etíope ge'ez. Circuló ampliamente a partir del siglo II y fue tan respetado que algunos de los primeros Padres de la Iglesia, entre ellos Ireneo, lo consideraron parte del canon.

En un mundo con categorías fijas para el carácter, el mensaje presente en el *Pastor de Hermas* era profundamente optimista, contracultural y profundamente revolucionario: el evangelio tiene el poder de cambiar el carácter de una persona. Un pecador, por muy manchado que estuviera de pecados culturales y personales, no iba a seguir siéndolo siempre. Un pecador redimido, como parte de la iglesia, podía convertirse en santo.

Conclusión

En 1997, *Le dije adiós a las citas amorosas*, de Joshua Harris, se convirtió en un éxito de ventas instantáneo y convirtió a su joven autor en el nuevo líder oficioso del movimiento de la cultura de la pureza. Sin duda, el movimiento en sí había existido de alguna forma, al menos desde la administración Reagan, pero el libro de Harris, junto con su secuela, *Él y ella: Dile sí al cortejo*, articuló una filosofía para las citas (o, más bien, no para las citas sino para el cortejo) que proporcionó un modelo útil para toda una generación en ciertos círculos del cristianismo evangélico.

Y luego, en 2018, Harris emitió un documental, *Sobreviví a "Le dije adiós a las citas amorosas"*, en el que entrevistó a muchos hombres y mujeres que crecieron en los círculos que leyeron sus libros. La respuesta fue abrumadoramente negativa. El documental era un catálogo de innumerables traumas personales y relacionales. Oír cómo se culpaba a su libro de estas consecuencias dejó a Harris conmocionado y arrepentido. Su remordimiento lo llevó al arrepentimiento, pero no del tipo que vemos en el *Pastor* o en cualquier texto cristiano antiguo. Tras la

[81] El discurso en cuestión se conserva en la obra del orador que escribió en defensa del acusado; véase Hipérides, *En defensa de Licofrón*.

denuncia de sus propios libros y de su filosofía del cortejo, Harris anunció que se había separado de su esposa y que solicitaba el divorcio. Ya no se considera cristiano.[82]

Al considerar la desaparición de la cultura de la pureza y el desmantelamiento concomitante de Harris, hay que tener en cuenta una advertencia: ¿estamos tirando las frutas frescas con las podridas? La cultura de la pureza, con la que Harris creció y a la que contribuyó con sus escritos, creó en algunos casos un ídolo de ciertos tipos de relaciones. Sin duda, también preparó a muchas mujeres para matrimonios abusivos en los que se sentían forzadas y de los que no podían salir. Pero también hizo otra cosa que en el fondo era buena, aunque la ejecución no siempre estuviera a la altura de esa bondad: intentó adoptar una visión contracultural de la sexualidad en el mundo moderno. ¿Fracasó? Para muchos, sí. Pero ¿intentó hacer algo difícil y valioso, algo que los cristianos se esforzaron por hacer bien desde los primeros días de la iglesia? Por supuesto. Reflexionando en esta línea, el libro de Rachel Joy Welcher *Talking Back to Purity Culture: Rediscovering Faithful Christian Sexuality* [Respondiendo a la cultura de la pureza: Redescubriendo la sexualidad cristiana fiel] rechaza eficazmente el legalismo del movimiento, al tiempo que se niega a transigir con los valores bíblicos.[83]

Con la cultura de la pureza en un extremo del espectro, el otro extremo en algunos círculos evangélicos ahora es el retraso del matrimonio. El reportaje de Mark Regnerus en la portada de *Christianity Today* de junio de 2020 presentaba un panorama sombrío del matrimonio en la sociedad estadounidense moderna. Mientras que en 2005, el 50 % de los hombres estadounidenses de entre 25 y 34 años estaban casados, esta cifra cayó drásticamente a solo el 35 % de los hombres en ese grupo de edad en 2018. Aunque estas cifras son más elevadas entre los evangélicos, la diferencia entre estos y el resto de la sociedad se está reduciendo. Regnerus explicó estas tendencias a la luz del énfasis en los objetivos individuales y la realización en la vida, que lleva a que cada vez más jóvenes se sientan escépticos sobre el valor del matrimonio.[84] Lo que resulta especialmente

---

[82] En la serie de pódcast *The Rise and Fall of Mars Hill* de *Christianity Today* se puede escuchar una entrevista con Harris sobre estos acontecimientos: https://www.christianitytoday.com/ct/podcasts/rise-and-fall-of-mars-hill/joshua-harris-mars-hill-podcast-kissed-christianity-goodbye.html.

[83] Rachel Joy Welcher, *Talking Back to Purity Culture: Rediscovering Faithful Christian Sexuality* (Downers Grove, IL: InterVarsity Press, 2020).

[84] Mark Regnerus, "Can the Church Save Marriage?", *Christianity Today*, 22 de junio, 2020, https://www.christianitytoday.com/ct/2020/july-august/marriage-save-church-declining-christians-global.html.

alarmante es que muchas personas que optan por retrasar el matrimonio también están adoptando las normas del mundo, que no ven ningún problema en las relaciones sexuales prematrimoniales y conducen a una mercantilización de los cuerpos de los creyentes, precisamente de la forma que el Nuevo Testamento y la iglesia primitiva condenaron tan claramente.

Abrazar el ídolo del yo en lugar del matrimonio ya suena bastante mal de por sí. Para empeorar las cosas, para muchos viene acompañado de la aceptación de puntos de vista culturales, y muy informales, sobre las relaciones y la sexualidad. Ciertamente, no era eso lo que la iglesia primitiva tenía en mente cuando, a través de personas como Pablo, defendía ferozmente el valor de los solteros en el cuerpo de Cristo. Y la pornografía, una maldición fácilmente accesible, es un recordatorio de que incluso para los solteros que no mantienen relaciones físicas ocasionales, las tentaciones son innumerables.

El *Pastor de Hermas*, con su mensaje de que incluso la lujuria sin acción es pecado, nos recuerda que la iglesia siempre ha propugnado la pureza como alternativa contracultural a la visión cultural romana de la sexualidad, que era profundamente abusiva. Los escritos de Pablo presentan ese mismo mensaje en respuesta a los pecados sexuales de la iglesia de Corinto. Pero lo que todos estos escritos, así como el fracaso del movimiento de la cultura de la pureza, nos recuerdan es que las soluciones simples no pueden funcionar. O, al menos, no pueden funcionar para todos. La descripción ideal que hace Pablo de la soltería y el matrimonio implica vidas que se viven fructíferamente para la gloria de Cristo. Una visión cristiana del matrimonio, para Pablo, nunca implica la cosificación o el abuso. Pero no hay dos matrimonios santificadores de dos pecadores que sean iguales.

Poco antes de que mi marido y yo nos casáramos, leí *Pacto matrimonial: Perspectiva temporal y eterna* de John Piper.[85] Al escribir este libro sobre el matrimonio después de cuarenta años de vida matrimonial, Piper tomó la sorprendente decisión de utilizar citas de las obras de Dietrich Bonhoeffer para abrir cada capítulo. ¿Por qué sorprende esta elección? Como explica el propio Piper, Bonhoeffer nunca vivió el matrimonio. Estaba comprometido en el momento de su detención por su participación en un complot de asesinato contra Hitler, y fue ejecutado poco antes de lo que debería haber sido el día de su boda. Pero la muerte de mártires como Bonhoeffer, señala Piper, nos recuerda que el matrimonio es siempre momentáneo porque la vida lo es. El matrimonio y la sexualidad, tal

[85] John Piper, *Pacto matrimonial: Perspectiva temporal y eterna* (Carol Stream, IL: Tyndale House, 2009).

como Dios los imagina, son tan contraculturales que nunca podremos comprenderlos plenamente en esta vida. Pero esto no significa que debamos dejar de intentarlo.

El cristianismo cultural, especialmente en la región estadounidense del Cinturón bíblico, puede tentarnos a asumir que ya no necesitamos vivir en misión. Pero los tres primeros capítulos de este libro muestran que, incluso en un mundo en el que los cristianos eran una pequeña minoría, resistir a la cultura circundante es una lucha constante. Hemos visto cómo la visión cultural de la riqueza, la comida y la sexualidad impregnaba las primeras comunidades cristianas y distorsionaba el evangelio en el proceso. En estas historias, los paralelismos con nuestros días son fácilmente visibles. La comodidad es un ídolo moderno de Estados Unidos en todos los ámbitos de la vida, y esto afecta a nuestra visión del dinero. En cuanto a la comida, la cultura *foodie* contemporánea se ha introducido en el mundo cristiano tanto como en la sociedad en general, y los chistes sobre Chick-fil-A como "el pollo de Dios" muestran la compleja conexión entre el cristianismo cultural y la comida rápida. Por último, pero no menos importante, los medios de comunicación modernos se encargan de bombardearnos con mensajes culturales sobre la sexualidad que posiblemente sean más omnipresentes en nuestras vidas que los que recibían los habitantes del Imperio romano. Puede que no veamos falos en los adoquines de las calles, pero las películas y series de televisión de clasificación R[86] hacen que estos temas sean omnipresentes. Si somos aquello con lo que llenamos nuestras mentes, todos somos adoradores de ídolos que rivalizan con cualquiera del Imperio romano.

Los tres capítulos de esta primera sección nos permitieron poner a prueba la metodología empleada en el resto del libro. ¿Qué sucede cuando tomamos la palabra a las fuentes antiguas y asumimos que las preocupaciones que los primeros cristianos expresaron sobre el poder seductor de la cultura grecorromana circundante representan problemas reales y no meras hipótesis? La respuesta, como vimos, es sorprendente, ya que este enfoque nos permitió ver un hilo conductor general que conecta múltiples patrones de pecado que surgieron en las primeras comunidades cristianas en todo el Imperio romano, así como las formas en que los líderes de la iglesia, como Pablo, intentaron, no siempre con éxito, hacer frente a estos pecados. Vemos una comunidad cristiana que nos resulta sorprendentemente familiar, a pesar de las marcadas diferencias con el mundo moderno. Es una comunidad en la que el cristianismo cultural era

[86] *N. del E.:* Clasificación equivalente a *+18* en muchos países hispanohablantes.

la sorprendente norma para muchos creyentes, a pesar de los altos costes de conversión que asumían, tanto sociales como financieros.

En pocas palabras, el panorama general de la religión cultural y el pecado culturalmente arraigado en las primeras iglesias nos recuerda que las personas no viven en el vacío. Todas las personas se ven afectadas por la cultura que las rodea de formas profundamente arraigadas que tal vez ni ellas mismas sean capaces de articular. Vivir contraculturalmente, como descubrieron los primeros conversos al cristianismo, era un desafío, tanto si venían del monoteísmo judío como del politeísmo grecorromano. Pero ¿qué hay de los que se convirtieron y luego decidieron, por la razón que fuera, abandonar la iglesia? A continuación nos ocuparemos de sus historias en el contexto de la iglesia primitiva después de la era del Nuevo Testamento.

SEGUNDA PARTE

Los cristianos culturales en tiempos de persecución

4
Problemas en Bitinia

Cómo los pecados culturales conducen a la apostasía

Hacia el 160 d. C., un procónsul romano destinado en Esmirna decidió purgar la región de su creciente población cristiana. Entre los arrestados en esta persecución se encontraba el obispo local, Policarpo. Con ochenta y seis años, era el último vínculo vivo con los apóstoles y el mundo tangible del Nuevo Testamento: de joven, había conocido al apóstol Juan. Cuando el procónsul ordenó a Policarpo que maldijera a Jesús para recuperar su libertad —procedimiento habitual en los juicios romanos contra cristianos—, el anciano obispo respondió con calma: «Durante ochenta y seis años he sido su siervo, y no me ha hecho mal alguno. ¿Cómo puedo ahora blasfemar de mi Rey que me ha salvado?».[87]

Como era habitual en estos casos, el procónsul, enfurecido, ordenó la ejecución de Policarpo. Milagrosamente, sin embargo, el fuego en el que Policarpo iba a morir quemado no pudo dañarlo. El verdugo recibió entonces la orden de matarlo con una daga. Esto funcionó, aunque se produjo otro milagro. La cantidad de sangre que se derramó de la herida que mató a Policarpo inundó el mismo fuego que antes no pudo quemarlo, extinguiéndolo por completo. Policarpo murió como un mártir, prefiriendo esta muerte a la apostasía: la renuncia a su fe.

Al igual que ocurre con muchos otros relatos de martirio, no todo el mundo ha tomado esta historia tradicional de la muerte de Policarpo como un registro exacto de los hechos reales. Pero la popularidad del

[87] Un testigo anónimo de los hechos escribió un relato de estos procedimientos, *Martirio de Policarpo*, como una carta de la iglesia de Esmirna a la iglesia de Filomelio, ambas situadas en la antigua Asia Menor y ahora parte de Turquía. Para una traducción en español, véase *Martirio de Policarpo*, https://sumateologica.wordpress.com/wp-content/uploads/2010/02/martirio_de_policarpo.pdf.

relato es importante en cualquier caso porque muestra claramente que los primeros cristianos valoraban ese comportamiento heroico en nombre de Cristo. Aunque las historias de mártires famosos como Policarpo glorifican la muerte por encima de la apostasía, las numerosas pruebas que se conservan demuestran que la elección que hacían los fieles de a pie ante la persecución y las amenazas de muerte no siempre era tan heroica.

Casi un siglo más tarde y al otro lado del imperio, en Egipto, en el año 250 de la era cristiana, en la aldea de Teadelfia, una madre y una hija eligieron esa vía de baja resistencia. Cumplieron un edicto del emperador Decio que ordenaba a todos los habitantes del imperio realizar sacrificios paganos y obtener un certificado a tal efecto en una fecha determinada. Lo sorprendente de este certificado, en concreto, no es solo que las dos mujeres cumplieran el requisito, renunciando de hecho a su fe cristiana, sino que en el documento señalan que habían estado realizando sacrificios paganos todo el tiempo. Para ellas, sacrificar a los dioses paganos y abandonar la iglesia no era una decisión tan drástica.[88]

El Nuevo Testamento abunda en severas advertencias a los conversos para que no caigan. Jesús señaló durante su ministerio que haber creído y posteriormente haber rechazado la fe era mucho peor que no haber creído nunca. Tales advertencias no eran un mero discurso teórico. La razón por la que el Nuevo Testamento aborda repetidamente esta cuestión en los términos más enérgicos es precisamente porque era muy común. Los escritos de cristianos y no cristianos demuestran que la apostasía podía adoptar diversas formas y tener diversas causas. Todo el libro de Hebreos del Nuevo Testamento, en particular, se dirige a los judíos convertidos al cristianismo que planeaban abandonar la fe, presumiblemente para volver al judaísmo, que gozaba de exenciones especiales por parte de los romanos.[89] Y una interpretación frecuente de Primera de Pedro ha sido que la persecución podría conducir a la apostasía generalizada, ya que algunos creyentes podrían verse tentados a tomar el camino más fácil para salir de la difícil situación renunciando al cristianismo. El ejemplo del certificado egipcio de sacrificio antes citado podría interpretarse ciertamente en ese sentido.

[88] Papiro de Míchigan, 158.

[89] El emperador Augusto, por ejemplo, promulgó un decreto para todo el imperio que concedía privilegios especiales a los judíos, permitiéndoles practicar su culto como quisieran. Véase Claude Eilers, "The Date of Augustus' Edict on the Jews (JOS. AJ 16.162-165) and the Career of C. Marcus Censorinus", *Phoenix* 58 (2004): 86-95. Por supuesto, no todos los gobernantes romanos eran tan amistosos; véase Martin Goodman, *Rome and Jerusalem: The Clash of Ancient Civilizations* (Nueva York: Vintage, 2008).

Aunque la persecución fue una de las razones de la apostasía durante la era del Nuevo Testamento y posterior, no deberíamos echarle la culpa principal de forma tan precipitada. Veremos más adelante en este capítulo que Primera de Pedro quizá tampoco lo haga. Entonces, ¿por qué algunos conversos abandonaron finalmente el cristianismo para volver, en la mayoría de los casos, al paganismo? ¿Qué significaba la apostasía para los que abandonaban la iglesia, y cómo reaccionaban ante estos hechos los creyentes que conocían a los apóstatas? Por último, ¿cómo abordaron esta cuestión los líderes de la iglesia primitiva? En concreto, ¿cómo (si es que lo hicieron) intentaron amar a aquellos de su rebaño que estaban deseosos de dejarlos atrás? La respuesta a esta última pregunta, en el caso de muchos líderes, parece haber sido que escribieron cartas.

Gran parte del Nuevo Testamento consiste en cartas escritas por líderes preocupados a congregaciones que estaban pasando por estos y muchos otros pecados y desafíos culturales. El testimonio de estas cartas tiene mucho que decirnos sobre las luchas cotidianas de estos primeros creyentes. Aunque es fácil suponer que los apóstatas eran los pecadores de esta historia, a veces podría tratarse de sus compañeros de iglesia. En ambos casos, vemos de nuevo el cristianismo cultural en acción.

Este capítulo se centra en la naturaleza y el impacto del pecado cultural en la apostasía de las primeras iglesias. Nuestra historia sigue a aquellos hombres y mujeres que, tras su conversión, optaron por abandonar el cristianismo durante la época del Nuevo Testamento y a principios del siglo II d. C.[90] El atractivo de la cultura, como veremos, resultó a veces más tentador que la comunidad contracultural del evangelio. En este sentido, este capítulo es un poco diferente de los demás de este libro: en lugar de investigar una categoría específica de pecado cultural, estamos estudiando la apostasía como resultado de ciertos tipos de pecados culturales.

Mientras que los conversos, cuyas historias hemos documentado en los capítulos anteriores parecían abrazar tanto la cultura circundante como el evangelio, sin estar dispuestos a renunciar a ninguno de los dos, las historias de este capítulo muestran que algunos finalmente tomaron la decisión de abandonar la iglesia. Siguiendo el hilo de la evidencia en las fuentes cristianas y paganas, nuestro principal estudio de caso aquí es la historia de la comunidad cristiana primitiva en la provincia romana de Bitinia-Ponto. Nos centramos en esta comunidad por la sencilla razón de

[90] Para una referencia académica autorizada sobre la apostasía en el período neotestamentario, véase la obra magna en tres volúmenes de B. J. Oropeza, *Apostasy in the New Testament Communities* (Eugene, OR: Wipf & Stock, 2012).

que disponemos de fuentes tanto paganas como cristianas sobre ella. La disponibilidad de relatos de ambos bandos nos permite contar una historia más detallada y matizada del impacto de la cultura en estos cristianos: se trata de una iglesia cuyo número de fieles fluctuaba a veces debido a la apostasía. Y la perspectiva externa de los acontecimientos nos llega de una fuente inesperada: un gobernador romano pagano con poco o ningún conocimiento previo del cristianismo.

Entrevista con un gobernador romano: La iglesia de Bitinia a principios del siglo II

En el año 111 de nuestra era, Cayo Plinio Cecilio Segundo, más conocido hoy como Plinio el Joven, partió de Roma para ocupar el cargo político más importante de su carrera. Desde su nombramiento para este cargo por el Senado en el 111 d. C. hasta su probable muerte en el 113 d. C., Plinio fue gobernador de la provincia romana de Bitinia-Ponto. Situada en la región suroeste del litoral del mar Negro, Bitinia-Ponto no era precisamente un destino turístico popular entre las élites romanas. De hecho, la ciudad de Tomi, en Ponto, fue el lugar donde el emperador Augusto exilió al poeta caído en desgracia Ovidio poco más de un siglo antes. Ovidio pasó el exilio escribiendo poesías lastimeras en las que lamentaba su cruel destino y los horrores del lugar. Mala comida, mal tiempo, mala compañía. Pero para Plinio, ser gobernador de cualquier provincia no era nada despreciable.

Plinio era un aristócrata romano muy culto. Su tío no era otro que el historiador de la naturaleza Plinio el Viejo, que pereció cuando decidió navegar para ver de cerca el Vesubio en plena erupción. Muerte en nombre de la ciencia. Su sobrino optó por quedarse en casa y concentrarse en sus estudios aquella tarde, un raro caso en el que los deberes salvan vidas. En el año 111 de nuestra era, Plinio el Joven ya era un político y funcionario de carrera, con más de veinte años en el Senado. Pero ninguna de sus lecturas previas o su servicio público práctico, que incluía incluso una glamurosa etapa supervisando el mantenimiento del sistema de alcantarillado de la ciudad de Roma (una tarea nada desdeñable para una ciudad de un millón de habitantes), lo prepararon para los desafíos que iba a encontrar como gobernador provincial.

Afortunadamente, para los historiadores, Plinio era un prolífico escritor de cartas, que temía dar un paso en falso que el emperador pudiera considerar ofensivo, una actitud sensata para alguien que había pasado gran parte de su carrera política durante el gobierno del notoriamente paranoico Domiciano (emperador del 81–96 d. C.). Incluso con emperadores menos volátiles al mando, los gobernadores provinciales sabían que debían andarse con cuidado. En una ocasión, Augusto despidió a un gobernador provincial por un error ortográfico en una carta.[91]

Trajano (emperador de 98–117 d. C.) fue un *princeps* mucho más amable, pero las viejas costumbres son difíciles de cambiar. Así que Plinio escribió cartas a Trajano sobre cada desafío que se le planteaba, desde tener que arreglar templos y obras públicas en mal estado, hasta la cuestión de la situación de los niños abandonados en la provincia, la dotación de personal de las prisiones y la posibilidad de establecer un cuerpo de bomberos voluntarios en la capital de la provincia, Nicomedia. En todas las ocasiones, siguió la fórmula general de exponer el problema, describir su propia solución provisional y pedir la opinión del emperador al respecto. Sorprendentemente, teniendo en cuenta lo ocupado que estaba el emperador del mundo conocido, Trajano siempre respondía, y se conservan sus respuestas a Plinio.

Podría decirse que el intercambio de cartas más famoso entre ambos, y al que nos dirigiremos ahora, se refiere al alarmado descubrimiento por parte de Plinio de cristianos en su provincia en el año 112 de nuestra era. La historia que la carta de Plinio revela, junto con otras pruebas, es la de una iglesia que había estado en la provincia en ese momento durante varias décadas, se había enfrentado a desafíos, y había persistido en gran medida.[92] La iglesia también ha tenido una tasa extremadamente alta de apostasía. La carta de Plinio se basa en entrevistas con cristianos actuales y antiguos de su provincia, por lo que nos brinda una oportunidad única de conocer su punto de vista sobre sus luchas.

La intención de Plinio al entrevistar a los cristianos de Bitinia no era, por supuesto, recopilar historias orales. Su intención era llevar a cabo una investigación meticulosa para comprender la situación lo mejor posible. Aunque, afortunadamente, los historiadores modernos no recurren a la tortura o a tácticas intimidatorias en las entrevistas como hacía Plinio en ocasiones, nosotros somos los beneficiarios del deseo de Plinio de informar detalladamente de sus hallazgos al emperador. Los historiadores que se basan en historias orales para obtener información suelen entrevistar a personas y condensar sus hallazgos en un informe. Eso es lo que hizo

[91] El error ortográfico consistió en sustituir *ixi* por *ipsi*. Véase Suetonio, *Vida de Augusto*, 88.

[92] Para una visión general de esta carta, así como de otros documentos de la época que muestran las diferentes formas en que los romanos percibían y malinterpretaban a los cristianos, véase Robert Wilken, *The Christians as the Romans Saw Them* (New Haven, CT: Yale University Press, 2003). Para consultar el texto completo del intercambio de cartas entre Plinio y Trajano, partes del cual cito en este capítulo, véase https://faculty.georgetown.edu/jod/texts/pliny.html.

Plinio. Una lectura cuidadosa de la carta de Plinio a Trajano nos permite, por tanto, aplicar ingeniería inversa al informe de Plinio, descubriendo las voces originales de los cristianos de Bitinia, tanto de los fieles como de los que se habían alejado. ¿Qué sabemos de los cristianos de Bitinia?

Tras el habitual saludo halagador, Plinio abre su carta con un resumen de su pregunta a Trajano. Nunca había tratado con cristianos, por lo que la situación le resulta confusa. Ignora por completo quiénes o qué son los cristianos, pero al parecer ha oído hablar de ellos lo suficiente como para saber que su presencia en su provincia es motivo de alarma. Ni siquiera tiene claro hasta qué punto debe preocuparse. Pide a Trajano que le aclare si debe investigar delitos concretos relacionados con el movimiento, cuál debe ser el castigo para los cristianos y si la pena debe tener en cuenta la edad del acusado y su posible renuncia a la fe. ¿Debe tratar de la misma manera a los cristianos practicantes actuales que a los que lo fueron en algún momento, pero abandonaron el cristianismo años antes?

El desconocimiento del cristianismo por parte de Plinio y su falta de experiencia previa con los cristianos nos recuerda lo minúsculo que era el movimiento a principios del siglo II. Parece ser que ya había algunos cristianos en Roma en tiempos de Claudio (emperador 41–54 d. C.), que fue el primer emperador que expulsó de la ciudad a los cristianos, probablemente todos ellos judíos conversos.[93] Además, la iglesia de Roma prosperaba en tiempos de Pablo (que, por supuesto, escribió una carta a los cristianos de Roma) y Nerón (emperador 54–68 d. C.).

Nerón había culpado a los cristianos del gran incendio de Roma en el año 64. De hecho, los apóstoles Pablo y Pedro fueron ejecutados durante la persecución subsiguiente. Aun así, la presencia cristiana en la capital imperial, que albergaba a más de un millón de personas, era claramente minúscula. Aunque el movimiento se contara por miles, las probabilidades de que Plinio se encontrara con cristianos en Roma eran escasas, sobre todo después de que las repetidas persecuciones hubieran llevado a la iglesia literalmente a la clandestinidad. Pero los cristianos de Bitinia parecen haber sido más osados que sus hermanos romanos.

Las preguntas iniciales de Plinio a Trajano ya nos dan dos pistas importantes sobre los cristianos, pasados y presentes, que ha descubierto en Bitinia. En primer lugar, es evidente que hay una gran diversidad de edades entre ellos. Algunos son "muy jóvenes", mientras que otros son "más maduros". En segundo lugar, está claro que el grupo de personas que entrevistó incluía tanto a cristianos actuales como a los que lo habían

---

[93] Suetonio, *Vida de Claudio*, 25.

sido en algún momento, de ahí la preocupación de Plinio sobre si ambas categorías debían ser tratadas de forma diferente.

También deberíamos prestar atención al hecho de que esta investigación haya tenido lugar. ¿Quién llamó la atención del diligente gobernador sobre este asunto? No tenemos información directa en la carta, pero es de suponer que los informadores iniciales eran lo suficientemente importantes como para que sus voces tuvieran cierto peso y obligaran al gobernador a investigar. Esto sugiere, hipotéticamente, un grupo de magistrados locales o miembros del culto imperial —básicamente, un grupo con alguna conexión con la práctica pública de la religión romana, cuyas reclamaciones debían tomarse en serio—. No todo el mundo tenía garantizado el oído del gobernador, por lo que es probable que los que presentaran las quejas iniciales hayan sido ciudadanos locales honrados.

Bitinia no se consideraba una provincia lo suficientemente importante como para estacionar allí una legión. Este hecho no debe hacernos pensar, ni mucho menos, que el trabajo del gobernador era fácil. No hay que subestimar la delicada naturaleza de la crisis diplomática entre los lugareños con la que Plinio tropezó aquí. Si Plinio se hubiera limitado a ignorar la situación, los lugareños que se quejaron de los cristianos habrían agravado el conflicto de alguna manera, quizá recurriendo a la violencia por su cuenta. Y ese era el peor temor de Roma. El trabajo de Plinio como gobernador no consistía en dilucidar quién tenía razón o no en esta situación, sino en mantener la paz y el orden en la provincia de la forma menos costosa posible.[94]

Ningún caso es demasiado pequeño: El gobernador investiga

En otra ocasión, durante la época de Plinio como gobernador, fue convocado a la ciudad de Prusa, a poco más de media jornada de viaje de su sede en Nicomedia, para asistir en un asunto que parecía, al menos a primera vista, menos controvertido que el de aquella sospechosa secta monoteísta. Unas termas de Prusa habían caído en tal estado de deterioro que merecían la atención del gobernador. Reparar los edificios públicos puede parecer una pérdida de tiempo para el gobernador, pero unas termas tenían en el Imperio romano una importancia mucho mayor de la que podemos imaginar. En primer lugar, para la mayoría de los habitantes del Imperio romano, estos eran los únicos lugares donde lavarse. Solo los

[94] Para una visión general de cómo los gobernadores provinciales mantenían la paz en la provincia, véase Christopher Fuhrmann, *Policing the Roman Empire: Soldiers, Administration, and Public Order* (Oxford: Oxford University Press, 2011).

aristócratas más ricos podían permitirse construir un baño en sus propias casas. En segundo lugar, las termas no eran solo lugares para asearse. Eran espacios de socialización, y muchos incluían también espacio para hacer ejercicio. Por último, eran símbolos importantes de la romanización. Los dos primeros tipos de edificios que los romanos construyeron en las ciudades recién conquistadas fueron los teatros y las termas.

Leyendo entre líneas la carta de Plinio a Trajano sobre el asunto, alguien de la ciudad debió de quejarse al gobernador del lamentable estado de las termas, y (como en el caso de los cristianos de la provincia) ese alguien era lo suficientemente importante como para llamar la atención del atareado gobernador. Así que el gobernador viajó obedientemente a Prusa, examinó las termas y llegó a la conclusión, según le dijo a Trajano, de que en lugar de intentar restaurar el ruinoso edificio, la ciudad debía construir uno nuevo. ¿Estaría el emperador de acuerdo con este plan? Sí, contestó Trajano, siempre y cuando no llevara a la ciudad a la bancarrota y se siguieran pagando los impuestos a Roma en la fecha prevista.

De la investigación de Plinio y de la respuesta de Trajano se desprenden varias tendencias importantes, incluso en este asunto tan sencillo. En primer lugar, Plinio parece haber compartido el lema de un investigador ficticio muy posterior, Enciclopedia Brown: *ningún caso es demasiado pequeño*. En segundo lugar, Plinio era una persona detallista que no confiaba la investigación a otros. En el caso de las termas de una ciudad insignificante, él mismo viajó hasta allí, examinó el edificio y formuló sus propias recomendaciones, en lugar de limitarse a confiar en los informes de los lugareños. Por último, vemos que las preocupaciones de Trajano eran sencillas y prácticas. No estaba ansioso por intervenir fuertemente, sino que solo quería asegurarse de que ninguna decisión afectara a los asuntos cotidianos, como la recaudación de impuestos de la provincia. Todas estas tendencias se aplican a la investigación de Plinio sobre los cristianos, pero a una escala mucho mayor que cualquier otro asunto que tuviera que llevar a cabo como gobernador. A diferencia de las termas de Prusa, la investigación sobre el asunto de los cristianos parece haber durado meses. Volvamos ahora al informe del gobernador.

Como es habitual en sus cartas, tras exponer el problema sobre el que escribe a Trajano, Plinio procede a explicar lo que ha hecho hasta el momento para investigar a los individuos denunciados: «A los que confesaron los interrogué por segunda y tercera vez, amenazándolos con el castigo; a los que persistieron los mandé a ejecutar. Porque no me cabía duda de que, cualquiera que fuera la naturaleza de su credo, la terquedad y la obstinación inflexible merecían sin duda ser castigadas». Añade que envió directamente a Roma a todos los ciudadanos romanos, ya que se encontraban fuera de su jurisdicción, un procedimiento que recuerda lo que sucedió a Pablo, que utilizó su privilegio de apelar al emperador para ser enviado a Roma en Hechos 25:6-12. Este comentario es otra valiosa prueba de la diversidad de la comunidad cristiana.

Antes de que el decreto de ciudadanía del emperador Caracalla de 212 d. C. concediera la ciudadanía a todos los residentes del Imperio romano nacidos libres, solo entre el 10 y el 20 % de los residentes del imperio eran ciudadanos. No es sorpresa, por tanto, oír que no todos los cristianos de Bitinia eran ciudadanos romanos. No obstante, el hecho de que algunos lo fueran sugiere que había bastantes individuos importantes en la comunidad cristiana, ya que lo más habitual era que la ciudadanía se concediera a individuos por prestar un servicio significativo al Estado romano. El ejemplo del apóstol Pablo es relevante aquí, porque su padre había recibido la ciudadanía romana por un favor no especificado al imperio. Pero el servicio más común que adquiría la ciudadanía como recompensa era el militar: el diploma de ciudadanía, concedido tras un servicio satisfactorio de veinticinco años, era una valiosa excusa para reclutar tropas auxiliares no ciudadanas en las legiones romanas. Tal vez algunos de estos soldados retirados pertenecían a la iglesia de Bitinia.

El comentario de Plinio sobre sus continuas amenazas a quienes confesaban ser cristianos demuestra que les había ofrecido la oportunidad de rechazar la fe en el momento del interrogatorio. Como corresponde a un politeísta romano tradicional, Plinio no podía comprender por qué alguien sería tan obstinado como para elegir la muerte en lugar de rechazar sus creencias. Parece que algunos apostataron en el acto ante las amenazas de Plinio, mientras que otros siguieron aferrados a su fe. Este escenario de rechazo de la fe cristiana cuando la persona se ve amenazada continuará siendo un desafío para las iglesias en los siglos venideros, ya que seguirán luchando con la cuestión de si readmitir a esos miembros más adelante y, en caso afirmativo, en qué condiciones. Pero esa historia está todavía en el futuro, y llegaremos a ella en el capítulo 7. Nuestra preocupación en este momento es el desarrollo de la investigación de Plinio sobre la iglesia de Bitinia. La investigación inicial no resultó como Plinio hubiera deseado.

Plinio parece haber esperado resolver los asuntos de forma rápida y eficaz, y es de suponer que por eso no escribió inicialmente a Trajano. Sin embargo, la situación se le fue de las manos, como revela la siguiente sección de su carta. Lo que había empezado como unas pocas acusaciones aisladas, pronto derivó en otras más. Es evidente que, al ver que el gobernador se tomaba en serio las denuncias contra los cristianos, surgieron nuevos informantes envalentonados. El punto culminante de la investigación de Plinio fue un documento anónimo que se hizo público, como sugiere la redacción de Plinio en la carta, y que contenía una larga lista de nombres de supuestos cristianos. Si el documento hubiera sido simplemente una misiva privada a Plinio, presumiblemente podría haberlo tratado con más discreción. Pero el carácter público del documento no parece haberle dejado otra opción que iniciar una investigación en toda regla.

Antes de pasar a la investigación de Plinio, conviene detenerse a pensar en la naturaleza de estos informes. Inicialmente, pequeños grupos e individuos aislados presentaron sus informes sobre (presumiblemente) cristianos individuales en la provincia. La naturaleza cautelosa de estos informes iniciales, junto con la pérdida de ideas de Plinio sobre cómo tratarlos, sugiere que hacía tiempo que nadie perseguía a los cristianos en la provincia ni investigaba el cristianismo allí. Después de todo, es probable que Plinio hubiera sabido de este asunto, si su predecesor inmediato en la provincia hubiera tenido que enfrentarse a él.

Reconstrucción de la investigación

Parece probable que la comunidad cristiana de la provincia creciera lentamente desde hacía algún tiempo. Las autoridades los dejaban en paz, pero al menos algunos lugareños se resentían, y no tardaron en denunciar a los cristianos ante el nuevo gobernador. Dado que bastantes personas de la comunidad sabían quiénes eran los cristianos actuales o pasados entre ellos, esto sugiere que la comunidad cristiana no vivía en secreto. En este contexto, resulta interesante especular sobre quién pudo dar publicidad a la lista anónima de cristianos. Una posibilidad es que alguien hubiera sido miembro de la iglesia en el pasado y, por tanto, no quisiera que sus antiguos amigos supieran que se había vuelto contra ellos. Otra posibilidad es que tal vez algunos cristianos ocuparan puestos destacados a nivel local, y existiera el temor de denunciarlos abiertamente, ya que el informante podría enfrentarse a consecuencias adversas y tal vez incluso ser procesado por difamación. En cualquier caso, Plinio no tenía ni idea de quién había publicado esta lista explosiva, y su anonimato centró la investigación directamente en las personas nombradas.

Basándose en la misma prueba utilizada en persecuciones más oficiales, Plinio exigió a cualquiera de los acusados que afirmara no ser cristiano, que realizara rituales religiosos romanos básicos: «Invocaban a los dioses con palabras dictadas por mí, ofrecían oraciones con incienso y vino a tu imagen, que yo había ordenado traer para este fin junto con estatuas de los dioses, y además maldecían a Cristo, nada de lo cual se puede obligar a hacer a quienes son realmente cristianos». Este procedimiento utilizado por Plinio parece contradecir su anterior insistencia en que no tenía experiencia previa en el trato con cristianos. Pero Plinio, como investigador que era, durante toda su vida pudo encontrar información sobre cómo otros funcionarios romanos, presumiblemente fuera de su provincia, habían llevado a cabo tales investigaciones. Como resultado, también aprendió algunos elementos básicos de las creencias cristianas.

Pero la investigación no hizo más que complicarse. Algunos de los acusados parecen haber afirmado que nunca fueron cristianos. Podemos especular si estaban mintiendo o si tal vez habían visitado los servicios de la iglesia en algún momento y simplemente nunca aceptaron a Cristo, volviendo fácilmente a sus vidas como politeístas romanos. Otros de los nombrados en el documento admitieron que solían ser cristianos, pero que habían abandonado el cristianismo, «algunos tres años antes, otros muchos años, algunos hasta veinticinco años. Todos adoraban tu imagen y las estatuas de los dioses, y maldecían a Cristo».

Llama la atención el tiempo transcurrido desde que estos antiguos cristianos habían abandonado la fe, si tenemos en cuenta al informante anónimo y lo que esta lista sigue revelando sobre la información pública en la provincia. Esta es otra pista de que los cristianos de Bitinia, antes de la llegada de Plinio, disfrutaron de un periodo de libertad frente a la persecución y, por tanto, no ocultaban sus creencias. En consecuencia, otros miembros de la comunidad podían saber quién era cristiano. Las ciudades antiguas funcionaban con demasiada frecuencia como *bona fide* peceras, donde todos conocían los asuntos de los demás. El fácil flujo de información para Plinio es un ejemplo más de este fenómeno en acción. Otro punto que llama la atención es que, incluso durante este periodo de seguridad, muchos de los cristianos que se convirtieron abandonaron la iglesia y, presumiblemente (como se desprende de su disposición a sacrificar a los dioses romanos y al emperador), volvieron a unirse a la religión romana tradicional.

Plinio se adentró claramente en esta investigación con una categorización binaria en mente: alguien es cristiano o no lo es. Pero, como muestran las respuestas de los interrogados, había una gran clasificación entre las personas declaradas cristianas que no formaban parte de la iglesia en el momento del interrogatorio. Algunos no consideraban haber sido cristianos nunca, mientras que otros señalaban que lo habían sido, pero que ya no lo eran y facilitaban de forma llamativa el tiempo transcurrido desde que habían dejado de serlo. Pero aunque Plinio no parece haberse preocupado mucho por sus creencias o actividades, de estos antiguos cristianos aprendió información adicional útil sobre estos puntos. Argumentaron a favor de la inocuidad de los cristianos y proporcionaron al gobernador, cada vez más perplejo, la información más detallada que iba a recibir sobre la fe:

> Afirmaban, sin embargo, que la suma y la sustancia de su falta o error había sido que acostumbraban a reunirse en un día fijo antes del amanecer y cantar responsivamente un himno a Cristo como a un dios, y a obligarse por juramento, no a cometer algún crimen, sino a no cometer fraude, robo o adulterio, a no falsificar su confianza, ni a negarse a devolver una confianza cuando se les pedía que lo hicieran. Cuando esto terminaba, tenían la costumbre de marcharse y reunirse de nuevo para comer, pero comida ordinaria e inocente.

El énfasis en la inocuidad del cristianismo es importante aquí y sugiere que estos antiguos cristianos eran muy conscientes de los muchos malentendidos sobre el cristianismo que circulaban por el mundo romano y estaban ansiosos por asegurar al gobernador su inocencia de cualquier delito. El comentario específico sobre la naturaleza "ordinaria e inocente" de la comida que los cristianos compartían como parte de sus reuniones es especialmente significativo, dados los alarmantes rumores que proliferaban —en particular, la idea de la Cena del Señor era especialmente susceptible de ser malinterpretada como canibalismo ritual—. Pero un detalle importante que aún no obtenemos de su informe es el siguiente: si el cristianismo era totalmente inofensivo, ¿por qué abandonaron la fe?

¿Cambio en el aire? Historias de apostasía en la iglesia de Bitinia

Tenemos un indicio de un cambio que llegó a la vida de los cristianos de la provincia con el nuevo gobernador: Plinio señala que algunos cristianos le dijeron que habían dejado de reunirse cuando Plinio prohibió cualquier reunión a gran escala en cumplimiento de la orden de Trajano. La carta de Plinio sobre esta investigación se fecha tradicionalmente en el año 112 de nuestra era, un año después de su llegada a la provincia. Así pues, es de suponer que algunos o incluso la mayoría de los grupos habían dejado de reunirse el año anterior, en algún momento del año 111 de la era cristiana, cuando llegó el nuevo gobernador y promulgó la prohibición de las reuniones impuesta por el emperador. Sospechando que esto no era del todo cierto —y no está claro si Plinio esperaba que los cristianos hicieran más en sus reuniones, o si se preguntaba si realmente habían dejado de reunirse—, Plinio finalmente torturó a dos esclavas que, según se decía, eran diaconisas para obtener información adicional. Para su disgusto o mayor confusión, «no descubrió otra cosa que superstición depravada y excesiva».

Torturar a los esclavos era una costumbre arraigada en el derecho griego y romano. Se suponía que el testimonio obtenido bajo tortura era el más fiable, ya que de lo contrario los esclavos mentirían. Pero ni siquiera este método de último recurso proporcionó a Plinio más información. Es de suponer que lo que Plinio califica de «superstición depravada y excesiva» son los intentos de las diaconisas de revelarle el evangelio, incluso bajo tortura. Al gobernador, empeñado en hacer su trabajo, no le interesaba. En ese momento, con la sensación de que su investigación se estaba estancando, Plinio se puso finalmente en contacto con Trajano para pedirle consejo.

Concluye la carta explicando varias razones más para pedir ayuda. En primer lugar, señala que su investigación reveló que el número de personas vinculadas al cristianismo era bastante elevado, tanto en ese momento como potencialmente en el futuro: «Muchas personas de todas las edades, de todos los rangos y de ambos sexos están y estarán en peligro. Pues el contagio de esta superstición se ha extendido no solo a las ciudades, sino también a las aldeas y granjas». Pero Plinio también expresa su optimismo al respecto de que el crecimiento del cristianismo en la región pudiera revertirse fácilmente en ese momento —y de hecho, esa reversión parecía ya estar ocurriendo—. «Es ciertamente bastante claro que los templos, que habían estado casi desiertos, han empezado a ser frecuentados, que los ritos religiosos establecidos, descuidados durante mucho tiempo, están siendo reanudados, y que de todas partes están llegando animales para sacrificios, para los que hasta ahora se podían encontrar muy pocos compradores».

El párrafo final de Plinio confirma rotundamente que, antes de su llegada a la provincia, la iglesia local crecía sin cesar desde hacía algún tiempo, sin que las autoridades romanas le pusieran ningún problema. Como resultado, los cristianos, según descubrió Plinio en su investigación, eran un grupo extremadamente diverso de hombres y mujeres de todas las edades y rangos sociales, desde esclavos (como revela el comentario sobre las diaconisas) hasta todos los demás rangos (como muestra su comentario sobre la diversidad de posiciones sociales). El comentario de Plinio de que los creyentes no solo se encontraban en las ciudades, sino también en el campo, es una prueba más de la amplitud de la penetración del cristianismo en la provincia.

El cristianismo fue inicialmente una religión que se extendió en las ciudades, empezando, por supuesto, por Jerusalén.[95] Asimismo, el término pagano (*paganus*), que originalmente significaba "habitante del campo", recuerda que los propios romanos eran conscientes de la mayor probabilidad de que la religión tradicional romana persistiera en el ámbito rural más que en las ciudades durante la Antigüedad tardía. Por último, pero no por ello menos importante, una prueba concreta del avance del cristianismo en la provincia es la referencia de Plinio a los templos romanos, que parecían haber sido abandonados durante un tiempo, pero que, en el momento de escribir ese artículo, estaban experimentando un resurgimiento de su actividad.

El punto final de Plinio sobre el resurgimiento del culto en los templos de la provincia y la reactivación del comercio de animales de sacrificio nos permite reconstruir un posible curso de los acontecimientos. En 111 d. C., llegó el nuevo gobernador y, a petición del emperador, prohibió todas las reuniones multitudinarias. Aunque esto no pretendía ser un ataque contra los cristianos, todas las organizaciones a gran escala se vieron afectadas. Las iglesias cristianas ya no podían reunirse en grandes grupos formados por varios hogares ni utilizar espacios públicos para sus reuniones. Es de suponer que algunos de sus miembros simplemente siguieron celebrando el culto juntos, pero en grupos mucho más pequeños y de forma menos pública.[96] Lo más probable es que se tratara de los cristianos que, al ser interrogados por el gobernador, se negaron a renunciar a su fe y optaron por morir en su lugar.

Muchos otros, sin embargo, una vez que se les prohibió reunirse en grandes grupos con otros creyentes, decidieron abandonar el cristianismo y volvieron a la religión romana tradicional. ¿Por qué? Quizá era lo más fácil. El número de estos apóstatas debía de ser muy elevado para que pudieran hacer tanta mella en el negocio local de los sacrificios de animales. En efecto, uno no puede evitar preguntarse: ¿podrían haber sido los proveedores locales de sacrificios quienes enviaran la denuncia anónima al gobernador? Además, estos apóstatas no tuvieron reparos, al

[95] La obra clásica sobre el carácter urbano de la iglesia primitiva sigue siendo Wayne Meeks, *Los primeros cristianos urbanos: El mundo social del apóstol Pablo* (Salamanca: Sígueme, 2012).

[96] No sabemos con certeza dónde se reunían antes los cristianos de Bitinia. Las iglesias en las casas eran comunes, pero, como muestra Edward Adams, no eran la única posibilidad. Véase *The Earliest Christian Meeting Places: Almost Exclusively Houses?* (Londres: Bloomsbury, 2013).

ser interrogados por Plinio, en sacrificar al emperador y a los dioses tradicionales romanos en su presencia y, encima, maldecir a Cristo. Para ellos, seguramente el cristianismo tuvo algún significado durante un tiempo en sus vidas, pero lo abandonaron fácilmente y volvieron a su antigua religión sin remordimientos.

En general, la historia que Plinio presenta en su carta muestra con qué facilidad muchos de los primeros conversos podían caer y volver a la religión romana tradicional. Además, la historia demuestra que no era necesaria una persecución sistemática o en todo el imperio para destripar una iglesia local. Plinio no tenía la última palabra; después de todo, la razón por la que escribió a Trajano era porque quería incluir su opinión en la situación.

El emperador se pronuncia

Una vez que Plinio escribió su carta, emprendió el viaje de casi tres semanas desde Nicomedia a Roma. Después, probablemente esperó entre los montones de correspondencia imperial hasta que el emperador pudo leerla. Finalmente, unos tres o cuatro meses después de escribir su misiva, Plinio recibió la respuesta de Trajano. Fue breve y dulce, y debió de sorprender al diligente gobernador. Trajano felicita a Plinio por investigar los casos individuales de presuntos cristianos, pero lo anima a no emplear su tiempo en tales investigaciones y a no buscar cristianos. Trajano concluye su respuesta con una poderosa advertencia: «Las acusaciones anónimas no deberían tener cabida en ningún proceso. Porque es un precedente peligroso y no está en consonancia con el espíritu de nuestra época».

Trajano no parecía preocupado por los cristianos, aunque (como se ha señalado anteriormente) prohibió las reuniones de grandes grupos en la provincia por temor a que estas se convirtieran en reuniones políticas. Podemos ver este temor en la respuesta de Trajano a otra petición de Plinio: cuando el gobernador pidió permiso para formar brigadas de bomberos voluntarios, Trajano lo prohibió con vehemencia. Pero la mayor preocupación de Trajano en esta carta era el peligroso precedente de las acusaciones anónimas. El comentario de que tales acusaciones «no están en consonancia con el espíritu de nuestra época» es una clara referencia al gobierno del emperador Domiciano (81–96 d. C.), un paranoico absoluto que imaginaba que había un asesino escondido en cada esquina —y tal vez sus sospechas estuvieran justificadas: después de todo, fue asesinado por su propio personal de palacio y no fue llorado por nadie—. El reinado de Domiciano fomentó las denuncias anónimas, que desembocaron en una purga extrema del Senado romano. Decenas de senadores fueron ejecutados por meras sospechas de traición al emperador. El recuerdo del reino del terror de Domiciano, así como su dependencia de las denuncias anónimas, estaba sin duda fresco en las mentes de Trajano y Plinio, ambos senadores en aquella época.

Por desgracia, nuestra historia de la iglesia de Bitinia debe detenerse en el año 112 de nuestra era. No podemos avanzar más en el tiempo, aunque en el presente nos remontaremos a la historia anterior de esta comunidad cristiana. Pero antes de hacerlo, aún podemos aventurar una conjetura razonable sobre lo que sucedió tras la recepción de la respuesta de Trajano. Plinio, que ya había detenido gran parte de las investigaciones sobre los cristianos a la espera del consejo del emperador, se habría negado a ocuparse de nuevas investigaciones de este tipo. Las denuncias habrían cesado una vez que quedó claro que el gobernador ya no se ocupaba de estos casos. Sin embargo, ya se había causado un daño importante a la comunidad cristiana local, que probablemente se sintió sacudida por esta inesperada persecución a manos del nuevo gobernador.

El proceso de reconstrucción a los niveles anteriores podría haber llevado décadas. Pero es importante señalar que el mayor daño a la iglesia local no había venido de las investigaciones de Plinio, sino del edicto que prohibía las grandes reuniones. Así que la mayor oleada de apostasía en la provincia, que llevó a un gran número de personas a abandonar las iglesias y volver a rendir culto en los templos paganos, que habían sido abandonados casi por completo en ese momento, provino simplemente de esta prohibición inicial de las reuniones y no tuvo nada que ver con la investigación posterior de los cristianos.

Mientras seguimos reconstruyendo la historia de la iglesia de Bitinia, retrocederemos en el tiempo y veremos un atisbo de su historia en el Nuevo Testamento. La evidencia del informe de Plinio, que menciona que algunos de los que entrevistó dijeron que habían sido cristianos, pero que habían abandonado la fe hacía veinticinco años, nos lleva a finales de la década del 80 de la era cristiana. Las pruebas del Nuevo Testamento nos indican que los cristianos estaban presentes en Bitinia al menos desde principios del año 60. ¿Cuál era entonces la historia anterior de los cristianos en la provincia? ¿Había sido siempre la apostasía parte de su historia? Habiendo escuchado de un testigo pagano, Plinio, ahora tenemos el lado cristiano de la historia de un testigo importante: Pedro. El relato de este testigo nos permitirá retroceder y rellenar algunas lagunas en la historia anterior de la iglesia bitinia. Estas lagunas, a su vez, resultarán relevantes para nuestra reflexión sobre la apostasía incluso hoy en día.

Volver al principio: Entrevista a Pedro sobre Bitinia

Hemos terminado nuestra entrevista con un gobernador romano. Ahora vamos a entrevistar a un apóstol que escribió sobre la iglesia de Bitinia como parte de Primera de Pedro. "Entrevistar" a Pedro, en este caso, significa buscar la opinión del máximo experto en el tema de la apostasía. Al fin y al cabo, Pedro renunció tres veces a conocer a Jesús la noche de su arresto.[97] Esto lo convierte quizá en uno de los apóstatas cristianos más famosos y tempranos de la historia. Pero su historia también debería darnos esperanza, porque Pedro se convirtió, como Jesús había predicho, en uno de los líderes de la iglesia primitiva y en el autor de dos epístolas canónicas del Nuevo Testamento.

No mucho antes de su propio martirio en la persecución neroniana de Roma, Pedro escribió una carta «a los que viven como extranjeros, esparcidos por el Ponto, Galacia, Capadocia, Asia y Bitinia» (1 Pd 1:1). Pablo había viajado por esta región en el recorrido en el que finalmente no se le permitió continuar ni hacia Asia ni hacia Bitinia, aunque sí visitó varias otras iglesias en la zona (Galacia y Capadocia). Poco más de una década después de la gira de Pablo por la zona, encontramos que está llena de iglesias que están experimentando un conjunto de desafíos lo suficientemente comunes como para que Pedro les envíe una carta de grupo en lugar de epístolas individuales.

El uso del término *esparcidos* (diáspora) en el discurso inicial ha suscitado un debate sobre los destinatarios originales de esta carta: ¿las iglesias a las que Pedro escribió estaban llenas de judíos conversos? Dado que el término *diáspora* se utilizaba originalmente para designar el exilio y la dispersión de los judíos de Israel, es una posibilidad. Dicho esto, el término también podría referirse más ampliamente a un grupo de personas afines que se encuentran dispersas, por lo que puede ser apropiado para dirigirse a un gran grupo de personas de varias provincias. Por supuesto, dado el problema que la iglesia de Galacia ha tenido con los judaizantes, una posible respuesta aquí es una mezcla de las dos posibilidades: probablemente había algunos judíos conversos en las iglesias a las que Pedro escribió, pero no tenemos que suponer que eran la mayoría de la gente en estas iglesias.

El carácter general de esta carta es prueba suficiente de que puede tratarse de un grupo variado de cristianos por su origen, a pesar de compartir las experiencias actuales. ¿Qué llevó a Pedro a escribir a las iglesias y qué consejos les dio? Al igual que con la carta de Plinio, la

---

[97] Mt 26:69-75; Mc 14:66-72; Lc 22:54-62; Jn 18:15-27.

lectura atenta de la epístola de Pedro nos permite ver las historias reales de personas reales bajo el mensaje general. Tradicionalmente, se ha interpretado que Primera de Pedro se refiere al sufrimiento de los cristianos bajo la persecución estatal.[98] Craig Keener lo relaciona específicamente con la persecución neroniana tras el gran incendio de Roma en el año 64 de nuestra era.[99] Sin embargo, como se verá en el análisis que sigue, esta interpretación general del contexto de sufrimiento de los cristianos descrito en esta epístola es incompleta porque ignora la capacidad de la apostasía de inspiración cultural para causar un profundo sufrimiento en las iglesias, antiguas y modernas.

Tras la bendición inicial, Pedro describe las bendiciones de la salvación que se han prometido a sus destinatarios y hace la siguiente afirmación: «En lo cual vosotros os alegráis, aunque ahora por un poco de tiempo, si es necesario, seáis afligidos en diversas tentaciones, para que la prueba de vuestra fe, mucho más preciosa que el oro, el cual perece, aunque se prueba con fuego, se halle que resulta en alabanza, gloria y honra en la revelación de Jesucristo» (1 Pd 1:6, 7).

¿Cuáles son esas "diversas tentaciones" que asolan a los destinatarios originales de la carta en las iglesias de Asia Menor? Es de suponer que los destinatarios originales saben de qué pruebas se trata, por lo que Pedro no siente la necesidad de describirlas, aunque en breve se nos darán pistas más evidentes. En lugar de describir las pruebas de antemano, Pedro asegura a sus oyentes su salvación, si permanecen firmes. Enfatiza el objetivo más que la naturaleza del sufrimiento de estos cristianos, al menos al principio. Este es el primer indicio, aunque no el último, de que a Pedro le preocupa la apostasía.

Pedro dedica gran parte de los dos primeros capítulos a implorar a estos cristianos que resistan a la cultura circundante y se comprometan a vivir santamente. Las instrucciones específicas que Pedro señala incluyen esta exhortación: «Como hijos obedientes, no os amoldéis a los deseos que antes teníais estando en vuestra ignorancia; sino que así como aquel que os llamó es santo, sed también vosotros santos en toda vuestra manera de vivir; pues escrito está: Sed santos, porque yo soy santo» (1 Pd 1:14-16). Pedro les pide también que desechen «toda malicia, todo engaño,

[98] Karen H. Jobes, *1 Peter* (Grand Rapids: Baker Academic, 2005), 42-51.

[99] Craig Keener, *The IVP Bible Background Commentary: New Testament* (Downers Grove, IL: IVP Academic, 2014), 684-85. [En español: *Comentario del contexto cultural de la Biblia. Nuevo Testamento* (El Paso, TX: Editorial Mundo Hispano, 2003)].

hipocresías, envidias, y todas las detracciones» y que «os abstengáis de los deseos carnales que batallan contra el alma» (1 Pd 2:1, 11).

Diferentes aspectos de la vida santa como conceptos contraculturales han sido el centro de atención de los tres capítulos anteriores, pero merece la pena destacarlos aquí también en relación con la apostasía. Obviamente, Pedro no hablaría tanto de la vida santa si no fuera relevante. Su énfasis implica una conexión real: el pecado engendra pecado, por lo que la apostasía suele ir acompañada de otros pecados culturales.

La colocación de argumentos específicos juntos también presenta otra conexión: las pruebas por las que están pasando estos cristianos han presentado una tentación real de desviarse de vivir vidas santas que honran a Cristo. Pedro menciona pecados concretos de los que había sido testigo o había oído hablar en estas iglesias. La lista recuerda a los problemas que Pablo observó en la iglesia de Corinto e incluye la antítesis de algunos de los frutos del Espíritu: malicia, engaño, hipocresía, envidia y calumnia, es decir, deseos desordenados que podrían denominarse pasiones de la mente. Pero, además de estos pecados específicamente nombrados, Pedro también incluye una exhortación contra los «deseos carnales», que presumiblemente implicarían actuar según algunos de los deseos desordenados que había enumerado, como los pecados sexuales, y excesos tales como excederse en la comida y la bebida.

A diferencia de Pablo en 1 Corintios, Pedro no nombra o describe a individuos específicos en las iglesias por pecados particulares. Sin embargo, Pedro no tiene ninguna razón para atribuir erróneamente pecados específicos a estas iglesias si no existieran realmente y no afectaran a estas congregaciones. En una cultura grecorromana cuyos abusos de poder, muchos de ellos sexuales, eran mucho más aceptados que hoy, la advertencia de Pedro era otra exhortación para resistir la cultura tóxica. Al mismo tiempo, sin embargo, los pecados que Pedro menciona son tan extraordinariamente comunes, que su consejo se aplicaría tan claramente hoy como lo hizo a principios de los años 60. Un ejemplo que me viene a la mente es el movimiento #ChurchToo, una consecuencia del movimiento #MeToo, centrado en denunciar el acoso y el abuso sexual en las iglesias y los ministerios paraeclesiásticos.

En esta etapa de la carta, a mitad del segundo capítulo, Pedro cambia de marcha y exhorta a los cristianos a ser súbditos obedientes de todas las autoridades terrenales, mencionando específicamente al emperador, a los gobernadores y a otros funcionarios imperiales, así como a los amos de esclavos (este último mandato, por supuesto, dirigido a los esclavos de las comunidades cristianas). Entrelazado con este mandamiento está el debate sobre el sufrimiento de Jesús: «Pues para esto fuisteis llamados; porque también Cristo padeció por vosotros, dejándoos ejemplo, para que sigáis sus pisadas» (1 Pd 2:21). En este punto llegamos por fin a lo concreto de lo que Pedro había insinuado inicialmente: «Diversas tentaciones» mencionadas al principio de la carta implican el sufrimiento a manos de los diversos niveles del gobierno romano.

Aunque no habrá ninguna persecución oficial de cristianos en todo el imperio antes del gobierno de Decio (emperador entre el 249 y el 251 d. C.), esto no significa que no existieran persecuciones locales significativas. La carta de Plinio nos da una idea del alcance y la forma de tal persecución, y probablemente no sea exagerado imaginar una situación paralela a la que Plinio orquestó en Bitinia, impulsada por las denuncias locales. Podemos imaginar escenarios similares sucediendo a escala local en las provincias a las que Pedro escribe aquí, incluyendo Bitinia.

Pero la persecución a nivel local solo podía producirse si existía apoyo para ella a nivel local, incluyendo informantes deseosos de denunciar a los cristianos ante las autoridades. En tales casos, los pecados de malicia, engaño, hipocresía, envidia y calumnia adquieren de repente un significado añadido y más inquietante. Como hemos señalado antes, la descripción que hace Plinio de las denuncias detalladas de los cristianos, especialmente en la lista anónima de nombres, sugiere la posibilidad de un informante desde dentro del movimiento.

Los cristianos que se alejan, si están guiados por la malicia o la envidia hacia sus antiguos hermanos y hermanas, están preparados para servir como informantes, entregando a los creyentes en manos de las autoridades. Incluso los cristianos que aún no habían apostatado podían dejarse llevar por la envidia para socavar la vida de otros creyentes en la iglesia local y en la comunidad. En este contexto, el sufrimiento de Jesús, que Pedro menciona repetidamente en la segunda mitad de la carta, parece aún más relevante como paralelismo del sufrimiento de otros cristianos, cuyo sufrimiento no solo provenía del maltrato de las autoridades romanas (un agravio esperado), sino también del trato pecaminoso y la traición de sus más allegados dentro de la comunidad cristiana.[100]

Al animar a estrechar los lazos entre los creyentes y los demás miembros de sus comunidades, cristianos y paganos, Pedro se dirige brevemente a los esposos y esposas al principio del capítulo 3 de su carta, antes de volver durante el resto de la carta al tema del sufrimiento por la causa de Cristo. El capítulo 5 se dirige brevemente a los ancianos, líderes de las

[100] 1 Pd 3:13–4:11; 4:12-19.

iglesias locales de Asia Menor, animándolos a dirigir con humildad y el afán apropiado para esta gran responsabilidad.

Pedro insinúa que un liderazgo deficiente por parte de los ancianos —que adopta la forma de las cualidades negativas que menciona Pedro, como el dominio excesivo sobre el rebaño o el abuso de poder para obtener «ganancia deshonesta»— puede ser otra causa de apostasía en la comunidad cristiana. También en este caso abundan los paralelismos modernos. Nos vienen a la mente ejemplos de pastores envueltos en escándalos, ya sea por su propia mala conducta o por encubrir la mala conducta de otros. En el argumento de Pedro subyace la realidad de que los pecados de los que están en el poder pueden expulsar a más gente de las iglesias que la persecución directa.

La carta concluye con una exhortación final a todos los fieles para que se mantengan firmes y seguros en su fe, confiando en Dios en medio del sufrimiento. Resulta frustrante que Pedro concluya la carta de la misma manera que la empezó: sin reconocer nunca por su nombre el tipo de sufrimiento que están experimentando los cristianos a los que se dirige. Pero las pistas que proporciona son poderosas: «Sed sobrios, y velad; porque vuestro adversario el diablo, como león rugiente, anda alrededor buscando a quien devorar; al cual resistid firmes en la fe, sabiendo que los mismos padecimientos se van cumpliendo en vuestros hermanos en todo el mundo» (1 Pd 5:8, 9).

Esta advertencia final es la referencia más abierta de la carta a las fuerzas del mal que atacan a la comunidad cristiana y contra las que el pueblo debe tener cuidado. Pero esta descripción del diablo entre los cristianos no se refiere probablemente a las persecuciones oficiales del Estado, que Pedro habría calificado de amenazas externas. Más bien se refiere a quienes, dentro de la comunidad, tratan de destruirla, ya sea mediante el pecado o mediante el uso de los poderes de Roma para atacar a los creyentes.

Pedro subraya que los tipos de sufrimiento que experimentaban los cristianos de su tiempo eran muchos y variados, pero también deja claro que eran comunes a todos en la iglesia universal. Y las fuentes de sufrimiento que podían tanto llevar a la apostasía de otros como ser causadas por quienes habían caído, incluían el maltrato a otros cristianos por parte de quienes estaban en sus iglesias o solían ser parte de ellas, tanto como las fuerzas de Roma.

Entonces, ¿cómo nos permite esta carta rellenar las lagunas entre la fundación de la iglesia de Bitinia a principios de los años 50 y los años 80 de nuestra era, que es lo más atrás que podían recordar los cristianos entrevistados por Plinio en el año 112 de nuestra era? Podemos hacer todo lo posible para llenar ese vacío. Los años intermedios estuvieron llenos de conversiones, ya que los mercaderes de artículos de lujo y otros comerciantes viajaban por todas las provincias limítrofes de Capadocia, Galacia, Asia y Bitinia-Ponto, compartiendo el evangelio con cualquiera que pudiera escuchar, judíos y gentiles por igual. Pero estos años también estuvieron llenos de desacuerdos a gran escala, traiciones y apostasía en las iglesias locales. Pablo menciona uno de estos casos en 1 y 2 Timoteo, al señalar que un obrero metalúrgico, Alejandro, abandonó su fe después de un período y, en última instancia, causó mucho daño al apóstol y a su ministerio.[101] En sus peores momentos, los cristianos —fuesen actuales o antiguos— usaban la fe como un arma contra otros creyentes, denunciándolos ante cualquier autoridad romana dispuesta a escucharlos. Correspondía a los gobernadores decidir si investigaban y castigaban a los presuntos cristianos. Pero también correspondía a la comunidad local, que incluía a creyentes actuales y antiguos, decidir si querían iniciar las acusaciones.

Es significativo que no podamos separar la iglesia de Bitinia del resto de las iglesias a las que Pedro se dirige en su carta. Leyendo el informe de Plinio sobre los cristianos de Bitinia-Ponto, cabe preguntarse hasta qué punto la experiencia de aquella comunidad cristiana provincial era similar a la de las de otras provincias. Hechos y Primera de Pedro nos dan la respuesta: la experiencia de los bitinios fue mucho más la norma que la excepción, como recuerda Pedro a sus destinatarios, incluidos los bitinios, «sabiendo que los mismos padecimientos se van cumpliendo en vuestros hermanos en todo el mundo» (1 Pd 5:9). La apostasía formó parte del ADN de su comunidad desde sus primeros días y provocó mucho sufrimiento en las iglesias locales, desempeñando un papel incluso en las persecuciones autorizadas por el Estado. Estos contratiempos no hicieron sino proporcionar más revelación y aliento divinos, en forma de textos neotestamentarios como Primera de Pedro. Y en cada etapa, algunos creyentes se alejaron, pero muchos más aún se convirtieron, impresionados por la misericordia de un Dios cuyo sufrimiento les sirvió de modelo.

Aplicaciones y conclusiones: Apostasía en la iglesia de hoy

El relato de la apostasía en la iglesia de Bitinia tiene una sorprendente aplicación para nosotros hoy. ¿Cuántas personas, si asistir a la iglesia de

[101] 1 Timoteo 1:19, 20 y 2 Timoteo 4:14, suponiendo que se refieran al mismo Alejandro. Pero el punto sigue siendo válido si tenemos dos apóstatas con el mismo nombre (algo ciertamente posible).

repente, se convierte en un inconveniente, ya sea como resultado de una mudanza, o el trabajo, o enfermedad, simplemente se alejan sin querer? A raíz de la pandemia del COVID-19, en particular, perder la costumbre de confraternizar con otros cristianos ha hecho que algunos no vuelvan a la iglesia, incluso cuando era relativamente seguro hacerlo. Además, el regreso en masa y por voluntad propia de los antiguos cristianos de Bitinia al culto de los dioses paganos nos recuerda que hemos sido creados para adorar. Específicamente, tenemos un deseo innato de adorar a Dios, pero cuando no lo adoramos, nuestros corazones pecaminosos fácilmente encuentran ídolos como sustitutos. Eso es lo que hicieron algunos de los cristianos de Bitinia, literalmente. El evangelio exige un cambio de vida, pero la atracción de los viejos hábitos e ídolos puede resultar irresistible en las circunstancias adecuadas, por lo general basadas en estructuras culturales.

Leer sobre una causa tan inesperada y casual de apostasía es particularmente condenatorio cuando consideramos el impacto de la pandemia de COVID-19 en las comunidades cristianas. En marzo de 2020, la explosión de las infecciones llevó a la mayoría de los estados de Estados Unidos a imponer restricciones a las reuniones multitudinarias, incluso en las iglesias. La medida provocó una oleada de acciones legales, argumentando que tal prohibición constituía un ataque a la libertad religiosa. Unas pocas iglesias desafiaron las prohibiciones, y algunas de ellas fueron noticia por las razones equivocadas, ya que sus reuniones se convirtieron en acontecimientos de gran repercusión, con la muerte de algunos miembros o pastores. Pero convertir la situación en un ataque a la libertad religiosa o en un ataque a la ciencia pasa por alto el impacto mucho mayor de los inconvenientes cotidianos a la hora de provocar la apostasía en creyentes que, en algunos casos, habían sido previamente miembros dedicados de iglesias durante años. Y este fenómeno, a su vez, nos obliga a considerar fuerzas internas más que externas.

Una fuerza particularmente perniciosa que se hace eco de las preocupaciones de Pedro en Primera de Pedro tiene que ver con la oscura historia de abusos y encubrimientos que saltó a la palestra durante el reciente movimiento #ChurchToo. En el libro *Jesús y John Wayne: Cómo los evangélicos blancos corrompieron una fe y fracturaron una nación*, Kristin Kobes du Mez presenta la espeluznante historia de abusos sexuales y abusos de poder en las iglesias a lo largo del siglo XX. Para du Mez, la culpa es de una cultura masculina tóxica, ejemplificada especialmente por John Wayne. Pero lo que resulta especialmente desgarrador al leer el libro de du Mez son las historias de víctimas que finalmente abandonaron por completo el cristianismo porque todo lo que habían experimentado en sus iglesias era dolor.

La apostasía está a nuestro alrededor, como lo estaba en las primeras iglesias. Como señala Primera de Pedro, no todos los casos de apostasía son culpa exclusiva de los que se apartan. Culpar a la víctima no soluciona el pecado, especialmente en situaciones tan atroces como el abuso conyugal, el abuso infantil o la violación. Pero ¿cómo podrían las iglesias ofrecer atención especialmente a las mujeres en situaciones difíciles? ¿De qué manera la presencia de las mujeres en la iglesia desafía las normas culturales y, por tanto, también al cristianismo cultural? Este es el tema del próximo capítulo.

5
Mártires imprevistos

El desafío de las mujeres al cristianismo cultural en la iglesia del siglo III

En un soleado día de primavera del año 203 d. C., en la ciudad de Cartago, en la provincia romana de África, miles de personas se agolpaban en todos los espacios disponibles del magnífico anfiteatro romano, empujándose unos a otros para conseguir los mejores asientos, esperando con impaciencia el espectáculo patrocinado por el Estado, que era una de las ventajas de vivir en el Imperio romano. Por supuesto, los mejores asientos estaban reservados para los funcionarios locales y la nobleza. En el palco de honor de aquel día se sentaba probablemente el procurador y principal funcionario romano de la provincia en aquel momento, Hilariano. Mirando a su alrededor en el maravilloso recinto, podría haberse imaginado a sí mismo en Roma. Deseosos de llevar su marca de civilización a cada territorio que conquistaban, los romanos construyeron impresionantes termas y teatros en todas las grandes ciudades bajo su control. Cartago, a pesar de su complicada relación con Roma, no fue una excepción.

Cartago, situada en la actual Túnez, tenía una noble historia que, como bien sabían los romanos, era anterior a la suya. Cuando Roma aún era una aldea italiana rezagada y asolada por la malaria, los cartagineses, originalmente una colonia de Tiro en el actual Líbano, ya eran un poderoso imperio por derecho propio. Su preocupación no era tanto la conquista militar como el comercio. Aun así, el deseo de los cartagineses de controlar las rutas comerciales del Mediterráneo acabó por provocarles un amargo conflicto con los advenedizos romanos a partir del siglo III a. C.

Tras una serie de tres guerras púnicas, los romanos destruyeron Cartago en 146 a. C., arrasando la ciudad y vendiendo a sus habitantes como esclavos, una práctica brutal, pero habitual en la guerra antigua. En el siglo XIX, un rumor infundado se abrió paso en muchos libros de historia: que los romanos llegaron tan lejos en su destrucción de Cartago como para arar la tierra con sal. Sin embargo, un erudito moderno que ha examinado críticamente esta tradición concluyó que al menos esta atrocidad rumoreada debe «tomarse con una pizca de sal».[102]

Pero en 203 d. C., todo esto era historia antigua. A mediados del siglo I a. C., Julio César había expresado su interés por reconstruir Cartago, y Augusto llevó a cabo el plan como parte de su gran programa de reconstrucción de todo el imperio. Dado que la ciudad se reconstruyó desde cero como una *bona fide* capital de provincia romana, se dotó de hermosas termas y teatros. Su anfiteatro, en particular, era una maravilla de la arquitectura que siguió fascinando a los visitantes hasta bien entrada la Edad Media, incluso en su estado ruinoso. En su apogeo, tenía capacidad para 30 000 espectadores, más que toda la población de mi ciudad sureña de Carrollton, Georgia. Y así, en este hermoso día de primavera del año 203 d. C., unos 30 000 espectadores esperaban el tipo de entretenimiento más popular: el derramamiento de sangre garantizado.

Aunque los juegos de gladiadores eran inmensamente populares y también figuraban en el programa de aquel día, los gladiadores entrenados eran muy caros, al igual que los animales exóticos con los que luchaban habitualmente. Por ello, los funcionarios romanos que subvencionaban y organizaban los eventos complementaban regularmente los juegos públicos con criminales condenados. Existen indicios de que estos eventos se programaban específicamente como un cambio de ritmo para la hora del almuerzo. En cierto modo, tenía sentido económico utilizar a los criminales de este modo: ya que iban a ser ejecutados de todos modos, ¿por qué no ahorrar algo de dinero y utilizar estas ejecuciones para el entretenimiento del público en general? A veces, para que las ejecuciones fueran aún más divertidas, los romanos las escenificaban como representaciones de muertes mitológicas. En los mitos griegos y romanos abundaban las historias de muertes espantosas, a menudo como resultado de pequeños agravios de los dioses contra los humanos que les habían ofendido. Pero eso no era esencial.[103] Un método más barato y que requería menos planificación consistía en arrojar a los criminales condenados a la arena con bestias salvajes que se esperaba que los destrozaran. Las costosas bestias podían utilizarse para otros enfrentamientos con gladiadores más

[102] R. T. Ridley, "To Be Taken with a Pinch of Salt: The Destruction of Carthage", *Classical Philology* 81 (1986): 140-46.

[103] Kathleen Coleman, "Fatal Charades: Roman Executions Staged as Mythological Enactments", *Journal of Roman Studies* 80 (1990): 44-73.

adelante. Aquel día, sin embargo, los criminales condenados en cuestión no eran los habituales asesinos y salteadores de caminos.

Unos meses antes había comenzado una persecución de cristianos en la provincia. Aunque algunos han teorizado que fue ordenada por el emperador Septimio Severo, parece más probable que fuera obra del procurador y los funcionarios locales de la provincia. En cualquier caso, el proceso era complejo. En primer lugar, se vigilaba a los cristianos sospechosos. Finalmente, eran detenidos y llevados ante el procurador para ser interrogados y juzgados. Se les ofrecía la oportunidad de sacrificar a los dioses paganos, arrepentirse de su locura y conseguir la libertad. Pero los que persistían en confesar su fe cristiana eran condenados a muerte en la arena. Fueron el entretenimiento de la hora del almuerzo de aquel día del año 203 de la era cristiana. Conocemos su historia porque una de ellas, una joven noble y madre lactante, escribió un diario de los acontecimientos y sus visiones mientras esperaba la ejecución en prisión. Tras su muerte, alguien, tal vez un diácono de la iglesia local, conservó su diario, añadió algunas notas a modo de introducción, escribió su propia descripción de la ejecución y publicó el relato junto con una anotación más breve de otro mártir ejecutado ese día. "La pasión de las santas Perpetua y Felicidad" se convirtió en un famoso libro de los primeros cristianos. También tiene el honor de ser el primer relato cristiano escrito (en su mayor parte) por una mujer.[104]

Los espectadores de aquel día disfrutaron de un excelente espectáculo si el éxito se medía por la sangre derramada, como muy probablemente ocurrió. Entre los animales que se ensañaron con los indefensos cristianos había un oso, un leopardo y una vaca salvaje. La horrible matanza en la arena de dos mujeres jóvenes, la noble Perpetua y su esclava Felicidad, hizo reflexionar al endurecido y sanguinario público romano, según señaló el narrador anónimo, que añadió su relato de la ejecución al diario de Perpetua. Felicidad parecía especialmente vulnerable, ya que había dado a luz hacía menos de veinticuatro horas y, por tanto, aún parecía embarazada. Pero una vez pasado el momento, la multitud se olvidó rápidamente y se centró en el entretenimiento que continuó durante el resto del día. Si no hubiera sido por los cristianos, que conservaron el relato de la pasión de Perpetua y lo popularizaron durante el siglo siguiente como

---

[104] Los estudios detallados en libros sobre Perpetua y su historia incluyen Thomas J. Heffernan, *The Passion of Perpetua and Felicity* (Oxford: Oxford University Press, 2012); y Barbara K. Gold, *Perpetua: Athlete of God* (Oxford: Oxford University Press, 2018). Para una introducción accesible al cristianismo norteafricano, con especial atención en Cartago, consulte David L. Eastman, *Early North African Christianity* (Grand Rapids: Baker Academic, 2021).

un presagio de la próxima victoria de Cristo sobre los males del mundo actual, esta ejecución habría sido simplemente un día más en el teatro.

Tanto el contenido del diario de Perpetua como el mero hecho de que exista ejemplifican las diferencias entre los valores culturales del mundo romano y los del cristianismo. Mientras que los héroes culturales del mundo romano siempre habían sido poderosos comandantes militares y emperadores, el cristianismo promovía héroes de la fe con un aspecto muy diferente al ideal romano: débiles, mujeres y, posiblemente, incluso esclavizadas, como era el caso de Felicidad. Puede que los romanos que se oponían al cristianismo por considerarlo el máximo enemigo de Roma no comprendieran las creencias de los cristianos, pero sí acertaron en algo: los valores cristianos eran realmente incompatibles con los suyos. Esto no quiere decir que el martirio de Perpetua no fuera chocante para los primeros cristianos: sin duda lo fue.

La historia de Perpetua y Felicidad nos permite explorar el modo en que la misoginia de la sociedad romana, que veía el valor de la mujer totalmente vinculado a su maternidad, planteaba cuestiones difíciles a las mujeres que se convertían al cristianismo y, en consecuencia, a la iglesia en general.[105] En pocas palabras, la conversión de mujeres de todos los rangos de la sociedad, desde las nobles y libres hasta las esclavizadas, desafiaba a la cultura romana y, por tanto, también planteaba un desafío único al cristianismo cultural. En última instancia, la respuesta de la iglesia consistió en reconocer el lugar único de la mujer en la sociedad romana y en la iglesia, y en estar dispuesta a ir más allá de los confines de la cultura romana tradicional para las mujeres. Al definirse a sí misma como la familia de todos los creyentes, especialmente la familia que cuidaba de las mujeres solteras de todas las edades, la iglesia permitió una opción de vida de soltería para las mujeres que era profundamente contracultural. Con esta opción de vida llegó el reconocimiento de la valía de las mujeres

[105] Para un examen de una cuestión relacionada: los cambiantes estándares de sexualidad del mundo romano al cristianismo, véase Kyle Harper, *From Shame to Sin: The Christian Transformation of Sexual Morality in Late Antiquity* (Cambridge, MA: Harvard University Press, 2013). Para obtener una descripción general de las mujeres romanas en general, consulte Eve D'Ambra, *Roman Women* (Cambridge: Cambridge University Press, 2007); y para una alternativa más legible, Holly Beers, *Anthia de Éfeso. Una semana en la vida de una mujer del siglo I* (Salamanca: Sígueme, 2023). Sobre mujeres en el cristianismo primitivo más específicamente, vea Lynn Cohick, *Women in the World of the Earliest Christians: Illuminating Ancient Ways of Life* (Grand Rapids: Baker Academic, 2009); y Lynn Cohick y Amy Brown Hughes, *Christian Women in the Patristic World: Their Influence, Authority, and Legacy in the Second through Fifth Centuries* (Grand Rapids: Baker Academic, 2017). Finalmente, para conocer una historia fascinante de otros roles que asumieron las primeras mujeres cristianas en sus comunidades, consulte Nicola Denzey Lewis, *The Bone Gatherers: The Lost Worlds of Early Christian Women* (Boston: Beacon, 2007).

como poderosas guerreras de la oración y, en el caso de las mártires, como heroínas de la fe para todos los creyentes.

La vida de las mujeres libres en el mundo romano: Perpetua

Los primeros tiempos de la historia romana están envueltos en mitos y leyendas. Aunque podemos cuestionar la existencia de la loba maternal o de los gemelos fratricidas que amamantó, sabemos que a mediados del siglo V a. C., los romanos aprobaron su primer código legal. Inscrito en doce tablas de bronce, recibió el creativo nombre de las XII Tablas. La Tabla V trataba de la herencia y la tutela y decía lo siguiente sobre las mujeres: «Que las mujeres, incluso adultas quedasen bajo tutela en razón de su [ligereza de espíritu] (...) salvo las vírgenes Vestales que quisieron fueran libres».[106]

La opinión de que las mujeres tenían una «ligereza de espíritu/mente» que las hacía incapaces de gestionar sus propios asuntos estaba profundamente arraigada en las actitudes romanas hacia ellas y persiste en escritos posteriores. En un discurso que pronunció en la corte cuatrocientos años después de las XII Tablas, Cicerón señaló sin rodeos que «nuestros antepasados determinaron que todas las mujeres, debido a la inferioridad de su entendimiento, debían estar bajo la protección de fiduciarios».[107] Así pues, las mujeres romanas debían estar bajo la tutela de un pariente masculino durante toda su vida, primero bajo la tutela de su padre y luego de su marido. Si una mujer enviudaba o se divorciaba, ella (y su dote, que era su propiedad) volvían a estar bajo la tutela de su padre. Si el padre fallecía, un hermano mayor u otro pariente varón debía asumir la responsabilidad.

La tutela tenía implicaciones que iban más allá de la gestión de la propiedad. Como en todas las demás sociedades mediterráneas antiguas, las mujeres romanas no podían ser ciudadanas de pleno derecho. Paradójicamente, la principal importancia de algunas mujeres para la sociedad era que podían dar a luz a ciudadanos. De hecho, esta labor de engendrar hijos se mencionaba expresamente en la definición romana

---

[106] Para el texto completo de las XII Tablas, véase *La ley de las doce tablas*, https://novaromahispania.blogspot.com/2003/10/la-ley-de-las-12-tablas.html. Puse entre corchetes en la traducción la frase «ligereza de espíritu», que aunque a veces se interpola en traducciones de las XII Tablas (como esta), puede haber sido añadida mucho más tarde, de Gayo, *Instituciones* 1.144. Aun así, el concepto de denigrar la capacidad intelectual de las mujeres está bien atestiguado en la República romana, incluso en los comentarios de Cicerón que se citan a continuación.

[107] Cicerón, *Pro Murena* 27, trad. C. D. Younge, para *Perseus Project*, https://www.perseus.tufts.edu/hopper/text?doc=Cic.+Mur.+27&fromdoc=Perseus%3Atext%3A1999.02.0019.

del matrimonio.[108] Al escribir sobre el tema, Cicerón utilizó el intrigante término *coniunctio*, cuyo equivalente griego, *koinonia*, se convirtió en un término clave para la iglesia primitiva y se traduce comúnmente como "compañerismo" en nuestro idioma. Según Cicerón, los hijos facilitan el compañerismo que une al hogar a través del amor que les profesan sus padres desde el nacimiento.[109] La infertilidad, por el contrario, era causa común de divorcio entre los aristócratas.

La importancia de tener hijos se atribuía específicamente a las mujeres nacidas libres y legalmente casadas. El emperador Augusto, preocupado por el descenso de la natalidad en la aristocracia, promulgó una ley que incluía incentivos para que los hombres y mujeres de la aristocracia se casaran y tuvieran hijos legítimos.[110] En concreto, las mujeres nacidas libres que dieran a luz a tres hijos quedaban exentas de la obligación de tutela. Tal vez Augusto pensó que esta era una recompensa adecuada para quienes sobrevivían tres veces a la actividad más peligrosa para las mujeres en el mundo premoderno.[111]

Vibia Perpetua nació alrededor del año 180 d. C. en el seno de una familia noble de la Cartago romana. La mayoría de los habitantes de la ciudad en aquella época descendían de las tribus nativas africanas del sur, pero también podían tener rastros de los cartagineses originales, que descendían de los fenicios. Perpetua, como la mayoría de los habitantes, probablemente no parecía blanca. No está claro si su familia ya poseía la ciudadanía romana. Algunas familias nobles, pero no todas, la tenían. En 212 d. C., el emperador Caracalla extendería la ciudadanía romana

[108] Algunos ejemplos de fuentes que mencionan estos aspectos del matrimonio son Cicerón, *De Officiis* 1.54 y *De Finibus* 5.65, y Aulo Gelio, *Noches áticas* 1.6.2.

[109] Para una historia del matrimonio y la vida familiar de Cicerón, véase Susan Treggiari, *Terentia, Tullia, and Publilia: The Women of Cicero's Family* (Londres: Routledge, 2007).

[110] Para las fuentes jurídicas relacionadas con la legislación matrimonial de Augusto, véase Regia Academica Italica, *Acta Divi Augusti* (Roma, 1945), 166-98. Una breve serie de documentos relacionados con la legislación se recogen en Naphthali Lewis y Meyer Reinhold, eds., *Roman Civilization*, vol. 1, *Selected Readings: The Republic and the Augustan Age* (Nueva York: Columbia University Press, 1990), 604-7. Los mejores estudios modernos sobre el matrimonio y la vida familiar romanos antes de la Antigüedad tardía son Susan Treggiari, *Roman Marriage: Iusti Coniuges from the Time of Cicero to the Time of Ulpian* (Oxford: Clarendon, 1991); y Jane Gardner, *Family and Familia in Roman Law and Life* (Oxford: Clarendon, 1998). Para un estudio de la vida y el matrimonio de una mujer de la aristocracia de la época inmediatamente anterior al ascenso de Augusto al poder, véase Susan Treggiari, *Servilia and Her Family* (Oxford: Oxford University Press, 2019).

[111] Esta iniciativa fracasó, como expliqué en "How (Not) to Drive Up the National Birthrate: A Cautionary Tale from the Roman World, and an Under-Explored Pro-Life Answer", *Anxious Bench* (blog), 3 de noviembre, 2021, https://www.patheos.com/blogs/anxiousbench/2021/11/how-not-to-drive-up-the-national-birthrate-a-cautionary-tale-from-the-roman-world-and-an-under-explored-pro-life-answer/.

a todos los residentes libres del imperio de la época, pero eso sería una década después de la muerte de Perpetua. Independientemente de la ciudadanía de su familia, podemos estar seguros de que su educación fue privilegiada para su época.

Por supuesto, las amenazas para la salud siempre estaban presentes y, aunque la demografía romana es una ciencia complicada, las estimaciones que presentan los diferentes estudiosos, aunque muy variadas, son invariablemente sombrías.[112] Posiblemente, el 50 % de los niños romanos no llegaban a los diez años o (una estimación más optimista) a los quince. Sobrevivir al primer año era un hito importante en el mundo premoderno; algunas estimaciones sugieren que hasta el 35 % de los niños morían en el primer mes, y las más optimistas afirman la misma cifra para el primer año.[113] Pero Perpetua desafió las probabilidades. Nació hacia el final de una gran pandemia que asoló el imperio: la peste antonina, que probablemente fue viruela. Esa pandemia, de hecho, pudo haberse llevado a uno de sus dos hermanos. Una de las visiones que describe en su diario se refiere a su hermano Dinócrates, que murió a los siete años y tenía horribles úlceras en la cara en el momento de su muerte. ¿Podría haber sido viruela?

Como correspondía a una muchacha noble, Perpetua fue educada probablemente en casa. Seguramente, el tejido estaba incluido en el plan de estudios como la habilidad tradicional de las mujeres romanas. De hecho, Augusto, el primer emperador, solía presumir de que su mujer, sus hijas y sus nietas confeccionaban ellas mismas su ropa.[114] Esto no encaja del todo con la imagen de Livia, la reina del veneno, que por lo demás nos ofrecen los historiadores Tácito y Dion Casio, pero es de suponer que Augusto conocía el mejor lado de Livia, o al menos se lo inventó para

---

[112] La bioarqueología ha sido de gran ayuda en este sentido. Véase Alessandra Sperduti, Luca Bondioli, Oliver E. Craig, Tracy Prowse, y Peter Garnsey, "Bones, Teeth, and History" en *The Science of Roman History: Biology, Climate, and the Future of the Past*, ed. Walter Scheidel (Princeton, NJ: Princeton University Press, 2018), 123-73.

[113] Los estudios más significativos sobre el tema se han basado en una combinación de pruebas procedentes de sepulturas y epitafios. Véase Christian Laes, *Children in the Roman Empire: Outsiders Within* (Cambridge: Cambridge University Press, 2011); Maureen Carroll, *Infancy and Earliest Childhood in the Roman World: 'A Fragment of Time'* (Oxford: Oxford University Press, 2018); Jacopo Tabolli, ed., *From Invisible to Visible: New Methods and Data for the Archaeology of Infant and Child Burials in Pre- Roman Italy and Beyond*, Studies in Mediterranean Archaeology 149 (Uppsala: Astrom, 2018); y Kyle Harper, *The Fate of Rome: Climate, Disease, and the End of an Empire* (Princeton, NJ: Princeton University Press, 2017), 72-91 [En español: *El fatal destino de Roma: Cambio climático y enfermedad en el fin de un imperio*. Barcelona: Planeta, 2019].

[114] Suetonio, *Vida de Augusto*, 73.

hacer propaganda.[115] Además de tejer, el bien redactado y reflexivo diario de Perpetua demuestra que recibió una excelente educación retórica. La alfabetización de las mujeres en el mundo antiguo no estaba garantizada, pero una mujer aristocrática habría recibido la mejor educación posible, todo ello con vistas a asegurarse un buen matrimonio.[116]

Al final de su adolescencia, se casó, presumiblemente con otro noble local, y dio a luz a un hijo. Una vez más, sobrevivió a un riesgo para su salud, al igual que su hijo. Iba por buen camino para cumplir con sus obligaciones como matrona romana. Pero entonces descubrió el cristianismo. Cuando inicia su diario, su marido ya no está. Nunca lo menciona. Además, vuelve a vivir en casa de su padre en lugar de en la de su marido. La conclusión más obvia es que su marido se opuso a su conversión y la consideró un escándalo digno de divorcio. Tal vez incluso argumentó a favor de quedarse con su dote en lugar de devolvérsela a su padre, algo poco frecuente que solo podía ocurrir si el divorcio era manifiestamente culpa de la esposa.[117] Pero la historia de Perpetua no es solo la suya. Está íntimamente entrelazada con la de otra joven que no dejó escritos propios.

La vida paralela de una mujer esclavizada: Felicidad

Alrededor de la época del nacimiento de Perpetua, nació otra niña que creció hasta convertirse en una mujer esclava en la casa de la familia de Perpetua en Cartago. Su nombre de esclava era Felicitas (o Felicidad en español). Sabemos mucho menos sobre sus orígenes. Es posible que

[115] Tanto Tácito (*Anales* 1.5) como Dion Casio (55.22.2) acusan a Livia de envenenar a Augusto con higos frescos.

[116] Véase Marguerite Deslauriers, "Women, Education, and Philosophy", en *A Companion to Women in the Ancient World*, ed. Sharon James y Sheila Dillon (Hoboken, NJ: Wiley- Blackwell, 2012), 343-53. Este tema también aparece con fuerza en las biografías de destacadas mujeres romanas de la serie Women in Antiquity [Las mujeres en la Antigüedad] de Oxford University Press. Véase en particular la biografía de Perpetua en esta serie: Barbara Gold, *Perpetua: Athlete of Gold* (Oxford: Oxford University Press, 2018), 103-20. La educación de las mujeres de la aristocracia en todas las partes del Imperio romano y sus territorios vecinos también destaca en Edward Watts, *Hypatia: The Life and Legend of an Ancient Philosopher* (Oxford: Oxford University Press, 2017); Nathaniel Andrade, *Zenobia: Shooting Star of Palmyra* (Oxford: Oxford University Press, 2018); y Duane Roller, *Cleopatra's Daughter and Other Royal Women of the Augustan Era* (Oxford: Oxford University Press, 2018).

[117] Otra posibilidad es que el marido de Perpetua muriera y por eso, por ejemplo, se le permitiera conservar la custodia de su hijo. Sin embargo, creo que, dados los muchos detalles que se ofrecen sobre la vida de Perpetua al principio, su condición de viuda honorable se habría mencionado si este hubiera sido el caso. La llamativa ausencia de cualquier mención a su marido, aparte de señalar que Perpetua había estado una vez honorablemente casada, sugiere que el matrimonio no terminó de una manera que ni Perpetua ni el editor original consideraran apropiado mencionar. Esto da credibilidad a mi teoría de que el matrimonio terminó de un modo que perjudicó a Perpetua, al menos desde el punto de vista romano.

naciera como esclava en Cartago o en cualquier otro lugar del imperio. Puede haber sido una de los muchos miles de cautivos tomados durante las campañas militares de Marco Aurelio a través del Danubio (que concluyeron en 180 d. C.) o en otra guerra, y vendidos como esclavos en el Imperio romano después.

Tomar cautivos y venderlos como esclavos era una práctica común en la guerra antigua, y no solo en el Imperio romano. Si este fue realmente el destino de Felicidad, era bastante joven en el momento de la captura y sufrió la separación forzosa de su familia biológica y de su patria. Cuando llegó a Cartago, se la consideraba exótica: si procedía de las regiones del Danubio, tenía la piel clara y posiblemente el pelo rubio y los ojos azules. Su aspecto la habría marcado como extranjera, pero lo más probable es que la esclavitud en el mundo antiguo no tuviera una base racial.[118]

Su nombre, Felicitas, era usual para las mujeres esclavizadas. El término, que significa "suerte", aparece en las monedas de Antonino Pío, padre adoptivo y predecesor de Marco Aurelio como emperador, en referencia al éxito militar del imperio. El término también se asociaba a la fertilidad, por lo que también aparece en una sugerente inscripción (con un falo para la buena suerte y alejar el mal) en una placa colocada en una panadería de Pompeya: *Hic habitat felicitas* ("La suerte habita aquí"). Por otra parte, uno no puede evitar sentir afinidad con aquellos antiguos panaderos que también pensaban que los productos horneados requerían suerte para alcanzar la perfección.

El nombre de Felicidad, con sus asociaciones de fertilidad, sugiere la posibilidad de que, además de su esperado papel como sirvienta polivalente en la casa, también fuera una esclava reproductora. Sabemos que en algún momento de su vida llegó a la casa de Perpetua y su familia en Cartago. Y sabemos que en algún momento, como Perpetua, también descubrió el cristianismo. ¿Fue ella quien introdujo a Perpetua en la fe, o fue Perpetua quien la introdujo a ella? ¿O fue otra persona quien introdujo a ambas? Sencillamente, no lo sabemos. Sí sabemos que Felicidad estaba embarazada en el momento de su detención y que dio a luz en la cárcel la noche antes de su martirio. ¿Quién fue el padre de este niño? Una vez más, no lo sabemos, pero el padre de Perpetua, como cabeza de familia con poder absoluto sobre todos en su casa, es el candidato más probable.

---

[118] Sin embargo, algunas investigaciones recientes están complicando esta hipótesis tan arraigada en este campo. En particular, véase Sarah Debrew, *Untangling Blackness in Greek Antiquity* (Cambridge: Cambridge University Press, 2022).

Al elegir una muerte martirial, Perpetua y Felicidad interrumpieron la historia de vida que el Imperio romano tenía prevista para ellas. Merece la pena reflexionar: ¿cómo habrían sido sus vidas si no se hubieran convertido? En el caso de Perpetua, probablemente habría seguido casada con su marido o se habría vuelto a casar, y habría tenido más hijos. Cada parto habría conllevado un riesgo de muerte para ella, pero tal vez habría seguido desafiando las probabilidades y sobreviviendo. Dado que en la sociedad romana los hombres solían ser mayores que las mujeres en el momento de contraer matrimonio por primera vez, es probable que enviudara en algún momento de sus treintas o cuarentas. Pero como mujer aristocrática, habría tenido recursos para mantenerse en la vejez. Si hubiera tenido tres hijos, incluso habría disfrutado de ese raro lujo: el derecho a administrar sus propios bienes sin un tutor masculino.[119]

En el caso de Felicidad, de haber vivido, habría continuado en su papel de sirvienta esclava y posiblemente de reproductora, dando a luz a más hijos que habrían heredado su condición de esclava. A diferencia del sur de Estados Unidos, los romanos valoraban mucho a los esclavos nacidos en casa y no solían venderlos. Así que al menos habría podido ver crecer a sus hijos, suponiendo, claro está, que sobrevivieran a la infancia y la niñez. Una vez cumplidos los treinta años, habría podido optar a la manumisión. En el mejor de los casos, y sobre todo si tenía habilidades especiales, podría haber emprendido un negocio propio o haber ayudado a sus antiguos amos de alguna manera. En el peor de los casos, si hubiera sido liberada por haber dejado de ser útil para el hogar, su estatus en la sociedad habría sido similar al de las viudas sin hijos.

El papel de las viudas en todo el mundo antiguo era uniformemente precario, con la posible excepción de las viudas aristocráticas que tenían propiedades para mantenerse. El libro de Rut, en el Antiguo Testamento, gira en torno a los desafíos a los que se enfrentaban estas viudas, que vivían al borde de la inanición y el maltrato. Aunque, en última instancia, Dios proveyó a Rut y Noemí, su historia está repleta de incómodos desengaños que merece la pena tener en cuenta, porque estos desastres podían ocurrirle a cualquier mujer pobre del Imperio romano.

Después de que Noemí enviuda y mueren sus dos hijos casados, reconoce con razón la solución más práctica para sus nueras: pueden volver a casa de sus padres, y estos les arreglarían nuevos matrimonios. Sin

[119] Un gran recurso para los interesados en el panorama general del derecho romano en la Antigüedad tardía, incluidas las cuestiones jurídicas relativas a la mujer y su lugar en la sociedad, es Ralph Mathisen, *Law, Society, and Authority in Late Antiquity* (Oxford: Oxford University Press, 2001).

embargo, Rut se niega a abandonar a Noemí, lo que significa que Rut renuncia a su seguridad por amor al pacto con Noemí. Consideremos cuál habría sido la alternativa si Rut hubiera abandonado a Noemí. Como viuda sin hijos y sin parientes que la cuidaran, lo más probable es que Noemí hubiera muerto de hambre. Sí, la ley mosaica técnicamente proveía para los indigentes, como por ejemplo, extendiendo la oportunidad para aquellos en su situación de recoger el grano sobrante de los campos en la cosecha. Pero esta no era una forma realista de conseguir comida para todo el año. Además, vemos que fue Rut la única que fue a espigar a los campos, lo que sugiere que quizás Noemí era demasiado débil y frágil para hacerlo ella misma.

En el caso de Rut, vemos cómo casi evita el desastre, incluso en su felicidad. Pudo encontrar un nuevo marido, Booz, y todo salió bien para ella y Noemí. Pero ¿y si Booz no hubiera querido casarse con ella? Según la ley judía, como se sugiere en Rut 4:13-17, el hijo de Rut se consideraba hijo de Noemí y no de Booz, ¡así que cualquier vacilación por parte de Booz habría sido comprensible![120] Pero si hubiera prevalecido ese escenario, las circunstancias de Rut y Noemí no habrían hecho más que deteriorarse con el tiempo, ya que Rut solo podría ser considerada como esposa potencial mientras duraran sus años fértiles, que probablemente fueran pocos en este momento. Además, el hecho de que Rut no hubiera tenido hijos en su primer matrimonio se habría interpretado como una prueba de su infertilidad. Después de todo, las sociedades antiguas culpaban a las mujeres y no a los hombres de todos los casos de infertilidad. Una mujer sin hijos que hubiera estado casada antes lo habría tenido especialmente difícil para encontrar un nuevo cónyuge. Esto podría haber sido un impedimento aún mayor para que Rut se volviera a casar que sus escandalosos orígenes moabitas.

Antes de que Booz ofrezca casarse con Rut, nos enteramos de repente de la existencia de un pariente más cercano, que tenía la primera opción para este matrimonio. Cuando se le pregunta, el hombre se niega. El hecho de que nunca hubiéramos oído hablar de este pariente demuestra que sencillamente no se preocupaba por mantener a sus parientes indigentes. Aunque le habría gustado heredar alguna propiedad, no estaba lo suficientemente interesado en ella como para casarse con la mujer vinculada a ella. En un pueblo pequeño, seguramente este pariente sabía que su pariente, Noemí, había regresado a la zona con su nuera viuda.

[120] Véase Carolyn Custis James, *El evangelio de Rut: Una mujer que marcó un hito en su tiempo con la bendición de Dios* (Miami: Editorial Vida, 2013).

Sin embargo, nunca ofreció ayuda ni reconoció su deber como pariente más cercano.

En un mundo en el que las mujeres tenían que depender de un pariente varón que las mantuviera, la existencia de parientes no era garantía de su apoyo. Pero la falta de parientes era una sentencia de muerte. Como la madre viuda y soltera le dijo al profeta Elías en otra ocasión, una vez que ella y su hijo comieran el último grano y aceite que quedaba en su casa, morirían.[121] No exageraba. La práctica ausencia de este tipo de relatos en el Imperio romano no es señal de una mejora en la atención y el cuidado de las mujeres vulnerables. Más bien, este silencio subraya aún más la opinión romana de que las mujeres no tenían ningún valor para el imperio aparte de los hijos que daban a luz. Según este criterio, las mujeres solteras y las viudas sin hijos eran las más inútiles de todas y una amenaza potencial para la sociedad. Apuleyo, escritor romano de finales del siglo II, describe a estas mujeres de manera casi uniforme a lo largo de su novela *Las metamorfosis* (más conocida como *El asno de oro*, título que Agustín le daría más tarde), como brujas peligrosas, capaces de atrapar y dañar a los hombres que caen en sus garras.[122] El desventurado protagonista de la novela de Apuleyo conocía de sobra tales peligros: su novia lo convirtió accidentalmente en burro al untarle el ungüento equivocado en el cuerpo.

Las repetidas referencias al cuidado de las viudas en el Nuevo Testamento, incluyendo específicamente a las viudas sin hijos, nos recuerdan algo que podríamos dar por sentado, ya que vivimos en una sociedad que permite la elección de la soltería. Los cristianos fueron el primer grupo en la historia del mundo que valoró a las mujeres de todas las opciones de vida y circunstancias, ya fueran solteras, casadas con hijos, casadas sin hijos, o viudas. Esta inclusión de todas las mujeres en la iglesia exigía enfrentarse a cuestiones difíciles sobre la naturaleza del pecado incurrido a través de las acciones de otros. En última instancia, las circunstancias únicas de las mujeres, arrastradas como equipaje de la cultura romana y mediterránea antigua, exigían que la iglesia reconociera las formas en que las mujeres empujaban estos límites de la cultura para servirlos bien. Para los cristianos de cultura masculina, la presencia de las mujeres en la iglesia sirvió en última instancia como una llamada a resistir a la cultura romana.

---

[121] 1 Reyes 17:7-16.

[122] Para una traducción de la novela, véase Apuleyo, *El asno de oro* (Barcelona: Gredos, 2023).

El diario de Perpetua

En la época del ministerio de Jesús, el historiador romano Valerio Máximo publicó sus *Hechos y dichos memorables*. Una de las historias más sensacionales que incluye se refiere a un padre pobre, condenado a morir de hambre. Incapaz de quedarse de brazos cruzados, su hija, que era madre lactante, lo cuidó en secreto en sus visitas a la cárcel. Pero finalmente el secreto salió a la luz. Los guardias, sorprendidos de que el hombre siguiera vivo después de un tiempo, espiaron la visita de la hija. Como resultado, la devoción de la hija hacia su padre fue celebrada, y el padre fue liberado. La historia fascinó a los romanos, y en el templo de la *Pietas* (piedad) se expuso un cuadro de esta en un lugar destacado. El mensaje es claro: la mejor hija romana no solo obedecería a su padre, sino que arriesgaría su vida para salvar la de él.

Lo único que Perpetua y la heroína de Valerio Máximo tenían en común era que eran madres lactantes. En contraste con la hija glorificada en la historia de Valerio Máximo, Perpetua nunca habría sido considerada un ejemplo de piedad romana. Su historia, que giraba en torno a la desobediencia a la autoridad de su marido y de su padre, desafiaba las normas romanas de comportamiento femenino. Al mismo tiempo, sin embargo, su historia también ponía en tela de juicio muchos de los valores que se esbozaban para las mujeres en el Nuevo Testamento. Después de todo, la obediencia de los hijos a los padres y la obediencia de las esposas a los maridos se destaca en múltiples ocasiones.[123] Aunque se comprendía la supremacía de la autoridad de Cristo sobre todos, la desobediencia de las mujeres a los parientes masculinos y a los funcionarios del Estado por la causa de Cristo planteaba desafíos únicos para esas mujeres, desafíos que empujaban la definición de pecado. Perpetua parece haber sentido esto agudamente y destacó esos momentos de desobediencia potencialmente pecaminosa en su diario.

Perpetua estructura el relato de su diario en tres episodios distintos, puntuados por tres visiones. En cada uno de los tres episodios, su padre le pide que rechace el cristianismo, y ella se niega. El segundo episodio incluye también la narración de su juicio formal ante el procurador Hilariano, el funcionario romano de mayor rango de la época. En términos aún más enérgicos que su padre, Hilariano pide a Perpetua que rechace su fe, pero ella se niega. Mientras las figuras de autoridad masculinas la

[123] Los mandamientos para que los hijos obedezcan a sus padres incluyen Ef 6:1-3 y Col 3:20. Los mandamientos para que las esposas obedezcan a sus maridos incluyen Ef 5:22-24; Col 3:18, 19 y 1 Co 11:3.

amenazan repetidamente y le ordenan que rechace el cristianismo, sus visiones confirman a Perpetua que, aunque ha elegido un camino difícil, es el correcto.

Siguiendo el consejo de su hermano, Perpetua pide su primera visión a Dios para saber si será liberada de la cárcel o martirizada por su fe. En la primera visión, Saturio, que finalmente será martirizado junto con ella, asciende por delante de ella en una escalera y llegan a un jardín. Los recibe un pastor vestido de blanco y rodeado de una gran multitud. El pastor saluda calurosamente a Perpetua y le da un refrescante requesón de leche de oveja. Ella interpreta correctamente esta visión en el sentido de que será martirizada.

Tanto la visión como su contexto son espectaculares en varios sentidos. Sorprendentemente, el hermano de Perpetua y la propia Perpetua reconocen su poder en esta situación: pide una visión y se la conceden. Saturio, sin embargo, la protege lo mejor que puede, incluso durante la visión, cuando se adelanta a ella para subir a lo que parece una peligrosa escalera. Además, la perspectiva del cielo en su visión muestra la familia definitiva de los creyentes con Cristo, que se describió a sí mismo como el buen pastor y fue comúnmente representado como un buen pastor llevando un cordero en el arte cristiano primitivo. El consuelo que Perpetua obtiene de esta visión proviene de la certeza que tiene de su identidad y de la comunidad en la que será aceptada tras el martirio.

El hermano de Perpetua, Dinócrates, es el tema de su segunda visión, que tiene lugar después de su juicio y condena. Dinócrates murió a los siete años y en el momento de su muerte tenía horribles úlceras en la cara, posiblemente de viruela. En la primera mitad de la visión de Perpetua, sufre en la miseria en un lugar oscuro, tiene calor y sed, y parece tan deforme como cuando murió. La sed lo atormenta especialmente. Aunque a su lado hay una fuente con agua, no puede alcanzarla. Después de que Perpetua ora por su salvación, vuelve a ver a Dinócrates, pero ahora curado, vestido con ropas limpias y capaz de acceder libremente a una fuente con agua. El significado de la visión es claro: gracias a la intercesión de Perpetua, Dinócrates se ha salvado.

En su última visión, Pomponio, uno de los dos diáconos que la han estado atendiendo en la cárcel, la conduce a un anfiteatro, donde se transforma milagrosamente en un hombre y lucha contra un egipcio en una competición de gladiadores. Perpetua gana el combate gracias a su habilidad para volar y luchar contra el egipcio desde el aire. Recibe el aplauso del público y una corona de vencedora. Esta última visión le asegura la victoria espiritual que alcanzará, mientras que la corona de vencedora presagia su martirio. En ese momento, concluye su diario señalando que es la noche anterior a su ejecución y que ahora le corresponde a otra persona escribir el relato del acontecimiento en sí.

El diario de Perpetua plantea una serie de preguntas desafiantes e incómodas tanto para ella como para la iglesia. En el nivel más obvio, su repetida desobediencia a su padre y a las autoridades estatales desafiaba tanto la ley romana como varios mandatos del Nuevo Testamento. En total, Perpetua ha desobedecido a tres hombres diferentes con autoridad sobre ella: su marido (que, si mi teoría es correcta, se divorció posteriormente de ella), su padre (que apeló a ella una y otra vez) y los representantes del Estado romano. Dado que los hombres no estaban sujetos a la autoridad de sus padres en la edad adulta en la misma medida que las mujeres, un converso varón en su posición solo habría sido culpable de desobediencia al Estado romano. Técnicamente, la *patria potestas*, la autoridad absoluta del padre sobre sus hijos, se extendía también sobre sus hijos hasta su muerte. Dicho esto, la presión que habrían sentido los hombres adultos era más bien cultural, mientras que la vida entera de las mujeres transcurría bajo el control exhaustivo de los tutores masculinos. Además, las mujeres romanas solían ser adolescentes en el momento de contraer matrimonio, mientras que los hombres se casaban más cerca de la treintena. Esto significaba que los hombres se liberaban de la autoridad paterna antes o poco después del matrimonio.

Pero los indicios de posible pecado en el diario de Perpetua van más allá. El editor anónimo estaba claramente preocupado de que su falta de discusión sobre su marido pudiera llevar a suposiciones de inmoralidad sexual por parte de los lectores. La introducción del anónimo editor al diario señala al principio que Perpetua se había casado legalmente. La propia Perpetua nunca menciona a este marido, que probablemente se había divorciado de ella. La preocupación implícita del editor es que una mujer que desobedece tan fácilmente a todas las figuras de autoridad en materia de su fe podría ser juzgada duramente por los lectores y asumir que ha desobedecido en otras áreas de su vida. El editor intenta prever las preocupaciones que los lectores habrían aportado al documento e intenta retratar a Perpetua de la forma más positiva posible. Pero los comentarios del editor no hacen más que poner de relieve la dificultad de la tarea.

La incómoda cuestión de la renuncia de Perpetua a sus responsabilidades como madre se cierne sobre toda la narrativa a los ojos de los lectores romanos (y debemos recordar que los cristianos también eran romanos). Al elegir morir en el martirio, deja a su hijo para que lo críen sus padres. La conducta de Felicidad es aún más chocante: según el comentario del redactor anónimo, al final del documento, oró antes de la ejecución para dar a luz a tiempo. Las mujeres embarazadas no podían ser ejecutadas, y ella no quería retrasar la ejecución. Al dar a luz en la víspera de los juegos, sintió que sus plegarias eran concedidas. Pero esto solo habría asombrado más a los lectores: ¿qué clase de madre entrega a su hijo menos de veinticuatro horas después de nacer para morir por su fe? En el fondo se plantea la pregunta: ¿es este tipo de martirio un verdadero heroísmo, o son ejemplos de comportamientos que la iglesia debe condenar, como habrían hecho los paganos?[124]

La visión final de Perpetua sugiere que las decisiones que tomaron Perpetua y Felicidad no se consideraban naturales para las mujeres en el mundo romano: en esa visión, se convirtió en un hombre y luchó contra otro gladiador en la arena. Sus acciones y elecciones, como ella misma sabía, habrían sido naturales para los hombres, aunque deshonrosas: ningún romano respetable habría luchado en la arena. La inmensa mayoría de los relatos de martirio anteriores a Perpetua contaban el martirio de hombres. Parece que incluso la propia Perpetua se dio cuenta de que su identidad como mujer, por tanto, afectaba a la narrativa esperada. ¿Por qué escribió este diario y qué consiguió con ello?[125]

Solo podemos adivinar los motivos de Perpetua, pero parece que realmente quería que su historia sobreviviera con sus propias palabras. Las pocas narrativas sobre mujeres mártires anteriores, de las que Tecla puede haber sido la más famosa, no fueron escritas por las propias mártires. Por lo general, presentaban a las santas de forma unidimensional. Los apócrifos *Hechos de Pablo y Tecla*, además, pertenecían al género de la novela y romantizaban enormemente a sus protagonistas.

A la luz de la tergiversación y la ficcionalización de anteriores mujeres mártires, la motivación de Perpetua para escribir su propio relato puede haber sido simplemente contar su propia historia, aunque seguramente era consciente de lo chocante que sería su actuación al escribirlo. Como mujer romana culta, sabía que las mujeres rara vez escribían obras para su difusión pública. En los pocos casos en que lo hicieron, no escribieron algo como lo que ella escribió. Solo conocemos a unas pocas autoras de la antigua Roma, en comparación con el número de autores masculinos, y

[124] Para un análisis de estas complejas cuestiones y del modo en que los distintos relatos del martirio intentaron responder a ellas, véase Candida Moss, *Ancient Christian Martyrdom: Diverse Practices, Theologies, and Traditions* (New Haven, CT: Yale University Press, 2012).

[125] Para una consideración de la cuestión más amplia de la autoría en el cristianismo primitivo, véase Derek Krueger, *Writing and Holiness: The Practice of Authorship in the Early Christian East* (Filadelfia: University of Pennsylvania Press, 2004).

la mayoría de ellas escribían poesía.[126] Además, solo la obra de una autora romana anterior a Perpetua sobrevive en un estado razonablemente completo: las seis breves elegías de amor de Sulpicia, que escribió en el siglo I de nuestra era. Pero algunos estudiosos se preguntan si Sulpicia existió alguna vez, ya que su poesía se conservó como parte de la colección de otro poeta, Tibulo. Su poesía es bastante explícita para una joven romana, lo que plantea aún más interrogantes.

Perpetua debía saber que su relato sería polémico e innovador por muchas razones, entre ellas el hecho de que lo escribiera ella misma. Pero su deseo de preservar la verdad pudo más que el miedo a romper la tradición. Para ver lo que logró su historia debemos pasar ahora de los propios pensamientos y palabras de Perpetua a las reuniones de los líderes de la iglesia local en Cartago, poco después de su ejecución.

La iglesia responde

Solo un pequeño pergamino, arrugado y enrollado torpemente. Tal vez metido en la túnica de un visitante para sacarlo de contrabando de la prisión. Habría sido fácil que este diario desapareciera. Dado que Perpetua lo escribió en prisión, la supervivencia inicial del diario dependió enteramente de los dos diáconos, Tercio y Pomponio. Ellos (como ella nos cuenta) la visitaban regularmente y cuidaban de ella en un momento en que su familia y amigos la habían abandonado. Es de suponer que estos diáconos le llevaron el material de escritura por petición suya. Cuando terminó el diario la noche anterior a su muerte, probablemente se lo confió a ellos, lo que dejó la decisión en sus manos: ¿qué hacer con este insólito documento?

La respuesta a esta pregunta no dependía únicamente de los diáconos. Después de que Perpetua entregara el diario a Tercio y Pomponio, es probable que lo hicieran circular entre los ancianos de la iglesia local y discutieran juntos la mejor forma de proceder. Su decisión de publicar el documento es sorprendente. Refleja el interés por hacer circular, estudiar y discutir textos escritos en común, que ha sido una característica clave del cristianismo desde el principio.[127]

---

[126] Para una lista autorizada de autoras de la Antigüedad, véase Joel Christensen, "An Impressive List of Female Authors from Antiquity", 1 de agosto, 2016, https://sententiaeantiquae.com/2016/08/01/an-impressive-list-of-female-authors-from-antiquity/.

[127] Sobre este auge de la cultura de la alfabetización, que formaba parte integral del cristianismo, véase Anthony Grafton y Megan Williams, *Christianity and the Transformation of the Book: Origen, Eusebius, and the Library of Caesarea* (Cambridge, MA: Belknap, 2006); Richard Bauckham, *The Gospels for All Christians: Rethinking the Gospel Audiences* (Grand Rapids: Eerdmans, 1997); y

El editor cristiano anónimo, que añadió la descripción del martirio al diario antes de su publicación, señaló lo incómoda que resultó la propia ejecución para el público romano. Parece probable que hable en su propio nombre y en el de la comunidad cristiana local. Y si la brutal ejecución de dos mujeres jóvenes incomodó al público, es probable que esa incomodidad no fuera nada comparada con la que experimentaron los líderes de la iglesia local, probablemente todos ellos hombres, cuando leyeron por primera vez el diario de Perpetua. ¿Cómo interpretó la iglesia local el relato de Perpetua y cómo reaccionó ante él? Por último, ¿qué podemos deducir de estas reacciones acerca de la visión que tenía la comunidad cristiana de las mujeres como santas y pecadoras?

Ya sabemos que dos diáconos habían sido asignados para atender a Perpetua en la cárcel, y la conocían bien. Solo tiene cosas positivas que decir sobre el apoyo que le prestaron. Cuando decidieron llevar su diario a los dirigentes de la iglesia local, debieron de estar preparados para defender su importancia. Esto significaba, en particular, convencer al líder intelectual más importante de la comunidad cristiana de la época, conocido por pronunciarse en contra de otros documentos sobre mujeres mártires.

Uno de los líderes de la iglesia local, y posiblemente un anciano en ese momento, era un famoso apologista local y uno de los escritores más prolíficos para la iglesia no solo de su época, sino de toda la antigüedad: Tertuliano. Tertuliano era notoriamente irritable y obstinado, y tenía opiniones muy particulares sobre el comportamiento de las mujeres, especialmente en la iglesia. En esa época publicó una apasionada denuncia de los *Hechos de Pablo y Tecla*, en la que acusaba a esta última de contradecir las enseñanzas bíblicas sobre el papel de la mujer en la iglesia. Para ser justos, muchas historias de la novela, como el relato del bautismo de Tecla en una fosa de leones marinos en la arena, eran extrañas desde cualquier punto de vista, antiguo o moderno, y probablemente no eran representativas de lo que nadie, hombre o mujer, podría recrear jamás. Sin embargo, Tertuliano se oponía a algo más que al autobautismo de Tecla. Se oponía mucho más a su predicación y enseñanza públicas.

Pero si Tercio y Pomponio estaban preocupados por la reacción de Tertuliano, pronto se tranquilizaron. El diario de Perpetua debió pasar la prueba de ortodoxia de Tertuliano, ya que fue aprobado para su publicación. Una vez que Tertuliano y otros líderes de la iglesia local lo

---

David Smith, *The Epistles for All Christians: Epistolary Literature, Circulation, and the Gospels for All Christians* (Leiden: Brill, 2020).

aprobaron, tuvieron que discutir la logística de preparar el documento para su publicación.

La versión del documento que conocemos sugiere que rechazaron la opción de publicar el diario "tal cual" y decidieron que necesitaba tres añadidos concretos antes de su publicación. En primer lugar, había que añadir al documento algunas notas a modo de prefacio. En segundo lugar, había que incluir, a modo de conclusión, un relato del martirio real de Perpetua. Y en tercer lugar, alguien del grupo de líderes presumiblemente, propuso que fuera apropiado incluir un breve diario de visiones de otro individuo que fue martirizado con Perpetua, Saturio. Había al menos dos argumentos probables a favor de incluir el relato de Saturio en la publicación. En primer lugar, fue martirizado al mismo tiempo que Perpetua, por lo que su relato encajaba con el de ella. En segundo lugar, tal vez algunos de los dirigentes de la iglesia consideraron que la publicación de un polémico diario escrito por una mujer parecería algo menos controvertida si se incluía también el relato de Saturio.

Había que tomar una decisión definitiva: ¿quién asumiría la tarea de editar el diario de Perpetua y prepararlo para su publicación según las especificaciones acordadas? Sin duda, Tertuliano, como principal escritor cristiano local, tenía derecho preferente para la tarea. Sabemos que la admiraba por una breve referencia que hace a Perpetua en su tratado *Acerca del alma* como «mártir valerosísima».[128] Es posible que aceptara la tarea de editar su diario, aunque me parece poco probable por una sencilla razón: alguien como Tertuliano, que siempre firmaba con su nombre sus escritos, seguramente habría hecho constar que él era el editor del documento, sobre todo porque la tarea implicaba escribir una introducción y la descripción del propio martirio al final. Parece más probable que Tertuliano rechazara esta oportunidad, y que otra persona, tal vez uno de los dos diáconos que conocían bien a Perpetua, asumiera la responsabilidad de editar su diario como un último acto de cariño hacia ella.

Así se publicó el diario de Perpetua. Pero la historia no termina ahí. Durante el siguiente medio siglo, en Cartago se publicaron múltiples tratados sobre la vestimenta y el comportamiento de las mujeres. Mientras que los eruditos modernos se han apresurado a atribuir estos textos a la misoginia de individuos como Tertuliano, yo sostengo que muestran, más bien, el deseo de la iglesia de reconocer las luchas singulares de las

---

[128] Tertuliano, *Acerca del alma*, 55. Véase, Tertuliano, *Acerca del alma* (Madrid: Ediciones Akal, 2001).

mujeres en la sociedad romana y, como resultado, dentro de la iglesia.[129] En este sentido, no es exagerado considerar estos textos como la respuesta de la iglesia a Perpetua, y esta respuesta es realmente alentadora, ya que muestra la aceptación por parte de la iglesia de la llamada a adoptar expectativas contraculturales para las mujeres.

A lo largo de su carrera, Tertuliano publicó dos tratados sobre la vestimenta femenina: *Sobre el velo de las vírgenes* y *Sobre la vestimenta de las mujeres*. Además, escribió un tratado relacionado: *Sobre la modestia*. También escribió dos libros sobre asuntos relacionados con el matrimonio, en los que también aborda cuestiones femeninas: *Sobre la monogamia* y *A su esposa*. Su mayor admirador y sucesor intelectual, Cipriano, que fue obispo de Cartago entre 248/9 y 258 d. C., escribió un tratado *Sobre la vestimenta de las vírgenes*. Este cuerpo de literatura, nuevo en la iglesia, tenía como objetivo abordar los tipos de desafíos que eran exclusivos de las mujeres en la sociedad romana y que se trasladaron a la iglesia.

Aunque es fácil extraer fragmentos de los tratados de Tertuliano y Cipriano como parte de los argumentos a favor de su misoginia, este corpus de obras, en su conjunto, muestra de forma coherente un lenguaje de provisión y cuidado. Estas obras reflejan a la iglesia autoproclamándose madre de las mujeres conversas, ya fueran jóvenes o mayores, casadas o solteras, sustituyendo la tradicional tutela romana por la paternidad de la iglesia. Y así, estos tratados reconocen el mayor desafío de Perpetua y Felicidad: las mujeres del mundo romano no tenían derecho sobre sus propios cuerpos, y mucho menos sobre decisiones importantes de su vida. La ropa, en particular, servía para marcar la clase social de las mujeres de un modo que se reflejaba en sus familias. El pecado de desobediencia a sus tutores romanos y a las autoridades gubernamentales, del que las mujeres conversas eran culpables por defecto, se borraría o al menos se mitigaría mediante la intercesión de la iglesia como su nueva familia. La ropa era simplemente el nivel superficial en el que se manifestaba este cuidado.

Al denunciar la ostentosa indumentaria romana, Tertuliano y Cipriano proporcionaron a las mujeres conversas la libertad de apartarse de las expectativas romanas sobre ellas, que incluían estrictas normas que regulaban la apariencia, el requisito de casarse y tener hijos, y la obligación de adorar a los dioses romanos.[130] En lugar de limitar el cuerpo de

[129] Para un examen de estos textos y de la indumentaria femenina en el contexto de la cultura romana y cristiana, véase Kristi Upson-Saia, *Early Christian Dress: Gender, Virtue, and Authority* (Londres: Routledge, 2011).

[130] Nadya Williams, "Wild Girls in the Carthaginian Church? Cyprian's De Habitu Virginum", *Vigiliae Christianae* (12 de mayo, 2022): 1-20.

las mujeres, Tertuliano y Cipriano pretendían facilitar la creación de una nueva categoría: las vírgenes sagradas, mujeres conversas que decidían no casarse y dedicar su vida a servir a la iglesia mediante la oración. El reconocimiento de la soltería como una opción viable para las mujeres creyentes permitió a la iglesia valorar a las mujeres por algo más que su mera maternidad. Además, las normas uniformes de vestimenta ayudaron a borrar las categorías sociales, fomentando la igualdad de los creyentes en la iglesia, tal como vemos en el modelo de Perpetua y Felicidad, una noble y su esclava, que fueron martirizadas juntas como iguales. La aplicación de las mismas normas se tradujo también en la definición de pecado y pecador de la misma manera para hombres y mujeres: ninguna acción debería ser pecado para las mujeres, pero no para los hombres. Estas normas impregnan las expectativas de Cipriano sobre el comportamiento de los cristianos durante la persecución.

Sin embargo, queda una sombra del antiguo malestar en relación con Perpetua y la autoría de su propia historia. Lo vemos en una marcada ausencia: la ausencia de cualquier mención de Perpetua por parte de Cipriano, que nació justo en la época de su martirio, y cuya familia probablemente conocía a la de Perpetua. ¿Por qué Cipriano, un obispo bien considerado que se preocupaba mucho por las mujeres en la iglesia, nunca menciona a Perpetua? Parece que mencionar su ejemplo habría sido especialmente oportuno, ya que estaba aconsejando a su rebaño sobre las persecuciones. No podemos saberlo con certeza, pero una posible explicación es su actitud ambivalente hacia el martirio en general. Mientras que Perpetua solo veía dos opciones en su situación —abandonar la iglesia o convertirse en mártir—, Cipriano veía una tercera opción. Tal vez, habría dicho, debería haber escapado, esconderse y vivir tranquila y feliz con su hijo. Pero ¿dónde está el heroísmo en eso?

Es una broma entre los historiadores de la Antigüedad que el estudio de cualquier tema sobre el mundo antiguo debería empezar por Homero. Y la historia de Perpetua nos trae a la memoria al Aquiles de Homero. Este héroe del ejército griego que asedió Troya, el «mejor de los aqueos», recibió de los dioses la famosa elección. Podía vivir una larga vida en paz y oscuridad, o luchar en la guerra de Troya y morir joven, alcanzando la gloria inmortal. Perpetua, la escritora de su propio viaje al martirio, probablemente habría apreciado esta comparación.

Conclusión

La historia de Perpetua y su diario nos permite reconstruir algunos de los debates que tuvieron lugar en un centro cristiano de la Antigüedad tardía en el siglo III, cuando la iglesia primitiva trataba de servir más eficazmente a las mujeres de todos los rangos sociales y situaciones vitales. Si Rut y Noemí hubieran sido mujeres cristianas en la Cartago del siglo III, quizá sus vidas habrían sido mucho menos precarias y no habrían dependido de un nuevo matrimonio. Para nuestra sensibilidad del siglo XXI, este relato puede parecer anticlimático, pero debemos recordar lo contracultural y revolucionaria que fue la respuesta de la iglesia para su época.

Sin embargo, muchos de los desafíos a los que tuvieron que enfrentarse las mujeres de la iglesia en el siglo III d. C. han demostrado ser sorprendentemente persistentes y dan fe del desafío que supone resistirse al aspecto de género del cristianismo cultural. A la iglesia actual le sigue resultando especialmente difícil atender a las mujeres solteras de todas las edades, aunque por motivos distintos a los del Imperio romano. Dado que el número de mujeres cristianas solteras supera con creces al de hombres cristianos solteros, no todas las mujeres solteras de la iglesia actual han elegido su soltería. Además, hay otra categoría de mujeres solteras en la iglesia de hoy que no existía en el Nuevo Testamento, pero que necesita una comunidad solidaria: las madres solteras, divorciadas o que nunca se han casado. Esta última categoría, en particular, son las modernas Rut y Noemí, mujeres consideradas escandalosas y que estadísticamente tienen más probabilidades de vivir en la pobreza. Sin embargo, lo que no ha cambiado es el llamado de la iglesia a atender a todos los creyentes. Este ministerio implica ver el valor de cada creyente a través de los ojos de Dios y no de los nuestros. Después de todo, Perpetua y Felicidad no parecían a primera vista las habituales y esperadas heroínas de la fe.

Al mismo tiempo, la historia de Perpetua y Felicidad nos desafía hoy a considerar las injusticias sistémicas no solo de género, sino también de raza en nuestra sociedad y en la iglesia. El martirio de Perpetua y Felicidad, una noble mujer libre y su compañera mártir esclavizada, pone de relieve el papel revolucionario del cristianismo primitivo como gran igualador en un mundo estrictamente jerárquico. Lo vemos no solo en las interacciones de estas mujeres entre sí, sino también en el trato que reciben de las autoridades romanas. En última instancia, el estatus social y la identidad racial de Perpetua y Felicidad no importaban a los ojos del procurador romano que decidía su destino, pero su fe sí.

En nuestra sociedad actual, tanto en las iglesias como en el mundo circundante, siguen existiendo disparidades raciales entre las mujeres en todos los ámbitos de la vida. Las mujeres de color tienen más probabilidades que las blancas de dar a luz a bebés prematuros, de morir en el parto y de vivir en la pobreza. Sin embargo, a menudo son los cristianos conservadores los que se oponen a los programas sociales del gobierno que podrían proporcionar a estas mujeres una mejor atención sanitaria u otros modos de asistencia. La historia de Perpetua debería seguir incomodándonos profundamente porque sus preguntas siguen exigiéndonos respuestas y, de paso, señalan nuestra complicidad en los pecados estructurales y culturales de nuestra época.

Otra conexión sorprendente con los debates sobre las mujeres en la iglesia primitiva son las conversaciones modernas en los círculos cristianos sobre la vestimenta y la modestia de las mujeres. Estas conversaciones son bastante diferentes de cómo eran en el siglo III. En lugar de centrarse en cómo la ropa proporciona a las mujeres una manera de distanciarse de la dominación del mundo y la cultura sobre sus cuerpos y almas, la conversación de hoy es más probable que se centre en las formas en que la vestimenta de las mujeres hace que los hombres pequen. Hay una cierta ironía en este discurso moderno que presenta a las mujeres como cómplices de los pecados de los demás, en lugar de considerarlas, como hacían los Padres de la Iglesia, como iguales espirituales de los hombres y, por tanto, miembros dignos de las iglesias locales.

Además, los tratados y sermones sobre la vestimenta femenina, del tipo que Tertuliano y Cipriano produjeron, parecen directamente relevantes hoy en día, ya que en los círculos evangélicos circulan críticas periódicas a la vestimenta femenina como inmodesta. En la primavera de 2022, por ejemplo, el *leggins* circuló por las redes sociales. Esto fue el resultado de un pódcast de Owen Strachan, pastor y profesor de teología, que criticó los *leggins* como el tipo de ropa inmodesta diseñada para llevar a los hombres por mal camino. Tales declaraciones forman parte de un patrón de larga data en el transcurso de los siglos XX y XXI que ha hecho recaer la responsabilidad de los pecados sexuales de los hombres en las mujeres de una manera que es obviamente antibíblica y peligrosa.

Uno de los peligros de este tipo de enseñanza puede verse tras la publicación del informe de la Convención Bautista del Sur sobre abusos sexuales en las iglesias: culpar a las mujeres de los pecados cometidos contra ellas no solo había formado parte de las estrategias de encubrimiento, sino que también había sido una forma de evitar prestar una atención pastoral esencial a las mujeres que más la necesitaban. Por el contrario, la enseñanza de los primeros Padres de la Iglesia, centrada en el cuidado, de que las mujeres deben elegir su atuendo con vistas a glorificar a Dios y asegurarse de que Dios puede reconocerlas en él, es tan humillante y liberadora de escuchar ahora como probablemente lo fue para los primeros conversos en el siglo III.

La historia de Perpetua y su diario muestra en acción el modelo contracultural de la iglesia primitiva de atención a las mujeres a través de la familia de Dios. Sin embargo, esto es solo una parte del contexto más amplio de la misión de la iglesia de cuidar no solo de sus miembros, sino también de los que viven en las mismas comunidades, adoptando una ética contracultural de amor y provisión. Resulta que Cipriano, que había escrito uno de los textos sobre la vestimenta de las mujeres y, por tanto, sobre su lugar como miembros de la iglesia, había pasado su ministerio pensando y escribiendo sobre cómo atender las diversas necesidades de cristianos y paganos por igual. Y reflexionar sobre este tema le brindó muchas oportunidades de observar comportamientos culturales y contraculturales entre su rebaño. A continuación nos ocuparemos de sus opiniones sobre el pecado cultural de idolatrar el cuidado de uno mismo.

6
Cuando compartir y cuidar desaparecen

El problema del cuidado propio en la era de la crisis

En algún momento de la década de 250 d. C., en Tebas, Egipto (actual ciudad de Luxor), varias personas fueron enterradas de una forma inusual en el complejo funerario de Harua. Quemados *en masse*, los cuerpos fueron cubiertos apresuradamente con cal y enterrados en una fosa. La tumba, que hasta entonces había estado en uso ininterrumpido desde el siglo VII a. C., nunca volvió a utilizarse. ¿Qué podría explicar esta inusual sepultura y el posterior desuso de la tumba? La pista está en el uso de la cal, el mejor desinfectante de la Antigüedad. Los responsables de la sepultura temían por sus vidas, y lo que temían era una plaga espantosa, cuyas víctimas eran las últimas en ser enterradas en la tumba.[131] Pero la llegada de esta plaga debió de parecer un golpe más en una serie de muchos problemas para los desafortunados residentes.

El siglo III fue una época de agitación sin precedentes en el Imperio romano. Entre el asesinato del emperador Alejandro Severo en 235 d. C. y la consolidación del poder por Diocleciano en 284 d. C., el imperio tuvo al menos veintiséis emperadores oficialmente reconocidos. La mayoría eran emperadores "de cuartel", elevados al poder por proclamación de sus propios soldados. Posteriormente, pasaron su mandato intentando consolidar el poder, a menudo sin conseguirlo del todo. Algunos gobernaron durante menos de tres semanas, y todos pasaron su mandato temiendo el ataque de un asesino que invariablemente llegaba, antes para unos y

[131] Owen Jarus, "Remains of 'End of World' Epidemic Found in Egypt", *Live Science*, 16 de junio 2014, https://www.livescience.com/46335-remains-of-ancient-egypt-epidemic-found.html.

después para otros. El recuento oficial de veintiséis ni siquiera tiene en cuenta a los aspirantes regionales al poder, como la reina Zenobia de Palmira, que hizo una importante, pero finalmente infructuosa apuesta por el imperio.[132] Decir que hubo una alarmante inestabilidad política y militar durante el siglo III sería quedarse corto, y solo podemos imaginar cómo esta tensión afectó a los residentes del imperio, que a menudo no podían estar seguros de quién estaba exactamente al mando del imperio en un momento dado.

Esta inestabilidad interna vino acompañada de presiones en las fronteras, ya que varios vecinos o cuasialiados de Roma, especialmente al norte y al este, intentaron aprovechar este momento para reclamar territorios. El Muro de Adriano en Britania, por ejemplo, parece haber experimentado una mayor presión a partir de finales del siglo II, lo que llevó a una reconfiguración de las fuerzas estacionadas en las fortalezas a lo largo de los muros.[133] Además, tras dos siglos de lento envilecimiento de la moneda, que comenzó con el emperador Calígula (39–41 d. C.), finalmente se produjo una crisis financiera. La inflación galopante en el imperio exacerbó las ya graves desigualdades sociales y financieras. Una nueva plaga, desconocida hasta entonces, llegó al imperio hacia el año 250 de nuestra era y circuló en oleadas durante dos décadas enteras: es la plaga que tanto asustó a los habitantes de Tebas, que quemaron los cadáveres en el monumento de Harua. Esta devastadora plaga, sumada a las demás presiones, resultó catastrófica.

No es de extrañar que los historiadores se refieran al periodo comprendido entre el 235 y el 284 d. C. como la crisis del siglo III. El hecho de que el Imperio romano lograra sobrevivir y reconstruirse después es un testimonio de su notable resistencia como entidad política. Aun así, el imperio que emergió de la crisis no tenía el mismo aspecto, y el final del siglo III y el principio del siglo IV fueron, posiblemente, el periodo de mayor cambio y reestructuración del mundo romano desde los días de Augusto, el primer emperador. Pero la crisis del siglo III afectó a los cristianos aún más que al resto de los habitantes del imperio. Aunque ya existían persecuciones esporádicas antes de mediados del siglo III, como vimos en el último capítulo, en este periodo se produjeron las primeras persecuciones en todo el imperio.

---

[132] Para una biografía de Zenobia y su efímero, pero no menos impactante intento de alcanzar el poder, véase Nathaniel Andrade, *Zenobia: Shooting Star of Palmyra* (Oxford: Oxford University Press, 2021).

[133] Véase el libro de Adrian Goldsworthy sobre la historia del muro: *El muro de Adriano. Confín del imperio* (Madrid: Desperta Ferro Ediciones, 2023).

La persecución del emperador Decio en el año 250 de la era cristiana obligó a todos los habitantes del imperio a sacrificar a los dioses romanos antes de una fecha determinada. Solo estaban exentos los judíos, a los que durante mucho tiempo se les concedió un reconocimiento especial por vivir al margen de la religión romana. Más tarde, en el 257 d. C., el emperador Valeriano emprendió otra persecución en todo el imperio, dirigida específicamente contra el clero. Para los cristianos, que vivían en comunidades ya devastadas por todos los demás problemas de la época, incluida una pandemia, la tensión de la década del 250 debió de ser asombrosa. ¿Cómo manejó la iglesia este estrés? ¿Qué pecados culturales se manifestaron con mayor claridad durante esta época de crisis, y en qué medida resistieron los cristianos a esos pecados? Estas preguntas constituyen el tema de este capítulo, en el que examinamos el estudio de caso de una iglesia, cuyo pastor escribió extensamente sobre el pecado cultural de cuidarse a sí mismo a expensas de cuidar a los demás en esta época de crisis.

Estas preguntas también son relevantes para nuestra propia época, ya que nosotros mismos estamos viviendo una serie de crisis superpuestas: la pandemia del COVID-19 sigue avanzando, la brutal invasión rusa de Ucrania en febrero de 2022 ha desatado el temor a una guerra mundial y a una crisis económica, y las tensiones religiosas y políticas en Estados Unidos van en aumento como consecuencia de la intensificación de las batallas culturales. «Jesús viene pronto. ¿Está usted preparado?», pregunta un cartel de una iglesia al final de la calle de mi casa. La iglesia del siglo III estaba tan dividida como la iglesia de hoy en sus sentimientos ante esta pregunta.

Archivo de una iglesia en crisis

La década de Cipriano como obispo de Cartago coincide con este periodo de crisis en todo el imperio. Nacido en el seno de una acomodada familia cartaginesa a principios del siglo III, justo en la época del martirio de Perpetua y Felicidad, se convirtió al cristianismo en la madurez y fue ascendido rápidamente a la dirección de la ciudad. Nombrado obispo de Cartago en el 249 d. C., ocupó el cargo hasta su propio martirio durante la persecución de Valeriano en el 258 d. C.[134]

Sus extensos escritos durante su década de ministerio revelan una cuestión que ocupó debidamente a los cristianos de la época y suscitó

[134] Para una biografía que sitúa a Cipriano en su contexto social, cultural y religioso, véase Allen Brent, *Cyprian and Roman Carthage* (Cambridge: Cambridge University Press, 2010).

diversas respuestas: ¿es el cuidado propio un pecado en un entorno de crisis generalizada y estrés constante? Las respuestas de la comunidad cristiana fueron diversas. Algunos intentaron pasar desapercibidos durante las persecuciones. Otros llegaron a ofrecer los sacrificios paganos requeridos para salvar sus vidas. El propio Cipriano se escondió durante cerca de un año durante la persecución de Decio, argumentando que era la mejor medida que podía tomar para desviar la persecución de su comunidad.[135]

En el otro extremo del espectro, como nos cuenta el propio Cipriano, estaban los creyentes fervorosos que temían que circunstancias ajenas a su voluntad, como la peste, les privaran de la gloriosa muerte martirial a la que aspiraban. Para ellos, el cuidado de sí mismos significaba negarse a atender a los enfermos y moribundos con el fin de salvarse para el martirio. Mientras tanto, las crisis que asolaban el imperio hacían que aumentara el número de hambrientos, pobres, enfermos, viudas y huérfanos dentro y fuera de la iglesia.

El ministerio de Cipriano se centró en que los cristianos volvieran a preocuparse por los demás a nivel económico, físico y en oración en estos tiempos de necesidad. Pero esta reorientación de los recursos del yo a la comunidad, ya presente en Hechos 4, no resultaba más natural para los cristianos que vivían la crisis del siglo III que para nosotros hoy.

Crear un marco cristiano de solidaridad

¿Ha pensado alguna vez por qué nos molesta tanto ver sufrir a los demás? ¿Por qué sentimos la obligación moral de ayudar a los demás, ya sea trabajando como voluntarios en comedores sociales, haciendo donaciones a organizaciones benéficas o ayudando económica o físicamente en caso de catástrofe tras un huracán o un tornado? Es posible que nunca haya pensado en ello porque esta postura moral está muy arraigada en nuestra cosmovisión, independientemente incluso de nuestras creencias religiosas. Sin embargo, esta idea no debe darse por sentada. Ver sufrimiento de todo tipo ciertamente no molestaba a la gente del mundo antiguo, que exponía a los bebés no deseados a morir o a ser esclavizados y veía juegos de gladiadores en los que hombres esclavizados luchaban hasta la muerte.

Algunas formas de sufrimiento, en otras palabras, se normalizaban como entretenimiento; de hecho, como se mencionó en el último capítulo, las ejecuciones romanas se escenificaban regularmente como representaciones de cuentos mitológicos que implicaban muertes espantosas.

[135] Cipriano, *Epístolas* 20.

Llorar por el sufrimiento ajeno y sentir compasión por él solo es posible si aceptamos la visión de Jesús sobre la preciosidad de la humanidad.[136] Abandonar a los demás en momentos de necesidad solo puede considerarse pecaminoso en un marco en el que toda vida es preciosa porque está hecha a imagen de Dios. Para profundizar en esta idea, consideremos primero la estructura de la sociedad romana y su red de seguridad (o la falta de ella).

En el capítulo anterior, nos ocupamos de la "piedra angular" de la sociedad romana: la *familia*, formada por el cabeza de familia, el *paterfamilias*, junto con su familia inmediata, sus esclavos (si era lo bastante rico como para tener esclavos) e incluso antiguos esclavos liberados. Cuando pensamos en la comunidad romana más allá de la unidad familiar, debemos imaginar una infinidad de hogares conectados a través de los lazos de las relaciones mecenas-clientes. Por supuesto, vimos que mujeres como Perpetua desafiaban la cultura del mundo grecorromano al negarse a obedecer al cabeza de familia, reivindicando la autoridad suprema de Cristo sobre ellas.

En nuestro análisis de Ananías y Safira en el capítulo 1, nos fijamos en su automodelación como benefactores de la comunidad grecorromana. El modelo de euergetismo que los motivaba tenía un paralelo en el sistema de mecenazgo arraigado en la sociedad romana. Los líderes ricos de la comunidad —es decir, aquellos que podían permitirse pagar las obras públicas de sus ciudades, representar obras de teatro y otros espectáculos para el público a sus expensas, y tal vez incluso ocupar un cargo público a nivel local o en Roma— eran mecenas.

Como mecenas, estaban disponibles para ayudar a los clientes, los que estaban por debajo de ellos en la pirámide social. Esos clientes, a su vez, podían servir de mecenas a otros situados por debajo de ellos en la estructura socioeconómica, y así sucesivamente. La mayoría de los habitantes del mundo romano tenían al menos a alguien a quien pedir un favor o ayuda. A su vez, se esperaba que estos clientes se presentaran y ofrecieran una exhibición pública de poder a sus mecenas si estos tenían que asistir a la corte o a otro acto público. Para los personajes públicos más destacados, el tamaño de su séquito, que acudía a apoyarlos en ocasiones públicas, era otra fuente de prestigio y confirmación de su *auctoritas* o influencia pública.

[136] Véase Dane Ortlund, *Manso y humilde: El corazón de Cristo para los pecadores y heridos* (Brentwood, TN: B&H Español, 2021).

Si buscamos una red de seguridad pública en el Imperio romano, el sistema de hogares romanos y la red mecenas-cliente es lo más parecido que podemos encontrar, aparte de las limosnas de grano gratuitas o subvencionadas por el Estado para los pobres urbanos, especialmente en la ciudad de Roma. Pero no se trataba de un sistema de asistencia. Era, más bien, un sistema diseñado para reforzar las estructuras sociales y enfatizar el poder de unos sobre otros. En este marco romano tradicional, el mecenas tenía la obligación general de ayudar al cliente, pero cualquier ayuda se producía siempre en el contexto de hacer quedar bien al mecenas en el proceso. Era condicional y no estaba garantizada. En tiempos de crisis, si el propio mecenas sufría o se enfrentaba a una amenaza si ayudaba, la negativa a ayudar debía de ser habitual.

Veamos este ejemplo de desastre evitado por poco para un aristócrata romano menor en la República tardía. En 81–80 a. C., Sexto Roscio, ciudadano romano y vástago de una rica familia de Umbría, se enfrentó a un triple golpe. Su padre fue misteriosamente asesinado una noche en Roma tras asistir a una cena. A continuación, un liberto sin escrúpulos del dictador Sila conspiró ilegalmente para requisar el patrimonio familiar de los Roscio añadiendo sus propiedades a la lista de bienes de los enemigos del Estado. Dado que el anterior decreto de proscripción de Sila había permitido la confiscación de las propiedades de los enemigos del Estado, el liberto aprovechó esta oportunidad, aunque el plazo para la declaración de enemigos públicos bajo este decreto ya había pasado. Para colmo de males, el mismo liberto sin escrúpulos acusó al joven Roscio de haber matado a su propio padre, posiblemente actuando junto con dos parientes de este.

El parricidio era, para los romanos, posiblemente el peor crimen imaginable. Si era condenado, Roscio se enfrentaba a una brutal ejecución: los parricidas eran metidos en un saco de cuero con un perro, un gallo, una víbora y un mono, y arrojados al Tíber. Si hubiera sido absuelto de matar a su padre, se habría enfrentado a una ardua batalla legal para recuperar los bienes de su familia. Y, por supuesto, es de suponer que aún lloraba la pérdida de su padre (es decir, si creemos que él no fue el asesino).

Un elemento clave en esta situación hacía improbable que alguien hubiera querido ayudar a Roscio: su oponente, Crisógono, era un liberto de Sila, el hombre más poderoso de la República romana en aquel momento y que acababa de completar una ronda de purgas de presuntos enemigos autorizadas por el Estado. No es de extrañar, por tanto, que ninguno de los parientes o compatriotas de Roscio acudiera en su ayuda en este caso. A pesar de su estatus social relativamente alto, la red de seguridad le falló por completo en su búsqueda de justicia. Su única suerte fue que un abogado entonces desconocido, Cicerón, se hizo cargo de su caso y consiguió presentar un argumento tan convincente sobre la corrupción y la conspiración de Crisógono que ganó. Solo conocemos el caso porque Cicerón publicó posteriormente su discurso ganador en el tribunal, *Pro Roscio*. Cicerón siguió una carrera espectacularmente exitosa como abogado y político en la República romana tardía antes de perder la vida en otra ronda de proscripciones en el 43 a. C., pero esa es una historia para otro momento.

Es difícil exagerar lo cerca que estuvo Roscio de perder su vida y sus bienes. Aparte de un desconocido abogado advenedizo que se arriesgó a aceptar su caso por razones totalmente egoístas (Cicerón estimó con razón que ganar un caso tan escandaloso podría ser su boleto a la fama), nadie acudió en ayuda de Roscio: ni parientes, ni mecenas o clientes, ni amigos locales de su familia que alguien de su entorno seguramente tenía.

Si consideramos que este era el nivel de incertidumbre al que incluso los acomodados a veces se enfrentaban en el mundo romano, imaginemos la probabilidad exponencialmente mayor de afrontar crisis sin ayuda alguna para las innumerables multitudes de pobres urbanos, de entre quienes se convirtieron tantos de los primeros cristianos.[137] Y para que no piense que tales problemas eran una característica exclusiva de la República romana, consideremos otro ejemplo, este de finales del siglo II de nuestra era y, por tanto, alejado solo sesenta años más o menos de la época de Cipriano.

A finales del siglo II d. C., el filósofo y retórico norteafricano Apuleyo escribió una novela, *El asno de oro*. Esta obra de ficción, que es la única novela en latín que se conserva íntegra, es considerada hoy por los historiadores como una de las mejores fuentes literarias primarias de que disponemos sobre la vida cotidiana en las provincias del Imperio romano. El narrador ficticio es un joven que viaja por las provincias de habla griega, empezando por Tesalia, conocida ya en la Antigüedad por la brujería. A lo largo del libro, él mismo cae en repetidas desgracias y es testigo de las desgracias de otros. Convertido accidentalmente en burro, pasa gran parte de la novela bajo esa apariencia.

En su forma de burro, es repetidamente robado, vendido, golpeado y maltratado de diversas maneras, mientras experimenta la vida en los bajos fondos del poderoso imperio. El mundo que describe está lleno de ansiedad constante y carece por completo de estructuras sociales

[137] El estudio fundacional de la vida de los cristianos urbanos sigue siendo Wayne Meeks, *Los primeros cristianos urbanos: El mundo social del apóstol Pablo* (Salamanca: Sígueme, 2012).

de apoyo, especialmente para los forasteros. Los ladrones dominan los caminos, y cuando aparecen agentes del imperio, no son mejores que los ladrones. En la única ocasión en que un centurión romano se topa con un horticultor empobrecido con su burro, su posesión más preciada, el centurión le requisa el burro en una situación que rápidamente se torna violenta y acaba costándole la vida al horticultor.

En efecto, la novela plantea la pregunta: ¿qué ganaba la mayoría de los habitantes de rincones lejanos del Imperio romano viviendo en este poderoso imperio? La respuesta parece ser: no mucho. Viviendo al borde de la inanición, la mayoría de los residentes solo veían a Roma como un agente más de abuso. El Estado no tenía ninguna obligación de cuidar de sus residentes y solo veía una ligera obligación de cuidar de sus ciudadanos: estos últimos simplemente recibían algunas ventajas, como el derecho a apelar directamente al emperador, como hizo Pablo en Hechos 25. Además, la mayoría de los ciudadanos no creían que tuvieran que ayudar a nadie en apuros. Si alguien sufría, tal vez era su mala fortuna —quizá literalmente la diosa Fortuna, a la que el narrador de *El asno de oro* se refiere en múltiples ocasiones—. Si la persona que sufría era de un estatus social mucho más bajo, especialmente si se trataba de un esclavo, una viuda o alguien de mala reputación en la sociedad romana, entonces su sufrimiento simplemente no tenía importancia.

En contraste con esta cosmovisión, la falta de corazón o hacer la vista gorda ante el sufrimiento de los hermanos en un momento de crisis era un pecado en el marco cristiano debido a la perspectiva fundamentalmente diferente de la humanidad que presentaba el cristianismo. Para los cristianos, toda la humanidad era valiosa por dos razones. En primer lugar, todas las personas están hechas a imagen de Dios. En segundo lugar, Jesús había venido a salvar a la humanidad, considerando a todas las personas lo suficientemente valiosas como para dar su propia vida por ellas. Esta valoración del prójimo significaba que, como describe Pablo en Filemón —una carta sobre Onésimo, un esclavo fugitivo que se convirtió al cristianismo—, todo cristiano era ante todo un hermano. Y esto repercutía en el nivel de obligación que uno debía sentir por los demás.

El sociólogo Rodney Stark esgrimió el intrigante argumento de que el crecimiento del cristianismo durante el siglo III, esta época de crisis, fue el resultado directo de que los cristianos se cuidaran mejor los unos a los otros en un momento en que esa atención era necesaria.[138] No solo

[138] Rodney Stark, *The Rise of Christianity: A Sociologist Reconsiders History* (Princeton: Princeton University Press, 1996), 73-94. [En español: *La expansión del cristianismo: Un estudio sociológico* (Madrid: Trotta, 2009).

fue la razón por la que los cristianos pudieron soportar las tormentas de la época, sino que también fue un poderoso testimonio que dieron a los romanos que los rodeaban. Mientras que otros a su alrededor solo se centraban en la supervivencia, los cristianos se desvivían por cuidar de todas las personas de sus comunidades, paganos y cristianos por igual.

Pero como muestra la historia de la iglesia cartaginesa, los cristianos en tiempos de crisis seguían siendo personas pecadoras, igual que los cristianos de cualquier sociedad en crisis o no. Esta visión radicalmente contracultural de la humanidad que adoptaron los cristianos no era una garantía fácil contra el pecado de falta de corazón. Después de todo, una cosa es creer en el valor de toda la humanidad. Otra cosa es vivir un mensaje tan radical cada día en las propias acciones. Los escritos de Cipriano muestran las luchas pecaminosas de su comunidad, pero también revelan el poder de un pastor para llamar a su pueblo a la acción piadosa. En efecto, el obispo se convirtió en un nuevo tipo de mecenas para su comunidad, que no solo cuidaba de su pueblo, sino que los llevaba a cuidarse los unos a los otros.[139]

Lo que el dinero puede comprar: La limosna y el cuidado de los pobres

Hoy en día, los presupuestos de una iglesia son una ciencia. En aras de la transparencia y la rendición de cuentas, una iglesia típica presenta a sus miembros un informe periódico sobre las donaciones, en el que se indica tanto el dinero que entra como el que se gasta. De hecho, para mantener su exención fiscal, las iglesias [de Estados Unidos (*N. del E.*)] están obligadas a presentar estos informes periódicos a todos los miembros de la congregación.

Esta aparente obsesión por el dinero es, en última instancia, un testimonio de cómo está estructurada nuestra sociedad: la responsabilidad fiscal es una característica esencial de una organización sana de cualquier tipo, y esto incluye a las iglesias. Una iglesia sana que gestiona bien sus finanzas es capaz de cuidar de su edificio, pagar a su personal pastoral y, en última instancia, es capaz de hacer obras de benevolencia para los necesitados de la congregación y más allá. Pero ¿cómo animan las iglesias a sus miembros a dar con generosidad, sacrificio y gozo? La difícil tarea de los pastores modernos de animar a sus miembros a dar por amor a los

[139] Charles Bobertz ha argumentado que deberíamos ver a Cipriano como un mecenas en la comunidad cristiana, en la tradición del euergetismo grecorromano; véase "Patronage Networks and the Study of Ancient Christianity", *Studia Patristica* 24 (1991): 20-27; y "Patronal Letters of Commendation: Cyprian's Epistulae 38-40", *Studia Patristica* 24 (1991): 252-59.

demás ha sido competencia de los líderes de la iglesia desde los primeros tiempos. Aunque el dinero no puede comprar la felicidad, sí puede garantizar la supervivencia y el apoyo a los cristianos y a los miembros necesitados de la comunidad, que confían en la iglesia como su red de seguridad.

Uno de los temas que aparecen con más frecuencia en los escritos de Cipriano es el uso del dinero por parte de la iglesia en beneficio de los necesitados en diversas situaciones. Como ya se ha señalado, la crisis del siglo III aumentó las posibilidades de que incluso los más acomodados se vieran en apuros por diversos motivos. Las cartas de Cipriano, en casi todas las cuales menciona la necesidad de seguir apoyando económicamente a los que sufren, nos ofrecen una amplia visión de la variedad de situaciones en las que el obispo tenía que ayudar a su rebaño. Pero además de las cartas, al principio de su ministerio pastoral, Cipriano escribió el tratado *Sobre las buenas obras y la limosna.*[140]

El marco cristiano de la solidaridad que Cipriano estableció para su comunidad y para la iglesia norteafricana en general, a la que llegó este tratado, estaba directamente enraizado en la visión cristiana de la persona humana. Este tratado contiene también una visión general de las carencias de los creyentes de la iglesia cartaginesa. Cipriano muestra que incluso los creyentes luchaban con miedos que les hacían sentir emociones contradictorias. Aunque creían en Cristo y en su sacrificio en su nombre, querían poner su seguridad en su propia riqueza y sentían un profundo temor a dar algo de ella a los demás. Cipriano se enfrenta a estos sentimientos contradictorios en su tratado.

Sobre las buenas obras y la limosna se divide temáticamente en tres partes y está estructurada como un sándwich: la primera y la tercera proporcionan razonamientos teológicos con base bíblica y la intermedia confronta a los pecadores cartagineses con sus temores a dar. La primera parte, capítulos 1–8, ofrece una visión general de las bendiciones de Dios para los creyentes y su llamado a los creyentes a una relación consigo mismo y con los demás. Cipriano ofrece ejemplos, tanto del Antiguo como del Nuevo Testamento, de personas cuya fe los llevó a proveer a los demás con bondad y extravagancia. El ejemplo culminante es el del recaudador de impuestos Zaqueo, cuya conversión está marcada por su declaración de que dará la mitad de sus posesiones a los pobres y devolverá cuatro

[140] Uno de los mejores estudios sobre este tratado sigue siendo Geoffrey Dunn, "The White Crown of Works: Cyprian's Early Pastoral Ministry of Almsgiving in Carthage", *Church History* 73 (2004): 715-40. Para una visión más amplia de los primeros años de la carrera pastoral de Cipriano, véase Mattias Gassman, "Cyprian's Early Career in the Church of Carthage", *Journal of Ecclesiastical History* 70 (2019): 1-17.

veces todo lo que había defraudado a otros como parte de su trabajo de recaudación de impuestos. Los capítulos 9–16 se dirigen directamente a los creyentes locales, señalándoles los diversos temores que los llevan a no dar a los demás ni ocuparse de ellos. Finalmente, los capítulos 17–26 concluyen el tratado con una lista de advertencias de la Biblia, mostrando ejemplos tanto de generosidad inspiradora como de razones para creer en la provisión de Dios para los dadores generosos.

Mientras que las partes teológicas del "sándwich" son predecibles en su enseñanza ortodoxa, la carne en medio del "sándwich" es clave para que la examinemos más de cerca ahora. Porque la parte central nos permite conocer íntimamente a los pecadores de la iglesia local de Cipriano a través de los ojos de su obispo.

El principal temor que identifica Cipriano, del que surgen los temores pecaminosos a dar, es el miedo a que, si empiezan a dar generosamente, agotarán todas sus riquezas y se verán reducidos a la pobreza.[141] Este temor era más complejo en el mundo antiguo que en el actual, como muestra la discusión de Cipriano sobre el concepto de patrimonio. Aunque la mayoría de nosotros no heredamos riquezas o un patrimonio de nuestros padres, que nos sentimos obligados a mantener intactos y transmitir a nuestros propios hijos a la manera de los aristócratas de *Downton Abbey*, constantemente agobiados y estresados por la falta de dinero, cualquiera que poseyera incluso pequeñas propiedades en el mundo antiguo habría sentido esa presión.

Basta pensar en el joven rico que no pudo seguir a Jesús porque poseía un gran patrimonio que no se sentía autorizado a ceder.[142] Agotar todo el patrimonio y no tener nada que legar a los hijos no solo era una fuente de angustia económica en el presente, sino también una fuente de vergüenza considerable para la familia. Pero Cipriano recuerda a su rebaño que la generosidad no es despilfarro. Utilizar la propia riqueza en los demás es una sabia inversión en el reino de Dios. Contrariamente a los valores del mundo pagano, acumular riquezas no es una virtud. Por el contrario, en la cosmovisión cristiana, el rico que no da generosamente es avergonzado por la generosidad de las viudas.[143]

Además, el miedo pecaminoso a dar conduce a pecados relacionados, señala Cipriano. No dar es tanto un síntoma de falta de fe como un estímulo para que esa fe débil se debilite aún más. Como Cipriano

[141] Cipriano, *Sobre las buenas obras y la limosna* 9-10.

[142] Esta historia aparece en Mt 19:16-30; Mc 10:17-31 y Lc 18:18-30.

[143] Cipriano, *Sobre las buenas obras y la limosna* 15.

se pregunta conmovedoramente sobre tales individuos, «¿Qué hace un corazón sin fe en un hogar de fe?».[144] Además de una falta de fe, no dar muestra avaricia, y Cipriano acusa a tales individuos de ser cautivos de su propio dinero.[145] Por último, la falta de limosna distorsiona la visión: quien teme dar es incapaz de hacer buenas obras para la iglesia (de ahí la relación entre buenas obras y limosna en el título del tratado) porque esa persona se entrena a sí misma para no ser capaz de ver las necesidades de los demás.[146]

Este último punto lleva a Cipriano a aconsejar a quienes son ricos y no dan que se abstengan de participar en la fiesta del Señor, pues su corazón no les hace aptos para celebrarla. Este consejo es poco frecuente en Cipriano y muestra su punto de vista sobre la gravedad de no dar. Cipriano recuerda a su rebaño que el cristianismo se basa en el sacrificio: en última instancia, el sacrificio de Jesús, pero también los sacrificios cotidianos de los creyentes entre sí. Parece que los ricos eran especialmente propensos, a pesar de tener riquezas, a no estar dispuestos a dar. A ellos va dirigido el lenguaje más duro de Cipriano en el tratado.

En muchos sentidos, este documento sirvió como declaración de visión para el ministerio de Cipriano. Al dejar en claro a los cristianos cartagineses que no debían tener miedo de dar a los demás y que dar generosamente a los demás era realmente la voluntad de Dios para ellos, Cipriano marcó el rumbo para el resto de su ministerio.

Redes contraculturales de cuidados

La influencia de Cipriano en el cuidado diligente de su propio rebaño puede verse en la manera en que otros obispos recurren a él para ayudar a resolver situaciones difíciles relacionadas con la atención pastoral de las congregaciones. En una carta a otro obispo, Eucracio, Cipriano responde a una inquietud que este le había planteado. Un nuevo converso en la congregación de Eucracio provenía de una profesión particularmente escandalosa en el mundo romano: la actuación. Después de la conversión, presumiblemente incapaz de pensar en otra manera de mantenerse, el actor ha comenzado a enseñar actuación a otros, preocupando profundamente a su obispo. Escandalizado y preocupado, Eucracio escribe a Cipriano, preguntándole qué debe hacer ante esta situación.

[144] Cipriano, *Sobre las buenas obras y la limosna* 12.
[145] Cipriano, *Sobre las buenas obras y la limosna* 13.
[146] Cipriano, *Sobre las buenas obras y la limosna* 15.

Antes de examinar la respuesta de Cipriano, es importante señalar que ciertas profesiones en el mundo romano se consideraban categóricamente desprestigiadas.[147] Las personas empleadas en estos campos, entre los que se incluía la actuación, se consideraban al margen de la sociedad y estaban sujetas a una serie de medidas de ostracismo social. ¿Cómo debía tratar la iglesia a alguien así? Es muy posible que Eucracio esperara que Cipriano respondiera que era perfectamente aceptable expulsar a alguien así de la congregación, aunque tal vez no fuera así. Eucracio parece realmente desconcertado por la situación.

La respuesta de Cipriano comienza reconociendo el carácter escandaloso del comportamiento pasado y presente del antiguo actor. Está de acuerdo en que, al igual que la actuación es escandalosa a los ojos del mundo pagano, también hay razones para considerar esta profesión como contraria al evangelio.[148] Pero Cipriano dedica la segunda mitad de su carta a abordar un problema que Eucracio no había identificado: el actor, como es habitual en alguien de profesión dudosa, no tiene una red de seguridad. Si abandona por completo su profesión, no tiene ninguna fuente de ingresos. Cipriano afirma, por tanto, que la iglesia local está obligada a apoyarlo económicamente por el momento, ofreciéndole sus propios recursos si fuera necesario.[149]

Esta respuesta compasiva llama la atención por su comprensión práctica de las complejidades de la situación. ¿Actúa el actor así porque es una persona de mala reputación que no sabe cómo comportarse? ¿O se encuentra en una situación económica desesperada porque la única carrera que ha tenido se le ha cerrado y no puede encontrar otra? Cipriano se inclina por lo segundo. Además, Cipriano no impone al antiguo actor los recursos de Eucracio y de su iglesia, que pueden ser escasos, sino que ofrece ayuda de sus propias arcas.

No sabemos cómo se resolvió esta situación. Es posible que el actor acabara siendo sostenido por Cipriano. Aunque no fuera así, la facilidad con la que Cipriano ofrece su propio dinero como red de seguridad para este nuevo converso, al que nunca ha conocido, es notablemente típica de su ministerio. Una actitud tan generosa, especialmente hacia un converso de origen escandaloso, debería convencernos también a nosotros hoy si

[147] Véase Sarah Bond, *Trade and Taboo: Disreputable Professions in the Roman Mediterranean* (Ann Arbor: University of Michigan Press, 2016), 10. Entre las profesiones de dudosa reputación se encuentran los actores, los músicos, los empleados en el comercio funerario y los curtidores.

[148] Cipriano, *Epístola* 2.1.2.

[149] Cipriano, *Epístola* 2.2.3.

nos preguntamos si la vida pecaminosa de algunos nuevos cristianos les ha colocado más allá de la posibilidad de la redención de Dios. Cipriano se dio cuenta en esta situación de algo que otros no: lo que parecía un escándalo con ramificaciones espirituales podría haber sido simplemente una falta de dinero para pagar las facturas.

En otra ocasión, Cipriano tuvo que hacer frente a una crisis que supuso literalmente redimir a miembros de varias iglesias de Numidia. Esta historia nos proporciona más pruebas no solo sobre la generosidad de Cipriano y su estímulo para que su congregación diera, sino también sobre su papel en la dirección de campañas de donaciones en beneficio de cristianos de fuera de su iglesia local.

La Cartago de Cipriano era una ciudad romana bien establecida en la provincia de África. Situada a orillas del mar, en el punto más septentrional del continente, estaba lo bastante alejada de los problemas que asolaban a los residentes de la provincia que vivían más al sur. Las cosas eran bastante menos seguras en Numidia, situada al suroeste. Diversas tribus nómadas patrullaban la región y, en ocasiones, realizaban incursiones en territorio romano, aprovechando la ausencia de una legión en la zona entre los años 238 y 253 de la era cristiana. Las inscripciones sugieren un nivel especialmente alto de incursiones y ataques nómadas durante las décadas de 240 y 250.[150] Los cristianos no se libraron de estos problemas.

En algún momento de la década de 250, ocho obispos númidas escribieron a Cipriano solicitando ayuda financiera. Un grupo considerable de cristianos númidas había sido capturado en una incursión particularmente audaz y llevado al cautiverio. Los asaltantes planeaban obtener un beneficio vendiendo a los cautivos como esclavos, pero presumiblemente también estaban dispuestos a obtener el mismo beneficio permitiendo que los cautivos fueran rescatados.

La respuesta de Cipriano puede dividirse en dos partes. En la primera mitad de su carta, ofrece un análisis teológico para la valoración de estos cautivos, explicando por qué su sufrimiento es significativo y debe preocupar a todos los cristianos. Cipriano afirma con rotundidad que los cristianos deben considerar el sufrimiento de sus hermanos como propio. Le preocupaban especialmente las mujeres que habían sido capturadas, ya que se enfrentaban a abusos sexuales y violaciones durante el cautiverio y era probable que fueran vendidas a burdeles si no eran rescatadas. Además, todos los cristianos bautizados tienen a Cristo en su interior, por lo que «debemos contemplar a Cristo en nuestros hermanos cautivos

[150] Graeme Clarke, *The Letters of St. Cyprian of Carthage*, vol. 3 (Nueva York: Newman, 1986), 278-79.

y debemos rescatar del peligro de la cautividad a quien nos ha rescatado del peligro de la muerte».[151]

Al pasar a la segunda mitad de su carta, Cipriano dice: «Tales fueron los dolorosos pensamientos y reflexiones que su carta suscitó entre nuestros hermanos de aquí».[152] Este comentario deja claro lo que sucedió: al recibir la carta de los obispos númidas, Cipriano reunió a su iglesia, quizá convocando una reunión de emergencia, y les leyó las noticias. Es probable que procediera a presentar a su rebaño razones teológicamente fundamentadas para hacer todo lo posible por ayudar a los cristianos númidas.

La inclusión de tantas razones cuidadosamente pensadas para ayudar a los cristianos cautivos sugiere que Cipriano no daba por sentado el apoyo financiero de su congregación, sino que trabajaba duro para convencer a los que tenían capacidad de dar de que este apoyo era esencial. Aunque no tuvo que incluir estas razones en su respuesta a los obispos númidas, Cipriano incluyó a menudo justificaciones teológicas para sus acciones. En este caso, tal razonamiento estaba probablemente en su mente al presentarlo a su rebaño. Después de todo, una gran campaña de recaudación de fondos no es fácil de organizar, y puede ser especialmente difícil convencer a la gente de que dé una gran cantidad de dinero con poca antelación.

Los resultados del llamamiento de Cipriano a su comunidad son sorprendentes. Mientras que los cristianos cartagineses podían ser reacios a dar en algunas ocasiones, Cipriano fue capaz de reunir cien mil sestercios en efectivo. ¿De cuánto se trataba? Un jornalero típico ganaba 30 sestercios al mes. Esta suma era la paga de casi 278 jornaleros durante un año.[153] Incluso para los donantes ricos, de los que probablemente había algunos en la iglesia cartaginesa, seguía siendo mucho dinero para recaudar a corto plazo. Esta suma, enviada con la carta de Cipriano, procedía no solo del clero y laicado cartagineses, sino también de los miembros visitantes de otras iglesias, que quizá se encontraban en la zona para una reunión regional.

Los repetidos recordatorios de Cipriano al clero cristiano y a los laicos en muchas otras cartas para que siguieran dando, y especialmente para que siguieran apoyando a las viudas y a los pobres, muestran que el pecado del egocentrismo y el miedo concomitante a dar dinero para los

---

[151] Cipriano, *Epístola* 62.1-2. Todas las traducciones de las epístolas proceden de la traducción y el comentario de Graeme Clarke.

[152] Cipriano, *Epístola* 62.3.1.

[153] Clarke, *The Letters of St. Cyprian of Carthage*, 284-85.

demás, no fuera a ser que a uno no le quedara nada para sus propias necesidades, estaba siempre cerca.[154] Pero el liderazgo y la enseñanza teológica del obispo siguieron equipando al rebaño para superar este pecado una y otra vez.

Cosas que el dinero no puede comprar: Consolar a los demás en una pandemia

En algún lugar de Etiopía, en 249 de nuestra era, un virus vicioso y altamente contagioso saltó de un simio o murciélago infectado a un huésped humano y comenzó su devastador viaje hacia el norte. Ese mismo año llegó a Alejandría y, presumiblemente, poco después a la Cartago de Cipriano. En 251 d. C. ya estaba en Roma. Desde allí tuvo fácil acceso para propagarse por todas partes, utilizando las fiables redes establecidas de viajes y comercio. Después de todo, dondequiera que vayan los humanos, los virus viajan con ellos. Un periodo de incubación de solo unos días habría significado que alguien podría haber subido a un barco sintiéndose sano y haber muerto de peste al final del viaje, habiendo infectado a muchos otros a bordo en el periodo intermedio.

Las fuentes escritas y arqueológicas muestran que esta plaga siguió circulando por todo el Imperio romano y más allá durante los veinte años siguientes. Propagada a través de los fluidos corporales, la enfermedad era especialmente peligrosa para los cuidadores de enfermos. También fue más mortal que cualquier otra cosa que el imperio hubiera experimentado hasta entonces: aproximadamente entre el 50 % y el 70 % de los que contraían la enfermedad morían. Los pocos supervivientes solían adquirir inmunidad, pero la peste golpeaba en oleadas, azotando las mismas zonas una y otra vez, sobre todo en invierno. Los supervivientes quedaban mutilados de por vida. Aunque las zonas urbanas densamente pobladas eran un blanco más fácil, las regiones rurales no se libraban. Simplemente, el virus tardaba más en llegar. En su análisis de las pruebas de esta plaga en el contexto de la historia del clima y las enfermedades romanas, Kyle Harper argumentó de forma convincente que los síntomas descritos por varios testigos antiguos, incluido Cipriano, son los más coherentes con los filovirus, lo que sugiere que algo como el ébola o muy parecido a él es el mejor candidato para esta plaga.[155]

[154] Ejemplos de cartas en las que se mencionan las donaciones, aunque sea de pasada: *Epístolas* 5, 7, 8, 10, 12 y 13.

[155] La información presentada aquí sobre la historia de esta plaga procede de Harper, *The Fate of Rome*, 137-144.

Esta "crisis de época", como la ha bautizado Harper, llegó en un momento en que el imperio se enfrentaba ya a muchas otras crisis. Supuso un sufrimiento adicional para la comunidad de Cipriano, tanto cristiana como pagana. Mientras que muchas otras crisis que tuvo que resolver Cipriano podían resolverse con la ayuda del dinero, esta era una crisis en la que el dinero no podía ayudar, al menos no directamente. Esto no quiere decir que no fuera necesario dar. Cuidar de los demás en una pandemia contagiosa que se propaga a través del contacto cercano exigía una entrega de primer orden: potencialmente, la entrega de la propia vida. Esto significó que la pandemia trajo una capa adicional de actitudes pecaminosas en la iglesia. Como líder de su comunidad, Cipriano tuvo que hacer frente a estas actitudes, y lo hizo en un tratado que probablemente comenzó su vida como un sermón, *Sobre la mortalidad.*[156] Irónicamente, los escritos de Cipriano sobre esta plaga llevaron a los historiadores a bautizarla con su nombre: *peste de Cipriano*.

De forma similar a su enfoque en *Sobre las buenas obras y la limosna*, en *Sobre la mortalidad* Cipriano identifica los pecados de los que juzga culpable a su comunidad en actitudes relacionadas con la peste. A continuación, ofrece antídotos teológicos para resolverlos. Tal vez porque este formato funcionaba especialmente bien para la entrega pública a personas que conocía bien, Cipriano estructuró gran parte de este tratado como una especie de "preguntas y respuestas", identificando directamente dudas y preocupaciones particulares sobre la peste en su congregación. Aunque originalmente lo entregó en persona a la iglesia cartaginesa, es casi seguro que Cipriano distribuyó la versión escrita del documento a otras iglesias.

Al igual que en *Sobre las buenas obras y la limosna*, Cipriano identifica un temor subyacente específico, que conduce a otras preguntas y preocupaciones que su rebaño tiene sobre la plaga. El miedo es lógico: la muerte. Como pudimos comprobar en 2020, temer la muerte a causa de una pandemia mortal es una reacción humana natural. Sin embargo, ver este miedo en la congregación cartaginesa es una señal más de la gravedad de la enfermedad. Los romanos no eran un pueblo sano, ni mucho menos. La mortalidad infantil era habitual, y la muerte por diversas enfermedades podía atacar a la gente en cualquier momento, asegurando que solo unos pocos afortunados llegaran a la vejez. Por ello, el miedo extremo

[156] Para un análisis del ministerio pastoral de Cipriano específicamente a la luz de esta pandemia, véase Nadya Williams, "Pastoring Through a Pandemic: Cyprian and the Carthaginian Church in the Mid-Third Century", *Fides et Historia* 53 (2021): 1-14.

que suscitó la pandemia demuestra hasta qué punto esta amenaza era más grave que cualquier otra cosa a la que estuvieran acostumbrados los habitantes del Imperio romano.[157] Pero aunque muchos cristianos de Cartago compartían este miedo a la muerte por la pandemia, sus razones para ello variaban drásticamente, como deja claro el sermón de Cipriano.

La primera pregunta que se plantea Cipriano es: ¿por qué esta plaga ataca tanto a los cristianos como a los paganos?[158] Esta pregunta, que parece surgir de los creyentes menos seguros en su fe, nos recuerda el atractivo del evangelio de la prosperidad para los conversos de todas las épocas. Es tentador creer que la conversión al cristianismo proporcionará la cura de todos los males terrenales. Parece que algunos cristianos cartagineses creían exactamente eso. Al combatir la mala teología con buena teología, Cipriano responde con una apasionada explicación de los beneficios de la fe, subrayando específicamente que estos beneficios miran a la vida venidera y no solo a esta. En esta vida, señala Cipriano, los cristianos comparten los mismos males que los no cristianos. Pero la diferencia radica en lo que pueden esperar después. El conocimiento de las promesas eternas de Dios debería equipar a los cristianos para afrontar las dificultades de esta vida: «Esta es, en definitiva, la diferencia entre nosotros y los demás que no conocen a Dios, que en la desgracia se quejan y murmuran, mientras que la adversidad no nos aparta de la verdad, de la virtud y de la fe, sino que nos fortalece con su sufrimiento».[159]

No es casualidad que, en este contexto de explicación de cómo la conciencia de la otra vida debe reconfortar a los cristianos y equiparlos para el sufrimiento presente, Cipriano ofrezca la descripción más detallada y espeluznante de la peste en todos sus escritos. La enfermedad se manifestó inicialmente con diarrea y vómitos, junto con una fiebre espantosa. La seguían hemorragias oculares y algunos miembros podían quedar completamente incapacitados. Por último, los pacientes no solo quedaban muy débiles por los demás síntomas de la enfermedad, sino que los supervivientes podían quedar sordos o ciegos de por vida.[160]

Una cosa es leer una lista de síntomas y progresión de una enfermedad en un entorno clínico. Otra muy distinta es escucharla ante un público

[157] Para una visión general de la ecología de enfermedades típica del Imperio romano, véase Harper, *The Fate of Rome*, 65-91. A través de una combinación de registros arqueológicos y escritos, Harper demuestra que los romanos estaban mucho más enfermos y tenían una vida más corta, en promedio, de lo que generalmente se ha supuesto.

[158] Cipriano, *Sobre la mortalidad*, 8.

[159] Cipriano, *Sobre la mortalidad*, 13.

[160] Cipriano, *Sobre la mortalidad*, 14.

que se encuentra en plena crisis. ¿Qué es lo que este sermón, un llamamiento a la vida contracultural y al cuidado de los demás, pedía a los cristianos que hicieran y sintieran?

Decir la verdad para impulsarlos en una pandemia

Esta vívida descripción de la enfermedad sirvió para hacer algo poderoso, especialmente para la audiencia original del sermón de Cipriano. La franca descripción de los síntomas recordó a la gente el profundo impacto personal de la peste en su comunidad. Además, les mostraba lo íntimamente familiarizado que estaba su obispo con la plaga. Leyendo esta descripción, es difícil no preguntarse si Cipriano no aprendió estas cosas visitando a los muchos enfermos de la comunidad cristiana local e intentando consolarlos a ellos y a sus seres queridos en medio de su sufrimiento, como también intentaba hacer por toda la comunidad a la vez con este mismo sermón.

Al leer este sermón, me siento tentada a pensar que, aunque Cipriano se retiró a la clandestinidad por un tiempo (durante la persecución de Decio), no se escondió de esta enfermedad, sino que atendió a su pueblo tanto individual como colectivamente, tal como muestra este sermón. ¿Por qué? Como dice Cipriano al final de su descripción del curso de la enfermedad, sufrir todo esto, al igual que cualquier sufrimiento en esta vida, «contribuye a la prueba de la fe». Cipriano era el líder al que la comunidad acudía en busca de aliento. Fue un ejemplo de generosidad económica para su comunidad, y llevó a su pueblo a superar su miedo pecaminoso a dar en tiempos de crisis. Del mismo modo, durante la peste, compartió el sufrimiento de su comunidad de todas las formas posibles, llevando a la gente a superar su miedo a cuidar de los demás durante la pandemia. Esto significaba comprender las diferentes preguntas que los miembros de su iglesia tenían sobre la plaga.

Mientras que la primera pregunta que Cipriano aborda en el tratado puede proceder de creyentes menos seguros, cuya fe se tambaleaba con facilidad o cuya comprensión teológica estaba menos asentada, la segunda pregunta procede de un grupo situado en el extremo opuesto del espectro. Estos cristianos temían la muerte en la peste porque les privaría de la muerte a la que aspiraban. Su pregunta era, por tanto: ¿y si la peste les privara de la gloriosa muerte en el martirio, por la que siempre habían estado luchando?[161]

[161] Cipriano, *Sobre la mortalidad,* 17.

Como ya hemos señalado en otros contextos, el prestigio en el mundo grecorromano era visual. El reconocimiento público lo era todo, al igual que la competición por la excelencia. Más de mil años después de la finalización de las epopeyas homéricas, los valores de la excelencia competitiva presentados en ellas seguían dominando la imaginación de los habitantes del mundo mediterráneo. En las epopeyas homéricas, los héroes perseguían ante todo un premio, que no era Helena ni la victoria de su bando en la guerra de Troya. Más bien, el premio final que cada héroe perseguía era el reconocimiento público como el mejor de todos los héroes. Y aunque tanto la excelencia homérica como el ideal romano del *virtus*, el valor, eran militares, la expansión del cristianismo y su creación de los mártires como héroes de la nueva cultura permitió otro tipo de competición: la competición por el mártir más impresionante.

Así que parece que algunos aspirantes a mártires en la iglesia cartaginesa perseguían el martirio como los héroes homéricos habían perseguido el título del mejor de los aqueos. Pero el martirio no era un deporte, como Cipriano recordaba repetidamente a su rebaño en sus cartas. De hecho, evitar un martirio público y molesto fue el objetivo de Cipriano al esconderse durante un año al comienzo de la persecución de Decio. Perseguir el martirio por la razón egoísta de ansiar la gloria personal era irónicamente un pecado. La única razón correcta para el martirio debería ser la misma que para cualquier otra actividad: dar gloria solo a Dios.

La respuesta de Cipriano al grupo de creyentes que se debaten en esta cuestión es tan amable y pastoral como su respuesta al primer grupo. En ninguno de los dos casos reprende o reprocha. En lugar de ello, explica la soberanía de Dios como clave para disipar el miedo. En este caso, Cipriano señala que Dios controla el tiempo y el modo de morir de cada cristiano. Por lo tanto, el miedo a ser privado del martirio es, efectivamente, un miedo egoísta que proviene, irónicamente, de la falta de fe en la soberanía de Dios sobre todas las cosas.[162]

La última cuestión que Cipriano considera en el sermón tiene que ver con las implicaciones de las dos primeras: ¿cuál es la actitud apropiada de los cristianos ante la muerte por esta plaga? En relación con ella está la pregunta implícita: ¿cuáles son las implicaciones de la confianza en la soberanía de Dios para la comunidad en su conjunto y para el comportamiento de cada individuo hacia los demás? Al introducir esta sección final del sermón, no es casualidad que Cipriano comience recordando el

[162] Cipriano, *Sobre la mortalidad*, 17.

Padre Nuestro: si los cristianos creyeran plenamente en él, ¿no aceptarían los planes que Dios tiene para ellos cada día, sean cuales fueren?[163]

La referencia de Cipriano al Padre Nuestro es apropiada y pone de relieve los pecados a los que todos los creyentes, desde la época de Cipriano hasta hoy, son propensos. Incluso mientras pedimos a Dios el pan de cada día, nos vemos tentados a arreglar nosotros mismos todos nuestros problemas en lugar de confiar en Dios. Además, incluso mientras oramos para que se haga la voluntad de Dios, secretamente esperamos que coincida con la nuestra. Cipriano recuerda a su pueblo que nuestra obediencia a la voluntad de Dios se aplica incluso en situaciones como estas, en las que puede estar llamando a los cristianos a morir en un momento y de una manera que no esperaban. Esta obediencia tiene implicaciones para los cristianos a la hora de cuidar sin miedo de los demás en estos momentos. Si los creyentes no deben temer a la muerte, como señala repetidamente Cipriano, entonces no deben temer cuidar de los enfermos en medio de la peste. Porque esa muerte por la peste sería otra forma de martirio, una muerte hermosa y gloriosa porque era un sacrificio por los demás.[164]

En última instancia, a través de sus respuestas a las preguntas de la congregación, el corazón pastoral de Cipriano se manifiesta con especial fuerza en *Sobre la mortalidad*. Reconoce que su pueblo está asustado, triste y desanimado en medio de una pandemia mortal que estaba ocurriendo simultáneamente con todas las demás crisis de la época. Su objetivo en este sermón es, por tanto, confortar y consolar.[165] Pero en lugar de proporcionar un consuelo vacío, proporciona un consuelo enraizado en el evangelio. Y a lo largo de sus respuestas a los distintos temores se entremezcla un debate sobre la guerra espiritual. El fin del mundo está cerca, los enemigos de Cristo acechan y esta plaga no es más que otra señal de las batallas espirituales que se libran. Sin embargo, para los cristianos no hay razón para temer porque saben cómo acaba la historia. El final será verdaderamente glorioso: ¿por qué temer a la muerte, si significa una eternidad con Dios?[166]

---

[163] Cipriano, *Sobre la mortalidad*, 18.

[164] Cipriano, *Sobre la mortalidad*, 26.

[165] Véase J. H. D. Scourfield, "The De Mortalitate of Cyprian: Consolation and Context", *Vigiliae Christianae* 50 (1996): 12-41 para el argumento de que este es uno de los primeros ejemplos del género de la *consolatio* cristiana.

[166] Véase en particular Cipriano, *Sobre la mortalidad*, 22 y 26.

Conclusión

Siguiendo su propio consejo de modelar el comportamiento cristiano de su congregación, Cipriano fue martirizado en la persecución de Valeriano en el año 258 de la era cristiana. La pandemia que describió continuó haciendo estragos en todo el Imperio romano durante al menos otra década después de su muerte, remitiendo misteriosamente hacia el año 270 de nuestra era. Pero el ministerio pastoral de Cipriano nos ofrece una visión de un misterio histórico: en medio de todas las crisis del siglo III, que culminaron con una pandemia mortal y dos persecuciones en todo el imperio, ¿cómo y por qué creció el cristianismo hasta abarcar desde menos del 1 % de los residentes del Imperio romano en el año 200 d. C. hasta el 16 % en el 313 d. C.?[167]

La respuesta nos remite a las diferencias culturales entre las ideas romana y cristiana de una red de seguridad. Como se señaló al principio de este capítulo, dado que los romanos no consideraban a todas las personas igual de valiosas, no existía ninguna red de seguridad, aparte de los lazos familiares personales y las redes de mecenazgo. Pero estas no garantizaban la asistencia. Como ha argumentado el sociólogo Rodney Stark, el enfoque claramente contracultural de los cristianos a la hora de cuidar de los demás en medio de la crisis fue la razón de la explosión de la tasa de conversiones en el transcurso del siglo III, incluso cuando las persecuciones se intensificaron. El ministerio pastoral de Cipriano ofrece un ejemplo concreto en apoyo de las teorías de Stark, ya que muestra el modelo cristiano de atención social en la práctica.

Al frente de una gran iglesia urbana con una población local diversa y fuertes lazos con otras iglesias de la región, Cipriano se impuso el deber de atender a todos los necesitados, sin distinguir entre cristianos y paganos, cartagineses o no. Como demuestran los escritos de Cipriano, no fue fácil lograr un modelo tan notable de atención al prójimo, y su éxito es testimonio del poder del evangelio y de la importancia de los pastores locales. El impulso de los cristianos de su iglesia en tiempos de crisis era centrarse en el interior, pero la labor de Cipriano como pastor se centró en ayudar a su rebaño a ver la belleza de atender a los demás y no temer

[167] La obra de Rodney Stark resulta especialmente útil para reflexionar sobre estas cuestiones, Rodney Stark, *The Rise of Christianity: A Sociologist Reconsiders History* (Princeton: Princeton University Press, 1996), 13-21. Véase también el análisis de Thomas Kidd sobre este crecimiento: Thomas Kidd, "How Many Christians Were There in 200 A. D.?". *The Gospel Coalition*, 22 de septiembre, 2017, https://www.thegospelcoalition.org/blogs/evangelical-history/how-many-christians-were-there-in-200-a-d/; y los pensamientos de Philip Jenkins, a los que Kidd responde: Philip Jenkins, "How Many Christians?", *Anxious Bench*, 22 de septiembre, 2017, https://www.patheos.com/blogs/anxiousbench/2017/09/how-many-christians/.

ni la pérdida de bienes que podría producirse si daban generosamente, ni la pérdida de vidas que podría producirse si atendían activamente a los enfermos.

Leer *Sobre la mortalidad* mientras el mundo lucha por recuperarse de la devastadora pandemia de COVID-19 resulta más que inquietante. Solo en Estados Unidos, el número de víctimas de la pandemia ha superado el millón. En 2021, hubo más muertes que nacimientos en mi estado vecino de Alabama, un hecho sin precedentes en su historia. Al igual que en la Cartago de Cipriano, esta pandemia supuso un serio desafío para los pastores, que tuvieron que tomar decisiones amorosas para sus iglesias y su rebaño. ¿Cómo reunirse con seguridad? ¿Cómo ayudar a aquellos cuya fe es más débil o a los que han perdido a sus seres queridos o su trabajo? ¿Cómo cuidarse los unos a los otros en tiempos de crisis, especialmente cuando reunirse puede resultar literalmente mortal? Además, la observancia o el alarde de medidas de seguridad como el distanciamiento social y el uso de máscaras se politizó rápidamente. Según un amigo de otra congregación, el auditorio de su iglesia se había dividido en dos secciones: los que llevaban máscaras se sentaban a la izquierda y los que se negaban a llevarlas, a la derecha. A mi amigo no se le escapó la ironía de la declaración política implícita. Al igual que en la Cartago de Cipriano, la pandemia no ha discriminado por motivos políticos o religiosos y ha atacado a todos los que ha podido.[168]

El ejemplo de Cipriano de reconocer abiertamente los miedos de una manera que es convincente, pero profundamente pastoral, establece un buen modelo para todos los cristianos de hoy. Sí, muchos de nuestros temores en tiempos de crisis pueden provenir de pecados, y una teología adecuada puede ayudarnos a combatir estos pecados y temores. Al mismo tiempo, sin embargo, las personas han sido creadas para el compañerismo. El cuidado de los demás es un arma poderosa para hacer frente a los pecados que podrían supurar en el aislamiento y, afortunadamente, en la era de la tecnología, el compañerismo durante una pandemia mortal no tiene por qué producirse en persona. Las palabras de consuelo pueden pronunciarse por teléfono o a través de un mensaje de texto tan bien como a través de un rollo de papiro.

---

[168] Aunque cabe destacar este estudio que sostiene que, dado que los republicanos eran más propensos a oponerse a las medidas de seguridad y de mitigación de la propagación de la enfermedad, tenían más probabilidades de morir a causa de la enfermedad: Aria Bendix, "Covid Deaths Are Higher among Republicans than Democrats, Mounting Evidence Shows", 6 de octubre, 2022, NBC News, https://www.nbcnews.com/health/health-news/covid-death-rates-higher-republicans-democrats--why-rcna50883.

Así pues, la historia de la iglesia cartaginesa y del liderazgo de su rebaño por parte de su obispo, a través de sus deseos egoístas de cometer pecados de omisión en el cuidado de los demás, tiene repercusiones mucho mayores para nosotros cuando pensamos en las obligaciones de los cristianos de hoy en día de cuidar unos de otros y de la comunidad en general, local y globalmente. Aunque nuestras redes estructurales de atención a través del gobierno parecen sólidas sobre el papel —lo bastante sólidas, de hecho, como para que muchos cristianos de este país se quejen contra los programas de bienestar social por considerarlos una carga excesiva para los contribuyentes—, la realidad es mucho más compleja.

La socióloga Jessica Calarco dijo en un tuit viral en 2020: «Otros países tienen redes de seguridad social. Estados Unidos tiene mujeres». Aunque, como la propia Calarco ha señalado, se trata de una simplificación excesiva de la carga que crisis como la pandemia del COVID-19 han supuesto para las mujeres, hay una verdad significativa en esta afirmación. Pero matizar esta afirmación no es la cuestión aquí. Más bien, la observación de Calarco debería resultar convincente para la iglesia actual precisamente porque esta respuesta deja fuera a la iglesia. Durante la pandemia de mediados del siglo III de nuestra era, por el contrario, alguien podría haber dicho fácilmente: «Otros países no tienen redes de seguridad social, pero el mundo romano tiene cristianos».

El ministerio pastoral de Cipriano en Cartago nos mostró algunos atisbos concretos de una red de seguridad social contracultural en acción. Esta red de seguridad requería el talento de liderazgo de un obispo solícito y la ayuda de diáconos y ancianos tanto en su iglesia local como de los líderes de las iglesias de toda la región. Y requirió, por supuesto, que los cristianos superaran su deseo pecaminoso de apartarse de los necesitados en este momento de extrema necesidad para todos y, en su lugar, dieran con sacrificio. A través de este proceso, es probable que al menos algunos de estos paganos acabaran viendo la belleza del evangelio y uniéndose a la iglesia.

Algunas iglesias de hoy pueden ver esta historia en sus congregaciones y comunidades locales, pero esta no es la historia universal de la iglesia de hoy. Las historias de pecadores renuentes que se convierten en donadores abnegados deberían inspirarnos y animarnos hacia lo que podría ser nuestra propia historia hoy. ¿Cómo podría suceder esto en nuestras iglesias? Veo ejemplos alentadores en mi propia iglesia y en su misión de amar a los niños y a las familias de acogida.

Hace varios años, el equipo pastoral de mi iglesia tomó la decisión consciente de adoptar el acogimiento familiar y la adopción como misión central de nuestra iglesia y empezó a buscar formas concretas de atender a los huérfanos de nuestra comunidad. En aquel momento, solo cuatro familias de todo el condado estaban certificadas para acoger niños, pero la necesidad superaba con creces los hogares de acogida disponibles. Nuestro pastor, él mismo un padre adoptivo, se preguntaba: ¿podríamos ser las manos y los pies de Jesús para nuestra comunidad de esta manera? La iglesia animó a las familias y a las personas de la iglesia que estaban dispuestas y eran capaces de certificarse como familias de acogida, estableció una red de oración y de apoyo semanal con comidas para estas familias de acogida, y organizó conferencias anuales de formación en transmisión simultánea sobre crianza concienciada por el trauma.

Ver este ministerio en acción ha sido personalmente alentador y me recuerda el liderazgo decidido en el cuidado de los demás que ejemplificó el ministerio de Cipriano en Cartago. Este ejemplo subraya también la importancia de reconocer incluso las pequeñas formas en que los cristianos pueden dar y ayudar. Además, las historias de cómo la iglesia creció sirviendo a los demás en situaciones mucho peores que las nuestras nos recuerdan que refugiarnos en nuestra propia pecaminosidad nunca es la respuesta evangélica, por muy tentadora que sea.

TERCERA PARTE

Los cristianos culturales en tiempos de Constantino y posteriores

7
«¿Has sido lavado por la sangre?»

La violencia sectaria entre cristianos culturales

En algún momento del 347/8 d. C., la ciudad de Cartago, que no había sido ajena a persecuciones y escenas de martirio, como vimos en los capítulos 5 y 6, fue testigo de otra escena semejante. Dos mártires, Maximiano e Isaac, fueron arrestados, brutalmente torturados y ejecutados públicamente por su fe. Aunque algunos rasgos del relato de la pasión parecen muy familiares y se hacen eco de escritos anteriores, hay aquí algo claramente nuevo. En este relato, en lugar de preguntarse quién es martirizado y por qué, la pregunta clave de partida es *¿cuándo?*

Una de las características esperadas de los relatos de pasión de la Antigüedad tardía es una descripción horriblemente gráfica de la ejecución del mártir. Respetando las expectativas del público, el autor de *La pasión de Maximiano e Isaac* no escatima detalle alguno en su descripción de las prolongadas torturas que sufrieron los dos mártires antes de morir. Pero la historia no termina ahí. Por el contrario, el relato concluye con un milagro, por el cual los cuerpos de los dos mártires, arrojados al mar, fueron llevados de vuelta a tierra para recibir honrosa sepultura por parte de la comunidad cristiana. Es evidente que el autor, Macrobio, no se limitó a conmemorar a estos mártires. Concluye su relato con una apasionada exhortación a sus lectores para que se inspiren en los ejemplos de estos dignos mártires y de muchos otros como ellos y se apresuren a abrazar con entusiasmo un martirio similar para sí mismos. Corran, no caminen hacia la muerte, los insta.

Las súplicas de Macrobio a su audiencia para que no teman a la muerte y corran tan rápido como puedan hacia el martirio por la iglesia pueden no parecer tan inusuales en los relatos de mártires —aunque la mayoría de ellos no se detienen en animar a absolutamente todo el mundo a buscar activamente el martirio— hasta que consideramos su contexto histórico.[169] Macrobio, que escribió hacia 347–48 d. C., vivió en el Imperio romano posconstantiniano, un entorno mucho más favorable a los cristianos que gran parte de la historia romana anterior. Después de todo, la persecución de los cristianos terminó con Constantino, aunque conviene recordar que la persecución de los judíos continuó. Además, Constancio II, hijo de Constantino y emperador durante el período en que Macrobio escribía, llegó a prohibir los sacrificios paganos.

Por tanto, puede parecer sorprendente que en el siglo IV, en un mundo en el que los cristianos estaban expulsando gradualmente a los paganos de los lugares prominentes en el ámbito político, aparezca un nuevo conjunto de relatos de martirio: los relatos de martirio de la secta donatista. Estos relatos de la pasión, generalmente más gráficos en sus descripciones de la violencia anticristiana que los anteriores relatos de martirio del Imperio romano preconstantiniano, deberían incomodarnos profundamente. Al fin y al cabo, la violencia contra estos mártires fue cometida por otros cristianos devotos de una secta diferente.

En otras palabras, la supresión de las persecuciones de los cristianos en su conjunto, autorizadas por el Estado, no tuvo como resultado el crecimiento de la iglesia como un cuerpo unificado, celebrando triunfalmente su éxito en la adquisición de legitimidad y todos sus beneficios. Por el contrario, la consecuencia fue la solidificación de las divisiones en la iglesia. Esto dio lugar a un nuevo tipo de persecución: la de una facción de cristianos contra otra, basada en desacuerdos teológicos que, según ambos bandos, eran una cuestión de salvación. Para uno de los bandos, los donatistas, valía la pena morir por ellos.

Los tres capítulos de esta última parte del libro giran en torno a esta pregunta: ¿cómo afectó la transformación del cristianismo —de minoría perseguida, luego minoría favorecida y finalmente mayoría favorecida— a la existencia de cristianos culturales en la iglesia? Cada capítulo abordará un aspecto diferente de la cuestión. La respuesta implica nuevas formas de cristianismo cultural que no eran posibles cuando los cristianos eran

[169] Para una visión general del martirio en la iglesia primitiva, véase Candida Moss, *Ancient Christian Martyrdom: Diverse Practices, Theologies, and Traditions* (New Haven, CT: Yale University Press, 2012); y *The Other Christs: Imitating Jesus in Ancient Christian Ideologies of Martyrdom* (Oxford: Oxford University Press, 2012).

una minoría perseguida. Este capítulo considera como principal caso de estudio la controversia donatista en las iglesias del norte de África de la Antigüedad tardía como manifestación de uno de los desafíos más incómodos de la iglesia posconstantiniana: las luchas sectarias y la violencia entre cristianos.

En cierto modo, los donatistas no eran los únicos. La controversia nicena contra los arrianos también fue violenta. En términos más generales, el mundo antiguo tenía un nivel casual de violencia incrustada que debería escandalizarnos. Ver juegos de gladiadores y ejecuciones como entretenimiento requería una tolerancia significativa de la violencia en la sociedad. Sin embargo, lo que convierte a los donatistas en un foco útil para este capítulo es el enorme volumen de materiales que dejaron, glorificando a sus mártires y la importante persecución contra ellos. Irónicamente, estos relatos de martirio no hacen, sino subrayar hasta qué punto esta violencia sectaria era, en última instancia, un síntoma del cristianismo cultural.

Al utilizar la controversia donatista como puerta de entrada al estudio de la violencia cristiana contra otros cristianos, podemos plantearnos preguntas difíciles y atemporales sobre la búsqueda de la unidad de la iglesia y las formas en que el cristianismo cultural puede impedir dicha unidad. ¿Cuáles son los problemas teológicos de la violencia entre cristianos? ¿Cuáles son las causas de esa violencia y qué tipo de divisiones en la iglesia pueden conducir a ella?

Antes de llegar a los donatistas y a las preguntas y advertencias que aún hoy nos hacen, debemos comprender el complejo trasfondo histórico que dio forma a su historia. Este trasfondo incluye la transformación de la iglesia de una minoría perseguida a una favorecida por el Estado. También debemos comprender la nueva implicación del emperador en la iglesia, que cambió la dinámica del liderazgo eclesiástico y podría decirse que amplificó las luchas y la violencia en el seno de la iglesia de un modo inesperado y sorprendente en su momento.

De minoría perseguida a minoría favorecida: El ascenso del primer emperador cristiano

En la época en que vivió Macrobio, la guerra real y sangrienta entre los cristianos donatistas y el resto de la iglesia del norte de África había sido el *statu quo* durante toda una generación. Pero ¿cómo se produjo esta división y por qué sucedió justo cuando el cristianismo alcanzó el estatus de minoría favorecida tras siglos de persecución y discriminación? La respuesta, en una palabra, es Constantino.

Como hemos señalado en los dos últimos capítulos, el siglo III fue especialmente difícil para el Imperio romano, y el imperio que surgió al final de la crisis del siglo III tenía un aspecto bastante diferente al anterior. Al llegar al poder en el 284 d. C., el emperador Diocleciano se dio cuenta de una importante verdad que el conflicto había puesto de manifiesto: un solo emperador a cargo de todo el imperio era demasiado vulnerable, un blanco fácil a la espera de que apareciera el siguiente asesino. Así, en el 293 d. C., Diocleciano estableció la Tetrarquía. Dividió el imperio en cuatro regiones y asignó un gobernante a cada una. Dos emperadores mayores, el propio Diocleciano y Maximiano —cada uno con el título de Augusto— gobernaron dos de las regiones. Dos emperadores menores, Galerio y Constancio Cloro, cada uno con el título de César, gobernaron las otras dos.

Una estatua en pórfido de los cuatro tetrarcas de cerca del 300 d. C. los muestra idénticos entre sí. Cada uno lleva un atuendo militar en lugar de la toga civil, lo que sugiere la necesidad de que los líderes se mantengan alerta ante las amenazas militares internas y externas. Para Diocleciano, que ascendió al poder a través de las filas militares, el ejército seguía siendo clave para gobernar. Sugestivamente, cada uno de los cuatro lleva una gran espada al cinto y apoya una mano en su empuñadura, mientras usa el otro brazo para semiabrazar torpemente a uno de los otros tetrarcas. Juntos, los cuatro son una columna de amor fraternal y unidad por el bien del imperio.

La primera parte del gobierno de Diocleciano incluyó una última y brutal persecución en todo el imperio, dirigida especialmente contra los cristianos del ejército romano. Dado que la fidelidad al emperador se confirmaba cada año mediante un juramento de los soldados, que exigía reconocer la divinidad del emperador, o al menos reconocer a los dioses paganos romanos como ejecutores del juramento, es comprensible la preocupación de Diocleciano por el grado de lealtad de los cristianos. Menos comprensible, quizás, es el gran número de cristianos en el ejército romano, ya que deberían haber encontrado el juramento ofensivo e incompatible con sus creencias. Pero quizás se trate de otro ejemplo de cristianismo cultural: individuos que consideraban que podían prestar el juramento anual al emperador y, sin embargo, considerarse cristianos. Debemos tener en cuenta, al mismo tiempo, que si se convertían mientras estaban en el ejército, no habrían podido romper el contrato, y marcharse habría sido clasificado como deserción.[170]

[170] Pat Southern, *The Roman Army: A Social and Institutional History* (Oxford: Oxford University Press, 2007), 148-49.

A finales del siglo III, como señalamos en el capítulo anterior, es posible que cerca del 10 % de los residentes del imperio fueran cristianos, y se calcula que el 16 % lo eran en el año 313 de la era cristiana.[171] A estas alturas, era de esperar su presencia en todas las profesiones. Tan generalizada estaba la difusión del cristianismo que la primera esposa de Constancio Cloro, Helena, podría haber sido cristiana en el momento del matrimonio, aunque Eusebio cree que se convirtió después de Constantino.[172] Algunos estudiosos han llegado a afirmar, aunque no hay forma de demostrarlo, que el propio Constancio era creyente.[173] Esto sugeriría la intrigante —pero, de nuevo, totalmente indemostrable— posibilidad de que Constantino creciera en un hogar cristiano. Pero volvamos a Diocleciano por el momento.

Continúan los debates sobre el éxito del gran experimento de Diocleciano. Algunas de sus medidas, como el Edicto sobre Precios Máximos, fracasaron. Cualquiera que haya cursado estudios básicos de economía en la escuela secundaria no se sorprenderá al oír que, de hecho, fijar el precio de algunos bienes y servicios (e. g., el pan o los cortes de pelo) para que sea uniforme en todo un vasto imperio con economías locales muy diferentes en realidad no sería una gran manera de combatir la inflación.

Pero al menos Diocleciano consiguió hacer algo que ningún otro emperador había hecho en un siglo: sobrevivir en el poder durante veinte años. Luego, en el 305 d. C., Diocleciano decidió hacer algo más que ningún otro emperador había hecho: retirarse junto con su compañero Augusto, Maximiano. Los dos Césares anteriores fueron ascendidos al rango de Augusto, mientras que dos nuevos Césares fueron nombrados.

---

[171] Rodney Stark, *The Rise of Christianity: A Sociologist Reconsiders History* (Princeton: Princeton University Press, 1996), 13-21. Véase especialmente la tabla 1.2 de la página 13. También vea el análisis de Thomas Kidd sobre este crecimiento: Thomas Kidd, "How Many Christians Were There in 200 A.D.?", *The Gospel Coalition*, 22 de septiembre, 2017, https://www.thegospelcoalition.org/blogs/evangelical-history/how-many-christians-were-there-in-200-a-d/; y las ideas de Philip Jenkins, a las que responde Kidd: Philip Jenkins, "How Many Christians?", *Anxious Bench*, 22 de septiembre, 2017, https://www.patheos.com/blogs/anxiousbench/2017/09/how-many-christians/.

[172] Eusebio, *Vida de Constantino* 3.47. Para una nueva biografía de esta fascinante figura, que se hizo cristiana en algún momento de su vida, antes o después que su hijo, véase Julia Hillner, *Helena Augusta: Mother of the Empire* (Oxford: Oxford University Press, 2022).

[173] Para un resumen de los debates sobre la cuestión poco documentada, pero muy controvertida de las opiniones religiosas de Constancio, véase Mark D. Smith, "The Religion of Constantius I", *Greek, Roman, and Byzantine Studies* 38 (1997): 187-208. Smith concluye que la hipótesis a favor del monoteísmo de Constancio no está justificada por las pruebas.

La transición de poder se produjo sin problemas, y todo fue bien durante unos meses.[174]

Sin embargo, Constancio Cloro, recién ascendido a Augusto, murió en el año 306 de la era cristiana. Su muerte desencadenó una enmarañada serie de guerras civiles, un auténtico "juego de tronos", definido por las variadas alianzas cambiantes entre los actuales y antiguos tetrarcas y sus hijos, y complicado aún más por las relaciones matrimoniales entre los miembros del grupo general. ¿Hasta qué punto era complicada esta red de alianzas? En el momento de su muerte, Constancio estaba casado con Teodora, hija del primer matrimonio de Maximiano. Constantino, que reclamaba el título de su padre, se casó en 307 d. C. con Fausta, hija de Maximiano (de un matrimonio posterior al de Teodora) y hermana de Majencio. Flavia Julia Constancia, una de las hijas de la unión de Constancio y Teodora, se casaría con Licinio, otro contendiente en la lucha por el título imperial. Las cenas familiares tenían que ser profundamente incómodas. Dado que todos estos parientes poco dispuestos vivían lejos unos de otros, las interacciones en persona eran misericordiosamente raras, aunque las ejecuciones de miembros de la familia, ya estuvieran emparentados por sangre o matrimonio, figuraban regularmente en el menú.

Al final, fue el hijo de Constancio, Constantino, quien derrotó a Majencio, hijo de Maximiano, en la batalla del Puente Milvio, en Roma, en el año 312 de la era cristiana. Con esta victoria, Constantino consolidó su dominio sobre la parte occidental del Imperio romano. No sería hasta el 324 d. C. cuando Constantino derrotaría finalmente a Licinio y se haría con el control del resto del imperio. Pero ya en 312 d. C., Constantino empezó a tomar importantes decisiones políticas que afectaban a los cristianos, y en el 313 d. C., él y Licinio, los dos últimos hombres en pie tras una prolongada guerra civil, aprobaron el Edicto de Milán. Es cierto que el Edicto de tolerancia del emperador Galerio en el 311 de nuestra era puso fin a la persecución que había iniciado Diocleciano. Pero el nuevo edicto de Constantino y Licinio puso fin definitivamente a toda persecución de los cristianos al despenalizar el cristianismo en el Imperio romano. ¿Por qué Constantino apoyó tales medidas a favor de los cristianos? De forma complicada, ampliamente debatida y, en última instancia, poco clara, Constantino se consideraba uno de ellos.

[174] Véase David Potter, *Constantino el Grande* (Madrid: Crítica, 2013), caps. 3–8, para un análisis en profundidad del gobierno de Diocleciano, con especial atención a sus edictos y políticas.

Múltiples relatos sobreviven de la experiencia de conversión inicial de Constantino. Por muy emocionante que nos haga la idea del primer emperador cristiano, haríamos bien en recordar que no se bautizó hasta que estuvo en su lecho de muerte. Esta era una tendencia común en su época, derivada de una visión lógica —aunque teológicamente defectuosa— de que, puesto que el bautismo borraba los pecados, era mejor guardarlo para el momento justo antes de la muerte, maximizando así las posibilidades de entrar en el cielo. Se podría decir, de hecho, que este era otro síntoma obvio del cristianismo cultural: una especie de deseo de tener el pastel celestial, pero seguir consumiendo todos los goces de este mundo, pecaminosos e inocentes por igual.

Aunque Constantino no recibió a Cristo en el bautismo hasta el final de su vida, parece que experimentó algo parecido a un momento de conversión en el año 312 de nuestra era. Según Eusebio, historiador cristiano y el mayor admirador de Constantino, Constantino, en la víspera de su batalla contra Majencio, tuvo una visión de una cruz y oyó una orden divina que declaraba: «¡En este signo vencerás!». Un sueño posterior en la noche confirmó esta visión y la bendición de Cristo sobre los esfuerzos de Constantino. Por la mañana, Constantino pidió a sus soldados que pusieran la cruz en sus escudos, y el resto, podríamos decir, es historia.[175]

De la noche a la mañana, con la victoria de Constantino, el cristianismo se convirtió en la religión del emperador romano. Constantino, sabiamente diplomático, no ordenó la conversión y siguió nombrando paganos para puestos de liderazgo político y militar.[176] Sin embargo, las percepciones importaban, y las tasas de conversión se intensificaron gradualmente. La historia milagrosa de la conversión de Constantino sigue siendo objeto de un intenso debate académico. Abundan los desacuerdos, incluso sobre su grado de repercusión en la iglesia.[177] No obstante, hay conclusiones clave en las que podemos estar de acuerdo. En primer lugar, Constantino aprobó públicamente la historia que popularizó Eusebio,

[175] Para más información sobre el uso que Constantino hace de este milagro al narrar su historia, véase H. A. Drake, *A Century of Miracles: Christians, Pagans, Jews, and the Supernatural, 312–410 CE* (Oxford: Oxford University Press, 2017).

[176] Véase R. M. Errington, "Constantine and the Pagans", *Greek, Roman, and Byzantine Studies* (1988): 309–18.

[177] Para un resumen de estos debates y un argumento intermedio matizado sobre la importancia del acontecimiento, véase H. A. Drake, "The Impact of Constantine on Christianity", en *The Cambridge Companion to the Age of Constantine*, ed. Noel Lenski (Cambridge: Cambridge University Press, 2005), 111-36. Otro gran recurso es la colección de ensayos de los mejores eruditos constantinianos editada por A. Edward Siecienski, *Constantine: Religious Faith and Imperial Policy* (Londres: Routledge: 2017).

pues de lo contrario no se habría difundido tan amplia y tempranamente. En segundo lugar, Constantino no tuvo miedo de involucrarse en los asuntos de la iglesia, colaborando estrechamente con algunos obispos y adoptando una postura deliberada contra otros. Esto supuso un cambio monumental respecto al funcionamiento anterior de la iglesia. Estos cambios, como veremos, prepararon el camino tanto para la implicación del Estado en la violencia sectaria como para un nuevo tipo de cristianos culturales.

El gobierno de la iglesia desde el Nuevo Testamento hasta la época de Constantino

Alrededor del año 50 de nuestra era, la iglesia de Tesalónica sintió que todas las señales apuntaban al inminente regreso de Cristo. Actuando de acuerdo con este sentimiento, los miembros dejaron sus trabajos, y pasaban sus días adorando y esperando ansiosamente el regreso de Jesús. Su decisión es un ejemplo del gobierno interno e independiente de la iglesia que practicaban las iglesias de la época del Nuevo Testamento. La sorprendente reprimenda que pronto recibieron de Pablo, que escribió 2 Tesalonicenses específicamente para argumentar en contra del comportamiento de los creyentes y animarlos a volver al trabajo, es un ejemplo del control externo que líderes como Pablo podían ejercer sobre estas iglesias independientes. Como vimos en los capítulos 2 y 3 en relación con la iglesia de Corinto, por ejemplo, el escandaloso pecado cultural de las iglesias independientes acababa por dar lugar a la reprimenda exterior, si no había voluntad de gobierno interno para hacer frente al pecado.

Los relatos en torno a las reprimendas de Pablo a los corintios y los tesalonicenses ejemplifican en sentido amplio el modelo neotestamentario de gobierno de la iglesia. La supervisión desde fuera parece poco estricta y desestructurada. Esto no significa que fuera menos eficaz, como demuestra la obediente respuesta de ambas iglesias. Este modelo no oficial de liderazgo y control dio paso, tras el periodo neotestamentario, a un sistema más estructurado de concilios eclesiásticos, dirigidos por el obispo de Roma, una figura conocida hoy simplemente como el papa.

Uno de los mejores ejemplos de este modelo posterior al Nuevo Testamento, pero preconstantiniano en acción, es el de Cipriano, que ahora nos resulta bastante familiar. Implicado en una serie de acaloradas disputas a lo largo de su década como obispo de Cartago, Cipriano dirigió la reunión anual del concilio de las iglesias africanas. Pero la mayor parte del trabajo se realizó a través del mismo medio que la obra de Pablo: las cartas. La abundante correspondencia conservada de Cipriano muestra una red de obispos en constante comunicación entre sí y con Roma, su fuente última de autoridad en cuestiones de doctrina. A través de este diálogo epistolar vemos las primeras semillas de las cuestiones que acabarán definiendo la controversia donatista.

La década de Cipriano como obispo estuvo marcada por dos persecuciones en todo el imperio dirigidas por el emperador Decio (251–53 d. C.) y el emperador Valeriano (258 d. C.). Durante esta última persecución, el propio Cipriano fue martirizado. Pero antes de eso, el gran dolor de cabeza para Cipriano y otros obispos (además de las cuestiones que hemos considerado en el capítulo anterior) fue la cuestión de cómo tratar a los que habían desertado durante la persecución de Decio, pero querían volver a la iglesia después. ¿Debería la iglesia instituir un estricto control de acceso y no acoger de nuevo a los cristianos que cedieron durante las persecuciones? ¿Qué pasa con los obispos que entregaron los textos sagrados, pero querían volver a la iglesia una vez terminada la persecución? Esta última cuestión ocupará especialmente a los donatistas, sin embargo Cipriano se centraba más en los miembros de la iglesia que habían caducado, y era partidario de evaluar compasivamente cada caso por sus propios méritos.

Un verdadero y genuino arrepentimiento era, para Cipriano, suficiente para readmitir a alguien, hombre o mujer, de nuevo en el cuerpo. Numerosas cartas conservadas en la correspondencia de Cipriano tratan sobre esta diversidad de casos individuales y muestran que los cristianos que habían caído, pero deseaban volver a la iglesia, podían ser hombres y mujeres de todas las edades y etapas de la vida. En su enfoque, que apoyaba su reunión con la iglesia, Cipriano chocó con Novaciano, el controvertido obispo de Roma (finalmente declarado hereje), que argumentaba, en cambio, que una vez que un individuo había caído, nunca podía ser readmitido como miembro de pleno derecho de la iglesia. Su readmisión, argumentaba, comprometería la integridad de la iglesia.

El argumento compasivo, pero teológicamente fundamentado de Cipriano contra la afirmación de Novaciano, muestra la prioridad que la mayoría de los obispos locales daban al fomento y crecimiento de las iglesias locales, en lugar de servir como guardianes espirituales. Además, señaló Cipriano, la postura de Novaciano implicaba un malentendido fundamental del poder de Cristo y, a través de él, de la capacidad de la iglesia para ofrecer el perdón de pecados tan graves. Cipriano no llegó a afirmar, como hará Martín Lutero 1300 años más tarde, que toda la vida del cristiano es arrepentimiento, pero ciertamente parece haber insinuado algo parecido. En un giro notablemente irónico, los donatistas, en su visión novaciana de la fidelidad cristiana, abrazarán más tarde a Cipriano como uno de sus mártires modelo. Pero volveremos a esa historia más adelante en el capítulo.

La correspondencia de Cipriano con otros obispos, incluido el obispo de Roma, representa un modelo de gobierno de la iglesia que la conversión de Constantino pondrá en tela de juicio. Constantino se mostró dispuesto a participar en conversaciones difíciles. Así que su gobierno marcó el comienzo de la era de los concilios convocados por el emperador, el más famoso de los cuales, el Concilio de Nicea, dio lugar al Credo de Nicea.[178] El resultado fue una nueva tensión dentro de la iglesia, así como una nueva capa de cultura que impregnaba la fe, en la forma de la agenda política del emperador. El papel de los obispos se formalizó y, al mismo tiempo, se puso en tela de juicio, ya que ahora tenían que enfrentarse a una nueva dimensión política, a diferencia del lugar que ocupaban anteriormente en el mundo, en el que el imperio y el emperador los consideraban simplemente enemigos.[179] La controversia donatista puso a prueba el nuevo sistema de Constantino de participación del emperador en el gobierno de la iglesia y, tal vez como el propio Constantino admitiría más tarde, mostró sus límites. La controversia comenzó como una batalla entre dos facciones, donatistas y cecilianistas, sobre quién tenía el derecho de nombrar al obispo de Cartago. Continuando con las creencias novacianistas que Cipriano luchó tanto por frenar en el siglo anterior, los donatistas también creían que cualquiera que hubiera cedido durante la persecución no podía ser restaurado fácilmente como miembro de la iglesia. Y los obispos que habían entregado las Escrituras durante la persecución, en particular, no podían administrar los sacramentos. Los donatistas acabaron siendo la facción mayoritaria en Cartago, pero esto no ayudó a su causa a los ojos del emperador.

De 313 a 317 d. C., Constantino mantuvo correspondencia con los donatistas, convocó concilios locales e incluso invitó a Roma a representantes de los donatistas y de sus oponentes para mantener conversaciones. Finalmente, frustrado por la obstinación de los donatistas, los declaró herejes y ordenó la confiscación de sus iglesias. Más tarde en su reinado, al tratar con la controversia arriana que condujo al Concilio de Nicea, Constantino fue más indulgente y más paciente con los obispos

[178] Para un análisis de la dura intervención de Constantino en Nicea, véase Potter, *Constantine the Emperor*, 225-38.

[179] Para un análisis del nuevo papel de los obispos en la iglesia posconstantiniana, véase Claudia Rapp, *Holy Bishops in Late Antiquity: The Nature of Christian Leadership in an Age of Transition* (Berkeley: University of California Press, 2005).

recalcitrantes de todos los bandos. Pero esto fue más tarde. Tal vez, como sugiere el historiador David Potter, Constantino había aprendido algo de su experiencia con los donatistas, lo que le llevó a actuar más diplomáticamente cuando se enfrentó a controversias sectarias más adelante.[180]

Lo que está claro es que, al intentar restablecer el orden, Constantino no mostró ningún interés por las almas. La violencia entre cristianos y la obsesión por el derramamiento de sangre reflejada en los textos de martirio donatistas fue una marca definitoria de la controversia donatista, y los intentos del emperador por intervenir solo fomentaron más violencia. Este comportamiento y la insistencia en erigirse en mártires hacen de los donatistas un ejemplo especialmente ilustrativo de la profundidad de las divisiones en el cuerpo de Cristo cuando no hay voluntad de compromiso.

«La sangre de los mártires es la semilla de la iglesia»

Cincuenta y cinco años después del martirio de Perpetua y Felicidad, en un corriente día de septiembre, una gran multitud de cristianos y algunos funcionarios romanos se reunieron por el mismo motivo: presenciar la ejecución de un hombre condenado por su fe. En muchos aspectos, los acontecimientos que condujeron a ese día de septiembre recuerdan notablemente las experiencias de Perpetua y Felicidad, aunque el homenajeado de ese día de septiembre no dejó un relato personal de su preparación para el martirio.

Este relato del martirio de nada menos que Cipriano, figura ya familiar del capítulo 6, es una joya de las narraciones donatistas del martirio y la pasión. Compuesto poco después de la muerte de Cipriano, probablemente antes del 314 d. C., es muy dramático. Tras el arresto de Cipriano, el procónsul romano le acusa de traicionar y engañar al pueblo romano con su labor episcopal. Pero, tras el veredicto de ejecución, Cipriano exclama: «¡Alabado sea Dios!», con un coro de testigos cristianos haciéndole eco.

En un gesto sorprendente, Cipriano pide a los creyentes presentes en su ejecución que recojan veinte piezas de oro para pagar a su verdugo. Hay cierta ironía en esta historia de un obispo que pasó su ministerio convenciendo a su pueblo de dar generosamente a los pobres y a los que sufren, y que ahora concluye su ministerio recogiendo dinero para pagar a su verdugo. Pero esto no es todo. Los espectadores, según este relato, estaban ansiosos por recoger un nuevo tipo de recuerdo tangible, físico, inmediatamente después de la ejecución.

---

[180] Potter, *Constantine the Emperor*, 193-203.

Cipriano fue decapitado. Una muerte de este tipo resulta en horribles cantidades de sangre de los principales vasos seccionados. El relato de la pasión donatista señala que mientras el cuerpo del obispo yacía en el suelo, sangrando todavía, y el verdugo, presumiblemente todavía de pie cerca, cientos de cristianos que estaban presentes se apresuraron a levantarse. Y sacando pañuelos y otros trozos de tela, los mojaron en la sangre de Cipriano.

Esta escena suena caótica y desordenada y posiblemente repulsiva para nuestra sensibilidad occidental, reacia a las imágenes de derramamiento de sangre. Podemos imaginar cientos de pies descalzos y sandalias resbalando en la sangre que se acumula en el suelo, gente luchando por llevarse un poco de ella en sus pañuelos como recuerdo. Las prisas de los creyentes por acudir al lado del mártir justo después de su muerte también recuerdan a las de los buitres, deseosos de darse un festín con los cuerpos de los recién muertos. El énfasis en toda esa sangre parece tan gráfico y acentúa la violencia de la escena.

Los *brandeas*, como se conocían estos recuerdos en la Edad Media, eran los primeros tipos de reliquias sagradas y los más fáciles de conseguir. En pocas palabras, se trataba de cualquier tejido que hubiera estado en contacto con alguna parte del cuerpo del mártir o con un lugar sagrado. Imbuidos de la santidad de la persona o el lugar, podían proteger al propietario e incluso transmitirse de padres a hijos. Los peregrinos los fabricaban fácilmente. Bastaba con frotar un paño sobre una tumba, el muro de un lugar o el cuerpo de un mártir.

En el caso de la muerte de Cipriano, por supuesto, no se trata de un típico *brandea*. En su lugar, tenemos una producción desordenada y teatral de muchos trozos de tela sumergidos en la sangre fresca y caliente del obispo mártir. En este sentido, los recuerdos que se llevaron a casa los testigos de la ejecución de Cipriano se asemejan más a las reliquias medievales posteriores, cuyos coleccionistas se deleitaban con los trozos tangibles de huesos de santos y mártires. Pero en el contexto de la Antigüedad, es evidente que estos recuerdos de la ejecución de Cipriano tienen algo totalmente único. La clave es la violencia de la escena.

El carácter sangriento del relato de la pasión de Cipriano es una característica definitoria de los textos donatistas. Ya hemos encontrado la pasión igualmente gráfica de Maximiano e Isaac. Consideremos ahora otro destacado relato donatista de la pasión: *Hechos de los mártires abitinios*. En este relato del martirio de los cristianos de la ciudad de Abitina, el énfasis en la sangre va acompañado de una declaración rotunda de que la persecución de estos cristianos formaba parte de una batalla espiritual por el alma de la iglesia. El relato introduce el conflicto en los siguientes términos:

> En tiempos de Diocleciano y Maximiano, el diablo hizo la guerra a los cristianos de esta manera: pretendió quemar los santísimos testamentos del Señor, las divinas escrituras, destruir las basílicas del Señor y prohibir que los ritos sagrados y las santísimas asambleas celebraran en el Señor. Pero el ejército del Señor no aceptó una orden tan monstruosa y se erizó ante la orden sacrílega. Rápidamente, tomó las armas de la fe y descendió a la batalla. Esta batalla debía librarse no tanto contra los seres humanos como contra el diablo.[181]

Este relato inicial presenta la persecución en términos cósmicos, recordando las persecuciones predichas en Apocalipsis. Pero la descripción inicial del diablo como enemigo da paso rápidamente a la condena de los que se apartaron (en otras palabras, los traidores) en términos igualmente enérgicos:

> Cuando el diablo había sido completamente derrotado y derribado, y todos los mártires estaban llenos de la presencia de Dios, llevando la palma de la victoria sobre el sufrimiento, sellaron con su propia sangre el veredicto contra los traidores y sus asociados, rechazándolos de la comunión de la iglesia. Porque no era justo que en la iglesia de Dios hubiera al mismo tiempo mártires y traidores.[182]

Al glorificar los logros de los mártires al mantenerse firmes en su fe, este relato también vuelve repetidamente a hablar de su sangre como testimonio de la crueldad cometida contra los mártires y como fuente de inspiración y fuerza para que otros persistan en la fe. Ya en el párrafo introductorio, el texto afirma que los mártires «en diversos lugares y en distintos momentos, derramaron su muy bendita sangre».[183]

Más adelante, en el relato, durante la tortura del presbítero Saturnino, el narrador señala que mientras «colgaba del potro ungido por la sangre recién derramada de los mártires, fue incitado a persistir en la fe de aquellos en cuya sangre se mantenía firme».[184] La sangre vuelve a ocupar un

[181] Maureen Tilley, *Donatist Martyr Stories: The Church in Conflict in Roman North Africa* (Liverpool: Liverpool University Press, 1996), 28-29.

[182] Tilley, *Donatist Martyr Stories*, 29.

[183] Tilley, *Donatist Martyr Stories*, 27.

[184] Tilley, *Donatist Martyr Stories*, 35.

lugar destacado aquí, descrita ahora como ungiendo y santificando los instrumentos de tortura para los santos venideros. Por supuesto, como vimos especialmente en el caso de *La pasión de Maximiano e Isaac*, estos textos también exhortaban abiertamente a otros creyentes a aspirar a tales muertes.

Uno de los teólogos más importantes del norte de África, Tertuliano, escribió a principios del siglo II d. C.: «La sangre de los mártires es la semilla de la iglesia».[185] Podemos entender el argumento de Tertuliano: gracias a los mártires y al modo en que dieron testimonio público de su fe, se produjeron conversiones masivas. Sin embargo, los historiadores y teólogos no han prestado suficiente atención a la particular formulación de Tertuliano.

¿Por qué el punto sobre la sangre específicamente? Aunque Tertuliano es muy anterior a los donatistas, una frase tan vívida refleja la obsesión cultural romana por la sangre y la violencia que impregna la iglesia. Estas conversaciones sobre la violencia solo sirvieron para fomentar más divisiones en el cuerpo de Cristo. Cuando reflexionamos sobre los testigos que hacen *brandea* con la sangre de un mártir para llevarse esos recuerdos a casa y quizá compartirlos con otros, deberíamos imaginar que la sangre del mártir se trata como una semilla. Una semilla poderosa para tomar, compartir y plantar. Aunque Tertuliano se centró en la cosecha de almas convertidas, no podemos pasar por alto la cosecha de violencia dentro del cuerpo que las mismas semillas produjeron.

«Hay poder en la sangre»

Al igual que *La pasión de Maximiano e Isaac*, considerada al principio de este capítulo, las donatistas *Actas de los mártires abitinios* y la *Pasión de Cipriano* glorifican la muerte por martirio y enfatizan la violencia de las ejecuciones infligidas a los donatistas tanto por las autoridades romanas (en el caso de los acontecimientos anteriores a Constantino) como por compañeros cristianos (en el caso de los relatos de martirio del siglo IV) de una forma que roza lo grotesco. ¿Por qué exactamente lo hacen estos relatos?

Al explicar este fenómeno, Maureen Tilley, traductora de relatos de martirios donatistas, hace hincapié en la perdurabilidad de la memoria de los acontecimientos locales, sobre todo por la diferencia que los donatistas saboreaban entre ellos mismos como norteafricanos y el gobierno romano que los perseguía:

---

[185] Tertuliano, *Apologeticus* L:13.

> Al mantener vivo el recuerdo de los mártires, los relatos cumplían varios propósitos: mantenían vivo el sentido de la iglesia donatista como una iglesia en contacto con sus raíces en el cristianismo perseguido preconstantiniano; mantenían viva la animadversión hacia los católicos que los perseguían en alianza con el gobierno romano; mantenían vivas las tradiciones sobre cómo sobrevivir a la persecución física; mantenían viva una herencia de resistencia no solo a la fuerza física, sino también a la presión económica y social para ajustarse al catolicismo patrocinado por el Estado. En resumen, las escenas de tortura sirvieron para mantener vivo el donatismo al ofrecer y reforzar una interpretación alternativa de la realidad.[186]

El análisis de Tilley pone de relieve la falta de voluntad de los donatistas para reconocer la transición desde el modo preconstantiniano de gestionar los asuntos de la iglesia. Enfáticos en que el martirio y las persecuciones eran un aspecto clave de la fe, no estaban dispuestos a abrazar un mundo en el que pudieran vivir en unidad con otros cristianos, cuya fe los donatistas consideraban más débil. Por eso, al leer los relatos donatistas, uno tiene la sensación de estar en el año 251 de nuestra era y no casi un siglo después. Citando un himno muy conocido, los donatistas se dieron cuenta de que «hay poder en la sangre». Pero ¿la sangre de quién? Parece que al glorificar la sangre de sus propios mártires, los donatistas reclamaban una autenticidad que otros cristianos, que no sufrieron como ellos, no podían poseer. Recuerdos tangibles, como los recogidos del cuerpo de Cipriano (quien, irónicamente, no apoyaba los puntos de vista novacianistas que se manifestaron bajo una nueva luz como donatismo), no hicieron, sino reforzar esta conexión.

Aunque inusuales en el contexto de la Antigüedad, los recuerdos de sangre de santos se convirtieron en una característica común del culto católico medieval tardío. La historia de estos recuerdos, aunque pertenece a un contexto cultural y geográfico muy diferente del que nos ocupa en este capítulo, nos ofrece una visión intrigante de esta característica del culto y de su importancia para crear y manifestar el cristianismo cultural.

Un interludio sangriento

En el año 305 d. C., durante la persecución de los cristianos por Diocleciano, Jenaro, obispo de Benevento (Italia), fue arrestado junto con otros cristianos locales y condenado a muerte por su fe. Los cristianos

[186] Tilley, *Donatist Martyr Stories*, xxxvi.

fueron arrojados a una arena con osos. Milagrosamente, los osos se negaron a mutilarlos. Jenaro, al igual que Cipriano, fue decapitado, lo que provocó un derramamiento de sangre igualmente espantoso y abundante. Aquí es donde las cosas se ponen interesantes. Cuenta la leyenda que alguien recogió su sangre en un vial inmediatamente después y la llevó a Nápoles. Allí permanece hasta nuestros días.

Conservada en forma de polvo en un relicario doble especial, la sangre de Jenaro, ahora patrón de Nápoles se hace líquida milagrosamente en varias ocasiones cada año. Además, las ocasiones en las que se esperaba que la sangre se hiciera líquida, pero no fue así, resultaron ser presagios de un desastre inminente. La sangre de Jenaro no se hizo líquida durante la mayor parte de la Segunda Guerra Mundial y en diciembre de 2016 y diciembre de 2020. La Agencia Católica de Noticias señala, además, que «la reliquia también permaneció sólida el año en que Nápoles eligió a un alcalde comunista».[187] Como fiel cristiano, parece que Jenaro no lo aprobaba.

La historia de la sangre de Jenaro es sorprendente, pero, aunque posiblemente sea el más famoso de todos los recuerdos de sangre recogidos de antiguos santos y mártires, apenas es único en el catolicismo italiano moderno. Actualmente, se conservan en toda Italia un total de 190 muestras de sangre de este tipo. Hay otras, además, en toda Europa. En particular, la Basílica de la Santa Sangre en Brujas (Bélgica) exhibe con orgullo un frasco con un trozo de tela que, según la leyenda, José de Arimatea utilizó para lavar el cuerpo de Jesús para enterrarlo tras la crucifixión. La sangre que se ha secado en el paño se licua en ocasiones, llenando un frasco.[188]

Las reliquias ensangrentadas de los santos se exhiben en las iglesias y se utilizan en el culto católico moderno. Pero la historia tiene un giro. Aunque se supone que todas estas muestras de sangre fueron recogidas *in situ* de mártires ejecutados, la primera mención de la sangre de Jenaro y del milagro de hacerse líquida data de 1389 d. C., 1084 años después de su martirio. La reliquia de tela ensangrentada que se conserva en la Basílica de la Santa Sangre en Brujas es una que, según se dice, Teodorico

---

[187] Para la historia de la sangre de san Jenaro, véase CNA Staff, "Everything You Need to Know About the Miracle of Liquefaction of the Blood of St. Januarius", *Catholic News Agency*, 18 de septiembre, 2021, https://www.catholicnewsagency.com/news/249030/everything-you-need-to-know-about--the-miracle-of-liquefaction-of-the-blood-of-saint-januarius.

[188] Para una breve historia del frasco, véase "Is the Blood of Christ in Europe?", *One Life Tours*, 26 de agosto, 2015, https://onelifetours.ca/the-blood-of-christ-in-europe/.

de Alsacia trajo de la Segunda Cruzada en 1150, más de 1100 años después de la crucifixión de Jesús.

En otras palabras, todas las reliquias de sangre que se exponen hoy han sido atestiguadas por primera vez en la Edad Media o posteriormente. Pertenecen a un mundo distinto del de la Antigüedad tardía, pero que sigue fascinado por las manifestaciones tangibles y visibles de la santidad y desea este vínculo tangible con la iglesia primitiva. Estas reliquias tangibles pretenden inspirar a la gente a actuar: la muerte de los mártires es un ejemplo de hasta dónde estaban dispuestos a llegar otros en nombre de su fe. ¿Podríamos hacer nosotros lo mismo?

El tratamiento que los donatistas dan al martirio de Cipriano se asemeja en cierto modo a esta fascinación católica mucho más tardía, medieval e incluso moderna, por la sangre de santos y mártires como recuerdos tangibles. Pero este tratamiento de la sangre no es el único enfoque. Después de todo, el tratamiento que los donatistas dan a la sangre de Cipriano contrasta con el relato igualmente sangriento de la muerte de Policarpo, un siglo y medio antes. Como señalamos en el capítulo 4, la muerte de Policarpo produjo una cantidad milagrosa de sangre, que apagó un fuego (literal). Sin embargo, ninguno de los presentes se apresuró a limpiarla con sus pañuelos. El lenguaje que enfatiza el derramamiento de sangre de forma tan gráfica contrasta con otros relatos de martirio anteriores, como las cartas de Ignacio de Antioquía, contemporáneo de Policarpo, que escribió de forma muy gráfica sobre su propio martirio imaginado y deseado. Al final, cumplió su deseo. Aunque deseaba la muerte para unirse a Cristo, Ignacio no se veía a sí mismo como digno de convertirse en una figura semejante a Cristo, ni se detenía con tanto detalle en el derramamiento de su propia sangre. En otras palabras, mientras que su martirio era una obsesión para él, su sangre no lo era.

Estos atisbos de una posibilidad alternativa —considerar la sangre de un mártir como un flujo milagroso, pero no como algo de lo que hubiera que hablar largo y tendido, y conservar en recuerdos— nos recuerdan que con los donatistas ocurría algo diferente. Esta diferencia tiene que ver con su arraigo en la cultura romana del derramamiento de sangre y la violencia comunales.

Cristianismo norteafricano: Una historia de violencia comunal

En la ciudad costera norteafricana de Cesarea existía una costumbre anual, llamada *caterva*, que, según los lugareños, se remontaba a tiempos inmemoriales. Durante un breve periodo al año, los habitantes se dividían en dos facciones enemigas y aprovechaban el tiempo para atacarse mutuamente, hiriéndose, mutilándose y, a veces, matándose. Sorprendentemente, parece que la ciudad funcionaba como una ciudad romana de la Antigüedad tardía, perfectamente normal durante el resto del año. La ciudad fue también un importante centro cristiano, que Agustín visitó; de hecho, su obra *De doctrina christiana* es nuestra intrigante fuente para la *caterva*.

Como muestra Brent Shaw en su monumental estudio *Sacred Violence: African Christians and Sectarian Hatred in the Age of Augustine* [Violencia sagrada: Los cristianos africanos y el odio sectario en la época de Agustín], los historiadores solo pueden ignorar el impacto de la cultura local por su cuenta y riesgo.[189] Si consideramos la cultura local con más detalle, encontramos que la extrema obsesión por la violencia en los relatos de martirio donatistas refleja una cultura local de violencia endémica. Esta violencia endémica, como ya se ha señalado, no era exclusiva del norte de África. Estaba profundamente arraigada en la cultura romana. Pero tenía diferentes manifestaciones locales, y la *caterva* es uno de esos ejemplos.

El periodo anual de violencia ritual en Cesarea formaba parte de la identidad de la ciudad en la Antigüedad tardía, tanto como su fe cristiana y su ciudadanía romana. Por ello, parece que el gobernador romano, aunque estacionó tropas en la ciudad, permitió que se produjera la costumbre local de violencia sin intervenir. Presumiblemente, no la consideraba una amenaza para la estabilidad del imperio. Brent Shaw explica la naturaleza de este ritual:

> La costumbre estaba tan arraigada porque definía a las personas que participaban en ella. Cada año participaban voluntariamente en una ceremonia asesina que les demostraba, incluso hasta la muerte, quiénes eran. Sus causas primigenias eran casi irrelevantes. Más significativas eran la larga historia y la tradición. Transmitida por lejanos antepasados, y más inmediatamente por padres y abuelos, esta violenta costumbre —un *consuetudo*, como ellos la llamaban— se repetía ceremoniosamente año tras año porque, sencillamente, era lo que los habitantes de Cesarea habían hecho siempre. Era irrelevante que implicara violencia real, lesiones y sufrimiento, e incluso ocasionalmente la muerte; o que enfrentara a hermano contra hermano.[190]

[189] Brent Shaw, *Sacred Violence: African Christians and Sectarian Hatred in the Age of Augustine* (Cambridge: Cambridge University Press, 2011).

[190] Shaw, *Sacred Violence*, 19. Las referencias a la *caterva* en las fuentes como *consuetudo* (un hábito arraigado) ponen de relieve su carácter de algo que se hace simplemente porque siempre se ha hecho así.

Cuando Agustín visitó Cesarea en la década de 420, exhortó a los lugareños a abandonar esta costumbre tan arraigada. En Cristo, insistió, tenían la fuerza para resistir incluso el peso de su propia historia y tradición. El público respondió rompiendo a llorar.

¿Cuántas otras ciudades y pueblos del norte de África tenían tradiciones similares, su propia versión de la *caterva*? Shaw admite que nuestros atisbos son escasos y distantes entre sí. Sin embargo, su presencia resulta intrigante al recordarnos la violencia profundamente arraigada en el mundo romano. Pero esta historia particular de violencia ritual localizada, muy anterior a la cristianización, pone en contexto el énfasis en la sangre de los relatos donatistas de la pasión. Para las personas que habían vivido en ciudades como Cesarea, con su costumbre local de derramamiento de sangre comunitario anual, las ejecuciones sangrientas de mártires podían parecer un concepto naturalmente relacionado, una especie de versión nueva y cristiana de la costumbre de sus antepasados.

Aunque sobreviven pocos debates similares sobre la violencia comunitaria estructurada y programada con regularidad, como la *caterva*, disponemos de un abrumador registro papirológico que atestigua una violencia extrema a diario que estaba sencillamente arraigada y era endémica en las comunidades tanto antes como después de la llegada del cristianismo a la región. Sorprendentemente, las investigaciones del papirólogo Roger Bagnall sobre la violencia en los papiros antiguos y sobre la cultura de la violencia localizada en las aldeas egipcias del siglo XX, pintan un sorprendente cuadro de continuidad.[191] Los antiguos registros legales y los informes policiales de las aldeas conservados en papiros dan fe de asaltos, palizas y otros tipos de violencia que formaban parte de la vida cotidiana. Las personas que han sufrido este tipo de violencia han escrito (o contratado a escribas para que registren) montones y montones de papiros después, intentando (y a menudo fracasando en su cometido) obtener justicia a través de los canales oficiales.[192]

La presencia de estos documentos, así como su lenguaje formulista, también formaban parte de la vida cotidiana. Estos documentos también atestiguan que se esperaba que se produjera violencia, por lo que existía un lenguaje amplio para hablar de ella. Todo el mundo podía esperar sufrir violencia en algún momento, así que la cuestión no era si ocurriría,

[191] Roger Bagnall, "Official and Private Violence in Roman Egypt", *The Bulletin of the American Society of Papyrologists* 26 (1989): 201-16.

[192] Para esta historia de violencia a través de peticiones en los papiros egipcios, véase Ari Bryen, *Violence in Roman Egypt: A Study in Legal Interpretation* (Filadelfia: University of Pennsylvania Press, 2013).

sino cuándo. En este mundo, los textos de los donatistas que glorificaban la sangre encajaban a la perfección. Además, estas peticiones son un buen paralelismo para los relatos de martirio donatistas, ya que se centran específicamente en la perspectiva de los receptores de la violencia más que en la de los perpetradores. Sin embargo, en un mundo en el que tantos podían esperar recibir violencia, seguramente en algún momento incluso los perpetradores se convertirían en víctimas.

Al considerar el lugar de los donatistas en esta cultura de violencia, siempre presente en el Imperio romano en general y en el paisaje norteafricano en particular, es importante recordar que el sufrimiento de los donatistas era muy real. También lo era la violencia ejercida contra ellos por los cristianos católicos de los alrededores. Pero lo que parece separar a los donatistas es su glorificación de la violencia ejercida contra ellos. A través de sus propios textos, los donatistas continuaron glorificando la violencia contra ellos mismos, logrando el objetivo directamente declarado una y otra vez en sus relatos de martirio: que el propósito de los mártires y de estos relatos de martirio era crear aún más mártires. La semilla de la sangre solo podía engendrar una cosecha de más sangre.

Es significativo que la voz de Agustín domine las críticas que se conservan tanto de los *caterva* como de los donatistas.[193] La violencia y las divisiones dentro de la iglesia molestaron profundamente a Agustín como símbolos del cristianismo cultural. Al pedir a los cristianos locales que abrazaran la paz, les recordó que la cultura que más debía importarles no era la del reino de este mundo.

Las divisiones entre cristianos como síntoma del cristianismo cultural

Érase una vez un hombre que quedó abandonado en una isla durante años, completamente solo. Cuando por fin lo rescataron, sus salvadores se quedaron perplejos al ver que se había esforzado en construir tres edificios diferentes en la pequeña isla. Le preguntaron qué eran. El hombre explicó que el primero era su casa y el segundo su iglesia. El tercero, añadió emocionado, era donde solía ir a la iglesia.

No se trata de un hecho real, por supuesto, pero este chiste popular ilustra la importante división que existe hoy en el cuerpo de Cristo. La

---

[193] Además del estudio de Brent Shaw sobre Agustín y los donatistas en *Sacred Violence*, obras clave sobre la correspondencia de Agustín con los donatistas son Jennifer Ebbeler, *Disciplining Christians: Correction and Community in Augustine's Letters* (Oxford: Oxford University Press, 2012); y Rafał Toczko, *Crimen Obicere: Forensic Rhetoric and Augustine's Anti-Donatist Correspondence* (Gotinga: Vandenhoeck & Ruprecht, 2020).

división y la contienda están tan arraigadas en nosotros que, incluso dejados a nuestra suerte, podríamos sembrarlas sin ninguna provocación externa. Tenemos que reír o llorar.

En un caso histórico y menos humorístico de división, durante la Guerra Civil estadounidense, los cristianos, tanto de la Unión como de la Confederación, leían la misma Biblia mientras se mataban unos a otros durante el mortífero conflicto de cuatro años. Como ha demostrado el historiador James Byrd a través de un estudio de los sermones de la época, lo hacían con una perspectiva muy diferente a la hora de interpretar los mismos pasajes de la Biblia.[194] La división, aunque teológica, no dejaba de ser cultural.

Los relatos del martirio de los donatistas, y la historia general de la controversia donatista, tienen lecciones significativas que enseñarnos hoy sobre la búsqueda de la unidad de la iglesia en nuestras propias comunidades. En primer lugar, las historias de martirio que contamos importan.[195] Glorificar la violencia contra ellos se convirtió, para los donatistas, en combustible para seguir resistiéndose a la unidad teológica y crear una especie de realidad alternativa para sí mismos: un mundo en el que siempre fueron la minoría perseguida, incluso cuando el cristianismo se convirtió en la religión *de facto* del imperio. Pero en segundo lugar, vemos el impacto de la cultura romana en la promoción de la violencia, incluida la violencia dentro de la iglesia, por desacuerdos teológicos. Es fácil culpar a los donatistas, pero también tenemos que preguntarnos: ¿seguimos malinterpretándolos, como hicieron todos los que les rodeaban?

De forma llamativa, la violencia que los donatistas glorificaban en sus escritos era la violencia contra ellos mismos, más que la violencia que infligían a los demás. Por tanto, hacían hincapié en convertirse ellos mismos en el símbolo de los verdaderos creyentes y mártires fieles, mientras que tachaban al resto de los cristianos de incrédulos. En el proceso, cooptaron como propias a figuras cristianas anteriores, como Cipriano, que nunca fue donatista. A mediados del siglo III d. C., Cipriano abogó por aceptar en la iglesia a todos los que se arrepintieran tras las persecuciones. Mediante la narración de historias de martirio de Cipriano y otros, los donatistas pudieron perpetuar su versión de los hechos.

[194] James P. Byrd, *A Holy Baptism of Fire and Blood: The Bible and the American Civil War* (Oxford: Oxford University Press, 2021).

[195] Este es parte del argumento que Candida Moss expone en *The Myth of Persecution: How Early Christians Invented a Story of Martyrdom* (Nueva York: HarperOne, 2014).

En un sorprendente giro argumental, aunque las iglesias estadounidenses modernas no están llenas de donatistas, la creencia de que los cristianos son una minoría perseguida está muy extendida en la iglesia actual. Una encuesta realizada en 2017 reveló que la mayoría de los protestantes blancos consideran que sufren una discriminación significativa a causa de su fe.[196] Los administradores de la encuesta se sorprendieron, aún más, de que un porcentaje menor de musulmanes estadounidenses considerara que sufrían una discriminación significativa por su fe. El hallazgo, especialmente en 2017, fue llamativamente sorprendente, ya que el entonces presidente Donald Trump era abiertamente hostil hacia los musulmanes, y otros datos mostraban que los musulmanes sufrían una discriminación significativamente mayor que los cristianos.[197] ¿Podría ser esta sensación de sentirse asediado y oprimido una manifestación del cristianismo cultural, en el que es más fácil arrogarse el papel de mártir? En este sentido, debemos considerar un tipo de recuerdo que algunos cristianos estadounidenses solían coleccionar no hace mucho tiempo.

En abril de 1899, Sam Hose, un hombre afroamericano, fue linchado por una turba enfurecida en Newnan, Georgia, situada a solo cuarenta y cinco minutos de mi casa. Como parte del linchamiento, los participantes le cortaron partes del cuerpo cuando aún estaba vivo. Luego lo ataron a un árbol y le prendieron fuego, también en vida. Tras su muerte, la multitud enfurecida siguió cortándole más partes del cuerpo, incluso el corazón y el hígado, como recuerdo para llevar a casa o vender. De hecho, durante algún tiempo se siguieron vendiendo trozos de sus huesos como recuerdo.[198]

Los horribles abusos que este hombre negro sufrió a manos de una turba de blancos deberían horrorizarnos. Pero hay algo más que debería hacernos reflexionar. Por violento y deshumanizador que fuera el linchamiento de Sam Hose, no es más que uno de los muchos incidentes de este tipo que salpicaron la historia de Estados Unidos en el siglo y medio

---

[196] German Lopez, "Survey: White Evangelicals Think Christians Face More Discrimination than Muslims", Vox, 10 de marzo, 2017, https://www.vox.com/identities/2017/3/10/14881446/prri-survey--muslims-christians-discrimination.

[197] "U.S. Muslims Concerned About Their Place in Society, but Continue to Believe in the American Dream", *Pew Research Center*, 07/26/2017, https://www.pewresearch.org/religion/2017/07/26/findings-from-pew-research-centers-2017-survey-of-us-muslims/.

[198] Para estudios recientes sobre este linchamiento, véase Edwin Arnold, *What Virtue There Is in Fire: Cultural Memory and the Lynching of Sam Hose* (Athens, GA: University of Georgia Press, 2012); y Donald Mathews, *At the Altar of Lynching: Burning Sam Hose in the American South* (Cambridge: Cambridge University Press, 2017).

posterior a la Guerra Civil. De hecho, este capítulo de la historia del país aún no ha terminado. Solo en el estado de Mississippi se han producido al menos ocho presuntos linchamientos desde el año 2000.[199]

Pero lo que realmente debería hacernos llorar —y ponernos de rodillas— al reflexionar sobre este terrible capítulo de la historia estadounidense es que, en última instancia, se trata de una violencia entre cristianos que significa división en la iglesia. Después de todo, muchos de los iniciadores de esta violencia han sido cristianos blancos, mientras que sus víctimas han sido a menudo cristianos negros. La tendencia a coleccionar posteriormente recuerdos de las víctimas de linchamientos, desde partes del cuerpo hasta fotografías de calidad profesional, pasando por trozos de cuerda y ropa, recuerda inquietantemente a las reliquias de mártires coleccionadas en la Antigüedad y la Edad Media. En este caso, sin embargo, hay algo terriblemente impío en estos recuerdos de crueldad sin sentido derivados de una cultura de racismo sistémico. Tener un recuerdo tangible y visible de un linchamiento es conmemorar esta violencia que nada tiene que ver con el verdadero evangelio.

En el libro *Our Town: A Heartland Lynching, a Haunted Town, and the Hidden History of White America* [Nuestro pueblo: Un linchamiento en el corazón del país, un pueblo encantado y la historia oculta de la América blanca], la periodista Cynthia Carr exploró un linchamiento que tuvo lugar en Marion, Indiana, en 1930.[200] Sin embargo, lo que hizo que esta historia fuera aún más desgarradora para Carr fueron las conexiones de su propia familia con el suceso. ¿Cómo pudo su abuelo, respetable feligrés y pilar de la comunidad local, formar parte de la turba visible en la fotografía del linchamiento, donde testigos sonrientes y serios posan alrededor de las víctimas colgadas del árbol como si se tratara de una salida social más?

La pregunta persiguió a Carr durante toda su investigación. De una forma más amplia, se dio cuenta de que esta pregunta seguía atormentando también a la comunidad de la iglesia de Marion: ¿cómo pudieron los cristianos blancos de la comunidad aprobar y participar en este acontecimiento, perjudicando así a otros cristianos? Pero en un presagio del reino de Dios, fueron las iglesias de Marion las que, trabajando juntas, tomaron

[199] DeNeen L. Brown, "Lynchings in Mississippi Never Stopped", *Washington Post*, 8 de marzo, 2021, https://www.washingtonpost.com/nation/2021/08/08/modern-day-mississippi-lynchings/.

[200] Cynthia Carr, *Our Town: A Heartland Lynching, a Haunted Town, and the Hidden History of White America* (Nueva York: Crown, 2007).

la iniciativa para intentar lograr la reconciliación mediante el arrepentimiento público por la historia de racismo de la ciudad y el compromiso de perdonar y trabajar juntos. Al considerar las historias de violencia cristiana contra otros cristianos, trágicamente comunes en tantas formas y en tantos períodos, haríamos bien en recordar que la solución exige el arrepentimiento como punto de partida. Como sugiere el reciente libro de Wendell Berry en su examen de los legados del pecado de la esclavitud en la historia de Estados Unidos, ese arrepentimiento puede desarrollarse más eficazmente a nivel local, con vecinos que aprenden a reconciliarse y a amarse a pesar de su dolorosa historia.[201]

Además del arrepentimiento, conviene reconocer la diversidad del reino de Dios, ya que esa diversidad puede manifestarse en formas muy diferentes de adorar y seguir a Dios. Aunque algunos de los donatistas eran probablemente de piel oscura, su color de piel no fue la razón de su persecución en el mundo romano, que tenía un concepto muy diferente de la raza.[202] Sin embargo, la incomprensión cultural fue un factor en su persecución. Las ideas del biblista Esau McCaulley sobre la importancia de la diversidad cultural en el reino de Dios resuenan aquí, y aconsejan cautela:

> La visión escatológica de Dios para la reconciliación de todas las cosas en su Hijo requiere que mi color de piel negro y la identidad latina de mi vecina perduren para siempre... Por lo tanto, en la medida en que modulo mi color de piel negro o descuido mi cultura, estoy poniendo límites a los dones que Dios me ha dado para ofrecer a su iglesia y a su reino. La visión del reino está incompleta sin personas negras y morenas adorando junto a personas blancas como parte de un reino bajo el gobierno de un rey.[203]

La herejía es un problema, pero también lo es la división, especialmente cuando da lugar al derramamiento de sangre de cuerpos hechos a imagen del Padre, como el nuestro. Además, aunque aquí nos hemos centrado en gran medida en las desventajas de la cultura a la hora de deformar la

---

[201] Wendell Berry, *The Need to Be Whole: Patriotism and the History of Prejudice* (Berkeley: Shoemaker, 2022).

[202] Véase Sarah Derbew, *Untangling Blackness in Greek Antiquity* (Cambridge: Cambridge University Press, 2022). Para consultar fuentes primarias traducidas al inglés sobre el tema, véase Rebecca Kennedy, Sydnor Roy y Max Goldman, *Race and Ethnicity in the Classical World: An Anthology of Primary Sources in Translation* (Indianapolis: Hackett, 2013).

[203] Esau McCaulley, *Reading While Black: African American Biblical Interpretation as an Exercise in Hope* (Downers Grove, IL: IVP Academic, 2020), 116.

teología, debemos recordar que la cultura también puede ser un principio básico que fomente que la fe de alguien parezca diferente a la de otro. A veces las divisiones tienen menos que ver con la buena teología y más con las apariencias. Y este tipo de divisiones deberían preocuparnos y contrariarnos.

8
El altar y la cruz

El nacionalismo cristiano en el ocaso del imperio

En el año 29 a. C., Octaviano (que aún no era Augusto) decidió celebrar su victoria sobre Marco Antonio y Cleopatra, y su casi completa consolidación del poder sobre el Estado romano, de la forma más romana posible: erigiendo un elegante altar a la diosa Victoria (la diosa de la victoria) en el Senado romano. Es de suponer que, inmediatamente después del triunfo, también coincidió con la opinión del poeta Horacio sobre la mejor manera de celebrar la victoria —*Nunc est bibendum*... («Ahora es el momento de beber»)—, pero ahora lo que nos preocupa es el altar y su estatua.

A estas alturas, la estatua que Octaviano eligió para el altar ya era una experimentada chica romana. Originalmente, era una estatua griega de la diosa griega Nike, y fue uno de los botines de guerra que los romanos tomaron de Tarento en 272 a. C. durante la guerra pírrica. Así que Victoria ya había sufrido una profunda romanización y reconfiguración de su significado antes de Octaviano. Durante otros trescientos cincuenta años después del 29 a. C., Victoria continuó en el Senado romano, como faro de la continuidad de la grandeza romana y de las victorias sobre los enemigos en el curso de los cambios, a veces sutiles, pero cada vez más significativos, del imperio. Emperadores, plagas y desastres de todo tipo se sucedieron, pero Victoria permaneció donde estaba. Ni Augusto ni nadie que presenciara la instalación original de Victoria en la casa del Senado podía prever que un pequeño movimiento, que ni siquiera existía en el momento de la construcción del altar, sería un día su perdición.[204]

[204] Para más información sobre este altar, véase Alan Cameron, *Last Pagans of Rome* (Oxford: Oxford University Press, 2011), 39-51.

Es muy posible que nunca hubiéramos vuelto a oír hablar de Victoria y el altar, si no fuera por la refundición de este altar como un tipo muy diferente de símbolo en la segunda mitad del siglo IV de nuestra era. Mientras que el Imperio romano solo era cristiano en un 10 % en el año 300, en el 350 ya lo era en más de un 50 %. Además, en el año 330, Constantino trasladó la capital del imperio a Bizancio, debidamente rebautizada como Constantinopla. A partir de entonces, la importancia de la ciudad de Roma pasó a ser más simbólica que práctica. Sin embargo, en una Roma todavía llena de símbolos paganos, altares y templos, el altar y la estatua de Victoria en la casa del Senado se convirtieron inesperadamente en el centro de los debates sobre la evolución de la relación entre historia y religión en el Estado romano. Esta historia, además, tiene importancia para nuestra comprensión del nacionalismo religioso romano.

De visita en Roma en el 357 d. C., el emperador Constancio II, hijo de Constantino y cristiano arriano, ordenó que el altar y la estatua fueran almacenados. A pesar de su oposición a la exhibición pública del altar y la estatua, no estaba dispuesto a llegar al extremo de destruirlos. Tras la muerte de Constancio II en el 361 d. C., el siguiente emperador, Juliano el Apóstata, devolvió el altar y a Victoria a su emplazamiento original. Tras la muerte de Juliano en el 363 d. C., a la nada despreciable edad de treinta y dos años, los senadores cristianos comenzaron a presionar para que se retiraran de nuevo la estatua y el altar. El siguiente emperador, Valentiniano, intentó mantenerse neutral en materia religiosa y mantuvo el *statu quo*. Pero en 382 d. C., el emperador Graciano permitió de nuevo la retirada del altar. Tras la muerte de Graciano —¡lo ha adivinado!— surgieron nuevas peticiones para que el siguiente emperador, Valentiniano II, lo restaurara. Se conservan apasionados argumentos tanto a favor de restaurar el altar y la estatua en la casa del Senado (de Símaco) como en contra de volver a colocarlos en ese lugar (de Ambrosio, obispo de Milán), que demuestran la continua presencia y fuerza de las voces intelectuales paganas en el imperio, cada vez más cristiano. Ni siquiera la proclamación por parte del emperador Teodosio I del cristianismo como única religión oficial del Estado (incluso llegó a prohibir los Juegos Olímpicos, poniendo fin a una tradición que se remontaba al año 776 a. C., anterior a la fundación de Roma por Rómulo) fue suficiente para poner fin a esta lucha sin cuartel por el altar de Victoria. Eugenio, que asumió brevemente el control de la mitad occidental del Imperio en el 392 d. C., parece haber restaurado el altar, que permaneció en la casa del Senado hasta posiblemente el año 408, cuando fue retirado de nuevo.

Y entonces, en el año 410 de la era cristiana, ocurrió lo impensable. La ciudad de Roma fue saqueada por los visigodos de Alarico. Aunque Roma ya no era la capital del imperio desde hacía ochenta años, este saqueo, el primero en ochocientos años, conmocionó a todos los habitantes del Imperio romano, sumiéndolos en una crisis existencial de identidad. El acontecimiento hizo aflorar de un modo más emocional las mismas cuestiones que el debate sobre el altar y la estatua de Victoria ejemplificaba en su esencia. Estas preguntas y creencias culturales sobre la intrincada relación de la religión y la historia existieron desde los primeros tiempos del Estado romano y han constituido el núcleo del concepto de religión cultural tratado en la introducción de este libro. Los paganos culpaban a los cristianos de la ira de los dioses, que, estaban seguros, provocaron esta tragedia nacional. Algunos cristianos, por su parte, culpaban a Dios de haberles abandonado en su hora de necesidad.

A veces olvidamos que, hasta ese momento, el cristianismo solo había existido en el contexto histórico del Imperio romano, con Roma a la cabeza como símbolo de poder y estabilidad, como ningún otro aquí en la tierra. Aunque, como se ha señalado en capítulos anteriores, Roma había sido un colonizador opresivo para sus súbditos y especialmente para los grupos perseguidos, como los cristianos, había sido el telón de fondo asumido por la iglesia durante toda su existencia hasta la fecha. Y así, al igual que los paganos se preguntaban si este era el fin de su mundo, también lo hacían los cristianos. ¿Podría existir el cristianismo en un mundo en el que Roma ya no fuera el centro inamovible del poder? Y lo que es más importante, ¿qué significaba para los cristianos que Dios retirara su favor de Roma? Estas preguntas atormentaban a los cristianos de todo el imperio, tanto si estaban en Roma cuando sobrevino la calamidad como si observaban el desastre desde el otro lado del Mediterráneo. Sus preguntas en esta época de crisis nacional revelan las profundas raíces del nacionalismo religioso en la psique romana. Mucho antes del cristianismo, este nacionalismo religioso romano lo envolvió.

El nacionalismo religioso, especialmente el cristiano, ha recibido mucha atención en Estados Unidos en los últimos tiempos. Los peligros del nacionalismo cristiano, en particular, han sido objeto de varios libros recientes de científicos sociales e historiadores.[205] Pero la idea de Estados

[205] Andrew Whitehead y Samuel Perry, *Taking America Back for God: Christian Nationalism in the United States* (Oxford: Oxford University Press, 2020); Philip Gorski y Samuel Perry, *The Flag and the Cross: White Christian Nationalism and the Threat to American Democracy* (Oxford: Oxford University Press, 2022); y Katherine Stewart, *The Power Worshippers: Inside the Dangerous Rise of Religious Nationalism* (Londres: Bloomsbury, 2022).

Unidos como una nación favorecida por Dios, una especie de nueva Jerusalén, no es nada nueva y se remonta ya a la época anterior a que Estados Unidos fuera una nación independiente. Los colonos puritanos del siglo XVII veían la nueva tierra como una "nueva Jerusalén" y "una ciudad sobre una colina", favorecida por Dios siempre que sus habitantes siguieran los mandatos divinos.[206] Para los puritanos, esta era una forma natural de describir una comunidad cristiana apartada del mundo. En las últimas décadas, sin embargo, la idea de un nacionalismo motivado religiosamente se ha corrompido y ha sido cooptada en el discurso político, de tal manera que se ha convertido en una distorsión del evangelio.[207] Pero el objetivo de este capítulo es argumentar que este pecado cultural no es exclusivo de nosotros. Aunque el concepto moderno de nacionalismo es ciertamente diferente de la idealización romana de la ciudad de Roma y el imperio que surgió de ella como favorecidos de forma única por los dioses y destinados a gobernar el mundo, no deja de ser análogo.

Basándose en el desarrollo de los estilos musicales en la Inglaterra medieval, el musicólogo Richard Taruskin ha observado:

> Esta afirmación de un estilo local dentro de un género universal puede sugerir los inicios de algo comparable a lo que ahora llamamos nacionalismo... En esta fecha temprana, el nacionalismo —o mejor, la conciencia nacional— se identifica con la corona, no con la etnia, y se asocia con la propaganda destinada a reclutar un ejército nacional bajo el mando del rey. Hasta aquí puede considerarse como una forma más débil y abstracta de la lealtad personal que se profesaba al lord en el feudalismo. Tampoco es fácil distinguir el nacionalismo del imperialismo: El sentido de Inglaterra como nación, tuvo mucho que ver con los esfuerzos de los anglonormandos por conquistar y gobernar a sus vecinos celtas del oeste y del norte.[208]

Las conclusiones de Taruskin basadas en la evolución musical tienen importantes ramificaciones para nuestra comprensión del nacionalismo

---

[206] La descripción de Estados Unidos como una "ciudad sobre una colina" remite a un sermón de 1630 de John Winthrop, que llegaría a ser gobernador de Massachusetts.

[207] Para una visión general del nacionalismo cristiano en la historia de EE. UU., véase John Fea, *Was America Founded as a Christian Nation? A Historical Introduction* (Louisville: Westminster John Knox, 2011). Muy útil como breve introducción es John Wilsey, "The Many Faces of Christian Nationalism", *Law & Liberty*, 26 de septiembre, 2022, https://lawliberty.org/features/the-many-faces-of-christian-nationalism/.

[208] Richard Taruskin, *Music from the Earliest Notations to the Sixteenth Century* (Oxford: Oxford University Press, 2006), 108.

político y religioso. Su análisis revela el desarrollo de la conciencia nacional como forma definitiva de lograr la identidad grupal e individual. Dicha conciencia nacional —que en periodos más modernos denominamos cómodamente "nacionalismo"— parece surgir tan fácil y orgánicamente como si tuviera algo de naturaleza humana. Después de todo, es natural que los grupos quieran ser mejores que otros grupos y que se imaginen a sí mismos como excepcionales, creados y ordenados para ser mejores que el resto.

Un nacionalismo basado en la creencia en el excepcionalismo romano era una característica de la religión romana y también formaba parte de la cosmovisión de muchos (aunque no todos) los primeros cristianos, absorbida sin problemas por quienes se veían a sí mismos como residentes o incluso ciudadanos del Imperio romano. Pero aunque a primera vista ese nacionalismo puede parecer algo bueno, una especie de orgullo natural que hace que la gente sirva valientemente en nombre de su nación, convertir a la nación en el bien supremo al que se le debe todo es, por supuesto, idolatría, ya que ese pensamiento sitúa a la nación por delante de Dios.

En este capítulo examinaremos la manifestación más atroz del pecado cultural del nacionalismo cristiano en el Imperio romano: la reacción de los cristianos del Imperio romano ante el saqueo de Roma. Nuestro mejor testigo de la reacción cristiana al saqueo del 410 d. C. no es otro que el principal teólogo de su época: Agustín, obispo de Hipona. Al parecer, el suceso tuvo un efecto traumático en Agustín, que escribió su monumental *Ciudad de Dios* (cuyo título completo es *Sobre la ciudad de Dios contra los paganos*) como respuesta. Pero en lugar de limitarse a decir a los cristianos cómo reaccionar ante la mayor tragedia de su época de la forma teológicamente más apropiada, la *Ciudad de Dios* de Agustín es un manifiesto contra el nacionalismo cristiano, que explora cómo ver la historia desde una perspectiva cristiana.

Agustín dedica gran parte del libro a relatar la historia romana anterior, porque la visión correcta de la historia, una visión impregnada de sana teología, es la mejor cura para el pecado del nacionalismo cristiano. Pero también es importante recordar que el nacionalismo religioso no es exclusivo del cristianismo. El patriotismo puede ser un ídolo natural de cualquier religión, incluidos el laicismo y el ateísmo. Por lo tanto, antes de pasar a Agustín, consideraremos más detenidamente el trasfondo de la estructura religiosa romana que hizo posible el nacionalismo religioso y, por lo tanto, sentó las bases también para el nacionalismo cristiano en el Imperio romano tardío. No es exagerado decir que sin el nacionalismo religioso pagano profundamente arraigado en el mundo romano, el nacionalismo cristiano no habría existido en el contexto romano.

Historia y religión en el Estado romano: Una retrospectiva

Para comprender la existencia del nacionalismo religioso romano es necesario remontarse a los inicios de Roma y a su estructura religiosa. Según la leyenda romana, la ciudad comenzó su vida como una aldea a orillas del río Tíber a mediados del siglo VIII a. C. La malaria asolaba el asentamiento todos los veranos, ya que el lugar, si bien tenía la ventaja de las colinas para una fácil defensa militar, también contaba con la desventaja de tener más mosquitos que habitantes en los primeros tiempos de la aldea.

La expansión comenzó lentamente en el siglo IV, con guerras contra los vecinos latinos y los samnitas. Al final de la guerra pírrica, en el 275 a. C., los romanos se hicieron con el control de toda la península itálica. Y con su victoria sobre Cartago en la segunda guerra púnica (218–202 a. C.), los romanos se hicieron con un imperio que abarcaba todo el Mediterráneo. Su éxito en estas labores impresionó y desconcertó a los contemporáneos de las civilizaciones vecinas. El historiador griego Polibio, que pasó casi veinte años como rehén en Roma a mediados del siglo II a. C., estaba convencido de que el éxito de los romanos se debía a su buen gobierno como república, que contaba con frenos y contrapesos y no permitía que ningún individuo obtuviera un poder excesivo. Los propios romanos, sin embargo, tenían una respuesta diferente: creían que su éxito militar se debía al favor de los dioses.

La epopeya nacional romana, la *Eneida* de Virgilio, fue compuesta en la época de Augusto y publicada en el 19 a. C., pero muchas de las ideas que contiene sobre el destino divinamente ordenado de la grandeza romana se remontan probablemente a siglos antes. En concreto, los mitos sobre Eneas se remontan al menos al siglo III a. C., cuando otro poeta, Nevio, publicó una epopeya, *La guerra púnica*, que incluía algunas de las mismas historias y el mensaje general del favor divino a Roma. La *Eneida* narra la historia de un héroe semidiós troyano, Eneas, hijo de un príncipe troyano y de la diosa del amor Venus, que escapa de la ciudad de Troya en llamas llevando a su hijo de la mano y a su anciano padre a la espalda. La imagen se convirtió en un ícono del arte romano como símbolo de piedad filial. Eneas también pierde a su esposa durante la huida, pero eso formaba parte de los planes de los dioses para el héroe, así que todo sale bien para los demás. En cualquier caso, la idea de Eneas, como elegido por los dioses, especialmente por Zeus, para fundar una nueva Troya en Italia, subyace en la epopeya y sienta las bases del destino manifiesto romano.

Además, las leyendas sobre Eneas y la fundación de Roma no son las únicas que presentan este mensaje de favor divino único para Roma y, por tanto, su lugar excepcional entre todas las ciudades-estado del mundo. Según otras leyendas, transmitidas por el historiador de la época de Augusto, Livio, el segundo rey de Roma, Numa Pompilio, formuló el ideal de la *pax deorum*, la paz con los dioses. El concepto de *pax deorum* parece haber continuado a partir de entonces, enfatizando el trato clave: mientras los romanos respetaran a los dioses y les rindieran el culto apropiado, el Estado permanecería invicto. Por otro lado, cualquier derrota indicaba el desagrado divino.

La derrota militar o cualquier otra catástrofe de ámbito estatal requería la labor de expertos —los miembros de los distintos colegios sacerdotales— para determinar la causa de la ira divina y la actuación adecuada para expiarla. En casos de desastres especialmente terribles, como una dramática derrota militar, se consultaban los libros sibilinos de profecías. Las medidas de expiación podían ir desde sacrificios a determinados dioses, pasando por rituales de purificación de la ciudad, hasta la construcción de un nuevo templo para una deidad concreta. Tras dos derrotas militares especialmente devastadoras, los libros sibilinos obligaban a los romanos a enterrar vivos a dos griegos y dos galos en el Foro Boario. Estas fueron las únicas ocasiones en las que los romanos se apartaron de su aversión general a los sacrificios humanos. Aunque estas medidas desesperadas eran necesarias periódicamente para expiar las derrotas militares en otros lugares, la propia ciudad de Roma no volvería a ser capturada hasta el año 410 d. C. tras el infame saqueo galo de Roma en el 387 a. C., un episodio especialmente vergonzoso de la historia romana, que imbuyó a los romanos el miedo y el odio hacia los galos durante generaciones.[209]

La historia posterior de Roma demuestra que Polibio se equivocó al atribuir el éxito de Roma a su forma de gobierno. El éxito romano en la conquista y posterior mantenimiento de un imperio continuó sin disminuir mucho después de que su forma de gobierno republicana se derrumbara a finales del siglo I a. C. Para los romanos, la prueba del éxito de la *pax deorum* en hacer grande su imperio y mantenerlo así estaba, como suele decirse, en los hechos mismos.

---

[209] Para un estudio del tratamiento romano de la derrota durante la República romana, véase Jessica Clark, *Triumph in Defeat: Military Loss and the Roman Republic* (Oxford: Oxford University Press, 2014).

Sorprendentemente, los cristianos, al igual que los romanos, parecían creer en la idea del favor divino para el Imperio romano, sentando las bases para un nuevo pecado cultural. Por eso, cuando la ciudad de Roma fue saqueada por los godos en el año 410 d. C., el clamor y la conmoción de los cristianos romanos, cuya religión era ahora la oficial del Estado, fue tan fuerte como el de sus vecinos paganos. Los paganos se esforzaban por comprender cómo podía sobrevivir el Imperio romano en un mundo sin Roma y culpaban a los cristianos de lo que consideraban una prueba de violación de la *pax deorum*. Los cristianos, por su parte, estaban asombrados de que Dios permitiera este desastre y se esforzaban por imaginar la supervivencia del cristianismo en un mundo sin Roma.

Las reacciones de ambos grupos ante los acontecimientos del año 410 d. C. muestran el fuerte sentimiento de nacionalismo religioso. Para ambos, tanto la causa de ese nacionalismo religioso como el mecanismo para sobrellevar el trauma y la conmoción del saqueo de Roma consistieron en aferrarse a su respectiva visión de la historia. En otras palabras, el debate de paganos y cristianos sobre cómo entender correctamente el saqueo de Roma —y a quién culpar de este desastre— era en el fondo un debate sobre el correcto relato de la historia romana. En última instancia, al proporcionar un consuelo centrado en Cristo a través de una historia revisada de Roma, Agustín confrontó a los cristianos culturales que lo rodeaban en su pecado e intentó eliminarlo. Antes de considerar cómo lo hizo exactamente Agustín, es útil considerar brevemente algunas manifestaciones representativas del nacionalismo religioso pagano romano de la misma época. Como muestran estos ejemplos, no todos adoptaron el enfoque directo de criticar a otros miembros del Estado y culparlos del desastre. Para algunos otros escritores de este periodo, parece que no hay peor ciego que el que no quiere ver.

Dos citas con el fantasma de la gloria pasada

En el año 416 d. C., un aristócrata galo, Rutilio Namaciano, emprendió un viaje por mar al sur de la Galia desde Roma, donde había ocupado brevemente el distinguido cargo de *praefectus urbis*, prefecto de Roma, uno de los puestos políticos más prestigiosos de la época. Con lo que podría interpretarse como una idea exagerada de su propia importancia, Rutilio escribió un poema épico sobre su viaje, *El retorno*. Al invocar a Roma como una diosa al principio de la obra, Rutilio (que parece haber seguido siendo un pagano de toda la vida en un mundo cada vez más cristiano) habla de la ciudad eterna y su imperio como el pináculo de toda la creación. Está bendecida por todos los dioses y es una bendición para toda la humanidad. Sus numerosos logros militares son legendarios, y sus templos siguen brillando con orgullo, recordando las victorias que los dioses han concedido a Roma y prometiendo muchas más en el futuro.

Rutilio, conmovido, abandona la gloriosa ciudad por todo lo que representa, pero encuentra consuelo al relatar (en versos apropiadamente elegíacos, antes reservados a la poesía amorosa) las bellezas de la costa que su barco abraza en el viaje de regreso. El Imperio romano sigue siendo una maravilla para la vista, aunque hay indicios de decadencia: «De los precedentes deducimos que las ciudades pueden morir», señala al visitar la ciudad costera etrusca de Populonia.

El poema es artísticamente bello, pero su contenido es más bien cursi, si se tienen en cuenta las realidades de la época de Rutilio. En primer lugar, su poética alabanza de la ciudad eterna ignora su decreciente importancia a lo largo del siglo y medio anterior. Constantino había trasladado la capital del imperio a Constantinopla casi un siglo antes. Pero incluso antes, durante el gobierno de Diocleciano y la Tetrarquía, a finales del siglo III, la capital de la mitad occidental del imperio se trasladó de Roma a Mediolanum (la actual Milán). Y en el 402 d. C., en vida de Rutilio, la capital regional se trasladó de nuevo, esta vez de Mediolanum a Rávena. Pero en segundo lugar, mencionado de forma oblicua, solo en los breves y ácidos comentarios sobre los godos malvados, está el acontecimiento más importante de la vida de Rutilio: el horrible saqueo de Roma por los godos en el año 410 de la era cristiana.

¿Cómo fue para Rutilio ser prefecto de Roma pocos años después del violento y devastador saqueo de la ciudad? Las huellas de la destrucción aún eran visibles por todas partes, y la reconstrucción estaba en curso. El trauma para los residentes fue significativo. Muchos optaron por marcharse. Los refugiados de Roma, cuya población superó el millón de habitantes durante gran parte del periodo que va de la época de Augusto en adelante, huyeron a otras partes del imperio. El norte de África fue un destino especialmente popular. Todo esto significa que Rutilio gobernaba una ciudad que era, en muchos sentidos, una cáscara de sí misma, mucho menos poblada, más pobre y aturdida.

Sin embargo, nada de esto es visible en la mini epopeya de Rutilio. El único indicio de problemas duraderos reside en su decisión de navegar a la Galia desde Roma en lugar de viajar por tierra. Como él mismo señala, los caminos aún no son seguros a causa de los godos errantes. Al leer a Rutilio, a menos que se conozca el contexto en el que vivió y escribió, uno podría imaginar que Roma seguía siendo la capital intacta e inigualable del imperio, tan bendecida por los dioses como siempre lo ha sido.

Pero Rutilio no fue el único que reescribió conscientemente el presente para ofrecer una visión de la grandeza romana atemporal. Claudiano, que escribió una década antes del saqueo de Roma, era consciente del peligro que se avecinaba. Escribió su propia epopeya sobre el conflicto, *La guerra gótica*, aunque no vivió para ver el saqueo de Roma. Sin embargo, su poema más famoso, "El viejo de Verona", muestra una manipulación de la historia similar a la de la epopeya de Rutilio.[210]

El héroe del poema de Claudiano es un granjero que ha vivido toda su larga vida en la misma granja. Nació en esta misma granja y sigue viviendo en ella. De hecho, el título del poema es un poco equívoco: aunque Verona está muy cerca de su granja, para nuestro héroe, dice Claudiano, podría estar tan lejos como la India. Tan apegado está este granjero a su granja que ni siquiera ha viajado a esa ciudad cercana. Pero, afirma Claudiano, este agricultor es más feliz que los que han elegido otras profesiones. Sin duda, es más feliz que los soldados o los comerciantes que viajan a tierras lejanas.

Las lápidas de los soldados romanos en las ciudades militares de todo el imperio demuestran que Claudiano no se limita a ser hipotético. La información habitual en las lápidas de los militares incluye la ciudad de nacimiento. Así, sabemos que Verona y otras ciudades del norte de Italia habían sido populares lugares de reclutamiento de las legiones romanas desde principios del Imperio. Una vez reclutados, estos campesinos convertidos en legionarios viajaban a tierras lejanas y nunca regresaban. Los romanos tenían la política de destinar a los reclutas lejos de sus hogares, por lo que era probable que los reclutas de Verona acabaran en Britania o en la frontera germánica. Una vez cumplidos los veinticinco años de servicio, podían vivir su jubilación en la ciudad que había crecido alrededor del fuerte militar donde habían servido. Pero, una vez más, este agricultor rechaza tales oportunidades en favor de quedarse quieto. Aún más sorprendente es el comentario de Claudiano de que este agricultor marca el año no por los nombres de los cónsules, sino por las estaciones de las cosechas. La política, en otras palabras, no tiene sentido para él. No menciona emperadores. Su granja es una burbuja atemporal de valores republicanos romanos.

Leyendo la epopeya de Rutilio, uno nunca sabría que se había producido el saqueo de Roma o que Roma ya no era la capital del imperio.

---

[210] Nadya Williams, "Once Upon a Time Near Verona: Is the Rootedness of the Farmer a Christian or a Pagan Ideal?", *Plough*, 25 de julio, 2022, https://www.plough.com/en/topics/culture/literature/once-upon-a-time-near-verona.

Del mismo modo, leyendo el poema de Claudiano, uno nunca sabría que la República romana, en la que los cónsules eran los principales líderes políticos, dio paso al imperio y a los emperadores. El ideal agrícola presentado en el poema recuerda a héroes romanos como Cincinato, un líder de la temprana república que renunció a una dictadura y regresó a su granja para vivir en paz. También recuerda a las *Geórgicas* de Virgilio, otra glorificación idealizada y atemporal de la agricultura en la poesía, escritas en tiempos de Augusto como parte de la propaganda oficial del Estado sobre el retorno a la edad de oro que encarnaba el gobierno del primer ciudadano.

Los poemas tanto de Rutilio como de Claudiano son, en última instancia, citas imaginarias con los fantasmas de las glorias pasadas de Roma, y eso es precisamente lo que los convierte en testigos tan valiosos del nacionalismo religioso pagano. Vemos un apego a la grandeza de Roma, hasta el punto de negar cualquier cambio que se haya producido en la estructura política. El mito de *Roma aeterna* no reconoce que Roma ya no es la capital. En cambio, el apego a este mito se limita a buscar culpables de cualquier daño causado a su ídolo. Pero si Rutilio Namaciano y Claudiano no revelan directamente lo que sabían de los acontecimientos de principios del siglo V, Agustín, por el contrario, dedica todo el primer libro de la *Ciudad de Dios* a documentar estas experiencias.

Una ciudad saqueada: Entrevistas a supervivientes

Al principio de la *Eneida* de Virgilio, el héroe de la epopeya relata dramáticamente a Dido, la reina de Cartago, en cuyas costas naufragó, los acontecimientos del saqueo de Troya, que él mismo presenció antes de su huida secreta de la ciudad. La escena culminante del relato de Eneas es un acontecimiento que pone de relieve la alteración de todas las normas civilizadas inherentes a la captura violenta de una ciudad: la matanza salvaje del rey de Troya, Príamo. El hijo de Aquiles, Neoptólemo, se infiltra en el palacio real donde vivía el anciano rey. Mata a uno de los hijos del rey delante de él. Luego arrastra al rey hasta el altar de Júpiter. Usurpando los rituales normalmente utilizados para el sacrificio de animales, Neoptólemo asesina allí al rey, ensuciando el altar con su sangre.

No cabe duda de que la intención de Virgilio era que esta narrativa fuera terriblemente impactante. No hay honor en masacrar a un anciano indefenso en su propia casa, y nada menos que en un altar. Sin embargo, el público familiarizado con la versión griega de los mitos que rodean el saqueo de Troya habría recordado las muchas otras atrocidades que ocurrieron cuando los griegos capturaron y saquearon la ciudad. Entre ellas, la matanza de todos los hombres, incluido el hijo pequeño de Héctor, que fue arrojado desde las murallas de la ciudad. A los que sobrevivieron no les fue mejor. Los relatos de los mitos en la tragedia griega hacen hincapié en la captura y violación de las mujeres troyanas, que posteriormente fueron vendidas como esclavas. Pero en este caso, los mitos no eran simples mitos.

El saqueo de las ciudades antiguas siempre fue un acontecimiento violento y horrible. Aunque la caída de algunas ciudades se hizo más famosa que otras —como el saqueo de Milo relatado por Tucídides o la toma de Jerusalén por Tito—, la expectativa era generalmente la misma. En cualquier ciudad capturada, los conquistadores mataban a todos o a la mayoría de los varones adultos. A continuación, vendían como esclavos a todos los supervivientes, en su mayoría mujeres y niños. La violación de niñas y mujeres era habitual en el proceso. De hecho, existen pruebas de que era una estrategia militar habitual.[211] Además, aunque en otras ocasiones la gente podía esperar seguridad al refugiarse en los altares o templos de los dioses, no estaba garantizado que esta práctica se respetara durante el saqueo de una ciudad, como demuestra la matanza de Príamo en un altar.

El Libro I de la *Ciudad de Dios* de Agustín está dedicado a su resumen de las experiencias de los supervivientes del saqueo de Roma y a las respuestas a las quejas de los supervivientes sobre su propio destino y el de los que no lograron salir vivos de Roma para contarlo. Dado que muchos de los supervivientes se refugiaron en el norte de África, incluida la ciudad de Agustín, Hipona Regia, es probable que el obispo aprovechara la ocasión para entrevistar a los supervivientes. Aunque Agustín no era un pastor afectuoso y cariñoso como Cipriano, se tomaba en serio sus deberes para con su rebaño. Sus escritos sugieren que comprendía la necesidad de escuchar a los refugiados y aconsejarles acerca de sus traumas, especialmente cuando estos sacudían profundamente su fe. ¿Qué historias le contaron estos supervivientes? ¿Qué tan típico fue el saqueo de Roma en el año 410 de la era cristiana?[212]

[211] Kathy Gaca ha escrito extensamente sobre este concepto de violación y esclavización sistemáticas (también conocido como "andrapodización") de los cautivos de guerra. Véase en particular Gaca, "The Andrapodizing of War Captives in Greek Historical Memory", *Transactions of the American Philological Association* 140 (2010): 117-61.

[212] Para una narrativa intrigante de la caída de Roma desde la perspectiva de los godos y Alarico, véase Douglas Boin, *Alarico el Godo: La caída de Roma vista por los bárbaros* (Madrid: Ático de los libros, 2021).

El caos y la violencia reinaron cuando la ciudad fue tomada e invadida. Los conquistadores trataron con la misma dureza a paganos y cristianos. Los godos no eran conocidos por su gentileza, y muchos civiles fueron masacrados. Además, los supervivientes contaron a Agustín historias de violaciones generalizadas de mujeres, incluidas algunas vírgenes que habían hecho votos por la iglesia. Como consecuencia de tal violación, algunas mujeres se suicidaron, una consecuencia que preocupó a Agustín más que ninguna otra.

El sufrimiento de todos los que se encontraban en la ciudad de Roma en el momento del saqueo fue importante. Muchos fueron capturados por los godos y vendidos como esclavos. Otros perdieron gran parte o la totalidad de sus bienes al ser despojados de sus riquezas por los conquistadores. Abundan las historias de personas que habían escondido sus posesiones y fueron torturadas por los godos hasta que, agobiadas por un dolor y una agonía insoportables, revelaron los escondites. Algunos se negaron a revelar sus tesoros y fueron asesinados. Otros, que no tenían tesoros ocultos que revelar, fueron torturados, ya que los godos no creían sus afirmaciones de pobreza. La codicia de los godos, según se desprende de los relatos de los supervivientes a Agustín, no tenía límites.

Para los romanos que salieron ilesos del saqueo, pero perdieron a sus seres queridos quedó el dolor de no poder llorar ni enterrar a sus parientes, cuyos cuerpos fueron profanados y nunca se devolvieron a las familias para su entierro. Por último, pero no por ello menos importante, una vez que los godos se retiraron y dejaron atrás el armazón saqueado de la ciudad, llegó el hambre y consumió al menos tantas víctimas como el saqueo y la matanza iniciales. No es de extrañar que tantos huyeran en los meses siguientes. Roma, superpoblada al menos desde el siglo I de nuestra era, siempre había dependido de un sistema organizado de suministro de alimentos procedente de todo el imperio. Durante casi medio milenio, los barcos cargados de grano navegaron en un flujo constante desde Alejandría a Roma. Una vez que el violento saqueo interrumpió ese suministro y vació las reservas de alimentos de la ciudad, la elevada población de Roma se convirtió en un lastre en lugar de una fortaleza.

Dado que Eneas, el héroe de la *Eneida*, huyó de Troya cuando estaba siendo saqueada por los griegos y se convirtió en el antepasado de los fundadores de Roma, parece apropiado que el relato del saqueo de Troya en la *Eneida* estuviera en la mente de Agustín como comparación obvia con el saqueo de Roma por los godos. Esta comparación puso de manifiesto una importante singularidad del saqueo de Roma. Sí, durante el saqueo de Roma se cometieron muchas de las atrocidades habituales, como violaciones y matanzas de mujeres y otros no combatientes. Sin embargo, los godos, que eran cristianos (aunque de la variedad arriana, que el Concilio de Nicea había declarado herética), perdonaron a los romanos que se escondieron en lugares de culto cristianos. Así pues, Agustín subraya que todos los horrores que se produjeron durante el saqueo godo de Roma fueron absolutamente normales, pero que los actos de clemencia y de perdonar a los que se escondían en iglesias cristianas fueron milagrosos:

> Pero lo que era nuevo era que los bárbaros salvajes se mostraban bajo una apariencia tan gentil, que las iglesias más grandes eran elegidas y apartadas con el propósito de ser llenadas con la gente a la que se daba cuartel, y que en ellas nadie era asesinado, de ellas nadie era arrastrado a la fuerza; que a ellas muchos eran conducidos por sus enemigos indulgentes para ser liberados, y que de ellas nadie era conducido a la esclavitud por enemigos despiadados.[213]

En opinión de Agustín, el hecho de que se perdonara la vida a quienes decidieron esconderse en las iglesias es un ejemplo de la misericordia de Dios. Además, la seguridad que pudieron encontrar en el proceso tanto los paganos como los cristianos que se escondieron en las iglesias es un recordatorio de que, a lo largo de toda la historia romana anterior, Dios siempre ha mostrado favor y misericordia tanto a los buenos como a los malos. Uno nunca podría ganarse la misericordia de Dios, pero siempre ha sido un don gratuito para algunos. Este concepto de la presencia de Dios en la historia romana anterior resulta fundamental en la respuesta de Agustín a las lamentaciones de los traumatizados supervivientes. Aquellos cristianos que sufrieron el saqueo de Roma debían seguir el ejemplo de Job, instó Agustín. Pero debían replantearse su visión del papel de Dios en la historia de Roma. La ciudad eterna es la ciudad de Dios, no Roma, la ciudad que han idolatrado aquí en la tierra.[214]

La respuesta de Agustín

A principios del año 350 de nuestra era, más o menos en la misma época en que Agustín nació en el norte de África en el seno de una familia con más aspiraciones que riqueza, una de las familias más ricas y nobles del Imperio romano dio la bienvenida a un hijo. Poncio Meropio Paulino

[213] Agustín, *Ciudad de Dios* 1.7, trad. Marcus Dods (Peabody, MA: Hendrickson, 2011).

[214] La biografía de Agustín escrita por Peter Brown es una excelente base para la historia intelectual y teológica de Agustín: *Agustín* (Madrid: Acento, 2001).

tenía la sangre más azul y una familia que poseía tierras por toda la actual Francia, España e Italia. Si hubiera una lista de las "diez familias romanas más ricas" de la época, esta familia habría estado en algún lugar cercano a la cima de la lista, compitiendo por el primer puesto con parientes cercanos, como Melania la Vieja. Al más puro estilo romano, la familia de Paulino utilizó su riqueza para lanzar a su hijo a la política. La espectacular riqueza e influencia de la familia es un recordatorio de la continua influencia de los paganos en el mundo romano mucho después de la era de Constantino.

Pero la carrera política de Paulino, acelerada al principio, se estancó repentinamente tras el asesinato del emperador Graciano en el año 383 de la era cristiana. Las transiciones imperiales, sobre todo las violentas, solían dar al traste con las carreras políticas de los anteriores favoritos, ya que cada emperador quería hacer progresar a los que consideraba leales solo a él. Paulino se retiró bruscamente de la política y pasó algún tiempo estudiando con Ambrosio de Milán, cuyas enseñanzas fueron decisivas para la conversión de Agustín. Paulino se casó con una cristiana y se bautizó. Tras perder a su única hija a los pocos días de nacer, la pareja se desprendió de sus bienes y decidió dedicar el resto de su vida al servicio de Dios. Poco antes del saqueo de Roma por los godos, Paulino fue nombrado obispo de Nola, en el sur de Italia. Entonces tuvo la desgracia de vivir el saqueo de Nola por los godos, que parece haber sido similar al saqueo de Roma en su brutalidad. A veces olvidamos que Roma no era el único objetivo de los godos. Saquearon toda Italia.

Para los cristianos de todo el Imperio romano, Paulino fue poco menos que una sensación en vida: un filántropo que había entregado no solo parte de su riqueza, sino absolutamente toda. Una de las pocas historias del cristianismo tardoantiguo que resultaba aún más extrema fue la de Melania la Vieja, la fabulosamente rica pariente de Paulino, quien también había entregado toda su formidable fortuna para convertirse en una madre del desierto.

Agustín conoció personalmente a Paulino y se entrevistó con él sobre el saqueo de Nola. Paulino, a quien Agustín menciona en el libro 1 de *Ciudad de Dios*, fue para Agustín un modelo de cómo reaccionar ante el salvaje trato de los godos, porque Paulino estaba genuinamente resignado a Dios en todas las cosas. Mucho antes del saqueo, ya se había desprendido de su enorme riqueza y, por tanto, no tenía preocupaciones materiales cuando Nola fue saqueada. Habiendo vivido una vida de servicio a Dios y a su comunidad local antes del saqueo, continuó con su misión como si el saqueo nunca hubiera ocurrido. Los afligidos supervivientes del saqueo de Roma harían bien, por tanto, en seguir como modelo de pensamiento a individuos como Paulino y, por supuesto, a Job, el modelo bíblico por excelencia del sufrimiento. ¿Qué tipo de sabiduría ofreció Agustín a los traumatizados supervivientes del saqueo de Roma y cómo respondió a sus preocupaciones concretas?

Además de presentar a Paulino y a Job como modelos del sufrimiento que honra a Dios, Agustín también dio respuestas específicas a los traumas particulares que aprendió de sus entrevistas con los supervivientes del saqueo de Roma. En primer lugar, como ya se ha dicho, Agustín subraya que la salvación de los paganos y cristianos que se escondieron en las iglesias fue milagrosa. Resulta sorprendente, señala Agustín, que los paganos que se escondieron en las iglesias fueran perdonados por los godos junto con los cristianos. Esto es un recordatorio del favor de Dios a ambos grupos.

Para subrayar el carácter excepcional del favor de Dios, Agustín recurre a la historia romana previa, citando la *Eneida* de Virgilio, la poesía de Horacio y un discurso de César en la *Conjuración de Catilina* de Salustio, enumerando los horrores habituales que aguardaban a cualquiera que viviera en una ciudad conquistada. Refugiarse en el templo de Juno, reina de los dioses, no sirvió de nada para librar a los troyanos durante el saqueo de Troya. Por el contrario, las basílicas de los apóstoles «protegieron de los bárbaros a todos los que corrieron a refugiarse en ellas».[215] Y como muestra el discurso de César, ni siquiera los comandantes más talentosos de la historia romana anterior pudieron contener a sus tropas para que no arrasaran una ciudad conquistada. Evidentemente, la salvación de las iglesias y de quienes se escondieron en ellas durante el saqueo de Roma fue obra de Dios y su provisión directa para el pueblo.

Esta es parte de la respuesta de Agustín a quienes se quejaban de que Dios los abandonaba o se preguntaban por qué Dios no libraba a los cristianos del sufrimiento. En lugar de pensar que Dios los abandonó, deben comparar y contrastar el saqueo de Roma con otros acontecimientos históricos similares, y la diferencia mostrará la implicación activa de Dios en su favor. Además, Agustín les recuerda que no deben culpar a Dios de su desgracia, sino pensar en el ejemplo de Job, que experimentó el sufrimiento no porque Dios lo abandonara, sino precisamente porque Dios lo había llamado a sufrir.

La esencia de la respuesta de Agustín, especialmente sus repetidas referencias a Job como modelo para ver el sufrimiento como un llamado

[215] Agustín, *Ciudad de Dios* 1.4.

a través de acontecimientos como el saqueo de Roma, se asemeja fácilmente a la respuesta de Cipriano un siglo y medio antes al sufrimiento de su rebaño en el momento de otra crisis: el doble golpe de la pandemia y la persecución. No es una coincidencia. Ambos obispos fueron modelos de ortodoxia teológica en sus debates sobre el sufrimiento cristiano. Pero la similitud de sus respuestas también sugiere una similitud de mentalidad en las comunidades cristianas romanas tardías en momentos de sufrimiento. La naturaleza de la crisis cambiaba, pero la forma pecaminosa en que los creyentes la afrontaban seguía siendo la misma, visible sobre todo en la cuestión de por qué los cristianos sufrían lo mismo que los paganos de su entorno.

Sin embargo, como señala Agustín, la identidad religiosa de los enemigos no era tan diferente de la de algunas de sus víctimas. Al fin y al cabo, los godos eran cristianos, y por eso perdonaban la vida a quienes buscaban asilo en las iglesias. Entonces, ¿por qué fueron tan brutales con los habitantes de Roma y cómo conciliaron su fe con sus acciones? Al leer la reprimenda de Agustín a los que lloraban la pérdida de seres queridos o de la propiedad o de la libertad o de la pureza corporal, uno se pregunta si realmente estaba mal que lloraran tales pérdidas y lamentaran su fe. ¿Estuvo mal que preguntaran a Dios por qué permitía que les sucedieran tales desgracias? Incluso Job lloró la pérdida de su familia, su riqueza y su salud, aunque siguió aferrado a su fe en la bondad y la fidelidad de Dios.

En última instancia, el énfasis de Agustín en la forma correcta de llorar sugiere su propio trauma al procesar el saqueo de Roma y lo que la ciudad representaba incluso para él. En otras palabras, el pecado de idolatrar la seguridad, la riqueza y el bienestar personal, todos ellos relacionados con la prosperidad de Roma y del imperio, puede haber sido también su propio pecado, tanto como lo fue el de los supervivientes que escaparon. Al predicar a los demás, Agustín podría haberse estado predicando la verdad a sí mismo también. Después de todo, es posible saber lo que es verdad y, sin embargo, reconocer una reacción pecaminosa dentro de uno mismo.

Al leer a Agustín con nuestro propio conocimiento de los acontecimientos que iban a seguir, resulta sorprendente reflexionar sobre el hecho de que, al final de su vida, el anciano obispo se encontraría en la misma situación que los desafortunados refugiados a los que atendía. Los vándalos invadieron el norte de África y sitiaron la ciudad de Agustín, Hipona Regia, en el año 430 de la era cristiana. Agustín, que murió durante el asedio, al menos no vivió para ver la ciudad ocupada y asolada, del mismo modo que Roma en el año 410 de la era cristiana. Pero probablemente pasó sus últimos días orando por la seguridad de su rebaño.

Historia teológicamente sólida como antídoto contra el nacionalismo cristiano

«He asumido la tarea, emprendida en cumplimiento de la promesa que te hice, queridísimo hijo Marcelino, de defender la gloriosísima ciudad de Dios contra aquellos que prefieren a sus propios dioses antes que a su fundador... Por ello, además, respecto a la ciudad terrena, que en su afán de dominar, aunque los pueblos la sirvan, ella misma es dominada por su propio deseo de dominio, tampoco debe omitirse nada que el plan de esta obra que he emprendido exija que se diga y que mi capacidad permita exponer».[216] Así escribía Agustín en el prefacio a la *Ciudad de Dios*, introduciendo así su filosofía de la historia, claramente cristiana. Esta visión de la historia, esperaba, sería a la vez el antídoto perfecto y el consuelo tanto para los paganos como para los cristianos que lloraban el saqueo de Roma.

Aunque el análisis de Agustín sobre el saqueo de Roma se limita en gran medida al libro 1, que hemos examinado anteriormente, el resto de *Ciudad de Dios* amplía ese análisis. Agustín utiliza la historia romana para demostrar que todo lo que Roma y los símbolos de su superioridad representan, como el altar y la estatua de Victoria de los que hablamos al principio de este capítulo, ha sido siempre un mito. Cegados por sus creencias paganas, los primeros romanos simplemente no se dieron cuenta de ello. Además, copiando ciegamente el nacionalismo religioso de sus vecinos paganos, aquellos cristianos que sintieron que su mundo se hacía añicos con el saqueo de Roma necesitaban ese mismo antídoto: el consuelo de la historia cristiana. Eso es precisamente lo que Agustín les proporciona en el resto de su libro.

Es difícil exagerar la diferencia en la visión histórica de Agustín no solo respecto a los historiadores griegos y romanos anteriores, sino también respecto a los cristianos, como Eusebio. La mayoría de los historiadores romanos paganos anteriores comenzaron sus obras con la fundación de Roma y llevaron su narrativa a su propia época. La historia romana más famosa, la de Livio, se titulaba en realidad *Ab Urbe Condita* ("Desde la fundación de la ciudad"). Tanto Lucas, al escribir Hechos, como más tarde Eusebio, al escribir la *Historia eclesiástica*, desafiaron ese modelo al comenzar sus respectivas obras con la fundación de la iglesia, subrayando así la importancia de la iglesia como un reino separado con su propia historia que merece la pena documentar. Tanto los escritores paganos como los cristianos se limitaron a trasladar la narrativa de sus obras históricas

[216] Agustín, *Ciudad de Dios*, prefacio.

a su propia época, deteniéndose en ella. Agustín no estaba satisfecho con este modelo porque dejaba fuera la parte más importante de la historia: su conclusión.

Mientras que los historiadores anteriores, tanto paganos como cristianos, escribieron sus historias como retrospectivas sobre el pasado, explicando cómo el desarrollo de los acontecimientos condujo a la situación actual, Agustín trató su historia de Roma en la *Ciudad de Dios* como orientada hacia el futuro. Utilizando el saqueo de Roma como punto de partida, su narrativa de la historia romana anterior no pretendía explicar el presente, sino apuntar al futuro y explicar por qué ese futuro es mucho más importante que el pasado pecaminoso del Estado romano o su triste presente tras el saqueo de Roma. En ese futuro, no existe la Roma terrenal, sino que la ciudad de Dios brilla eternamente. En este sentido, la filosofía histórica de Agustín es pastoral y se hace eco de consolaciones pastorales anteriores, como los recordatorios de Cipriano a su rebaño: el doloroso presente no es más que momentáneo, pero la gloriosa eternidad con Dios es la recompensa de los cristianos.

En lugar de anhelar la eternidad, muchos romanos, tanto paganos como cristianos, idealizaban el pasado romano. El saqueo de Roma, por tanto, no hizo, sino hacerles añorar ese tiempo indeterminado del pasado en el que, por ejemplo, reside el "Viejo de Verona" de Claudiano. Ojalá se pudiera retroceder en el tiempo y vivir en aquella época, durante el apogeo de la *pax romana*. Sin embargo, la narrativa de Agustín sobre la historia romana pretende desengañar a su público de la idealización de ese pasado, exponiendo sus importantes defectos. No podemos desentrañar la complejidad del argumento de Agustín en su totalidad, pero bastarán algunos ejemplos representativos.

Como vimos anteriormente, uno de los principales argumentos que los paganos utilizaron para culpar a los cristianos del saqueo de Roma es que el abandono de los dioses paganos por parte de los cristianos violaba la *pax deorum*, una paz *quid pro quo*, orientada a la negociación con los dioses, sobre la que se había construido la religión romana. En respuesta a este argumento, Agustín hace un repaso exhaustivo de los desastres de la historia romana antes del nacimiento del cristianismo. «Aquellos únicos males que estos no desean sufrir, como son el hambre, la enfermedad, la guerra, la expoliación, el cautiverio, la matanza... sus dioses no impidieron que les sucedieran siquiera semejantes males».[217] Es algo hipócrita, señala Agustín, que los paganos culpen ahora al Dios cristiano de su

[217] Agustín, *Ciudad de Dios*, 3.1.

desgracia, mientras que en su historia anterior no culpaban repetidamente a los cristianos de otros desastres. Dicho esto, el peor desastre de todos, piensa Agustín, ha sido algo que los romanos nunca reconocieron realmente: la corrupción total del carácter romano a través del vicio de todo tipo, incluido el vicio fomentado directamente por la religión romana a través de las fiestas religiosas.

Para Agustín, no basta con demostrar que los cristianos no tienen la culpa del hundimiento del imperio. En los libros 4–5, continúa argumentando que el éxito del Imperio romano, que los paganos han pregonado como prueba de su privilegio divino, se debe precisamente a la voluntad de Dios de hacerlo prosperar. En primer lugar, los romanos anteriores eran más virtuosos y quizá merecieran tal favor, aunque no creyeran en Dios. Y lo que es más importante, como explica Agustín en el resto de *Ciudad de Dios* a través de un repaso no solo de la historia romana, sino también de toda la historia que abarca la Biblia, Dios es soberano sobre toda la historia, aunque a veces solo podamos intentar adivinar cómo y por qué actuó a través de acontecimientos concretos en momentos concretos. Nuestro conocimiento actual es sin duda limitado. Sin embargo, la belleza de la ciudad de Dios que nos espera reside, en parte, en la seguridad de saber que todo se resolverá al final. La historia actual debería asustarnos menos si sabemos cómo acabará. O, más bien, como señala Agustín al hablar del infierno en el libro 21, nuestras propias reacciones ante la historia actual podrían asustarnos más a la luz del juicio venidero. Agustín concluye en el libro 22 que los santos pueden esperar un reposo eterno de descanso con Dios. «Allí descansaremos y veremos, veremos y amaremos, amaremos y alabaremos».[218]

Conclusión

Al reescribir la historia romana en la *Ciudad de Dios*, Agustín nos anima, como parece que se animaba a sí mismo, a enfrentarnos a una cuestión que resultó ser profundamente contracultural: ¿qué significa acercarse a la historia ante todo como cristiano y no como residente de cualquier estado terrenal? Para responder a esta pregunta, expone un argumento complejo y convincente para no idolatrar la historia del mayor imperio que su mundo haya conocido. Más bien, propone que a veces es aceptable dejar que todo arda, como ocurrió en manos de los godos en el año 410 de la era cristiana.

---

[218] Agustín, *Ciudad de Dios*, 22.30.

Agustín no pretendía decir que Roma no importara. Roma y su historia ciertamente le importaban mucho, como demuestra la plétora de referencias históricas y citas de muchos escritores históricos romanos. Aunque creía que importaba mucho, quería condenar a los que creían que importaba más. Para Agustín existía una diferencia entre valorar algo como importante y valorarlo como lo más importante, una distinción también fundamental cuando pensamos hoy en el nacionalismo cristiano.

En última instancia, como nos recuerda Agustín, una escritura teológicamente sólida de la historia requiere reconocer la actuación de Dios a través de la historia, y eso cambia la narrativa. Este mensaje, pensaba Agustín, reconfortaría tanto a paganos como a cristianos que vivían el colapso de un imperio y trataban de procesar ese trauma. Sin embargo, este mensaje es más necesario que nunca para los estadounidenses de hoy, ya que abundan los debates sobre el correcto relato de la historia de Estados Unidos. En el momento de escribir estas líneas, varios estados están estudiando proyectos de ley que afectarán a la enseñanza de la historia de Estados Unidos en las escuelas y universidades públicas.

Las cuestiones que se debaten son, sin duda, desafiantes. ¿Se fundó Estados Unidos como una nación cristiana? ¿Cómo reconocemos los horribles pecados perpetrados contra tantos grupos de personas como parte de la historia estadounidense? ¿Debemos debatir públicamente estos pecados y enseñar sobre ellos en las escuelas y universidades públicas, o es mejor dejarlos en el pasado, como sugieren algunos? ¿Cómo hablamos de traumas históricos, como los derivados de la institución de la esclavitud, y reconocemos sus ramificaciones en nuestra sociedad y en las iglesias hasta el día de hoy? Y quizá lo más importante, ¿qué ocurre si nos negamos a hablar de temas tan dolorosos como el racismo estructural sistémico y nos centramos por completo en presentar la historia estadounidense de forma positiva? ¿Adónde lleva a los cristianos este tipo de idolatría del pasado de una nación?[219]

El debate sobre estas cuestiones se está desarrollando en gran medida entre algunos políticos y miembros del público, que han hecho de estas cuestiones un *shibolet* político, en lugar de historiadores profesionales, seculares y cristianos, por igual, que están abrumadoramente de acuerdo

[219] Para una respuesta reflexiva y conmovedora a tales legislaciones, véase John Fea, "An Open Letter to American History Teachers: Stop Teaching Critical Race Theory", *Current*, 28 de mayo, 2021, https://currentpub.com/2021/05/28/an-open-letter-to-american-history-teachers-stop-teaching--critical-race-theory/. Para más información sobre este tipo de propuestas en Georgia, mi estado natal, véase Nadya Williams, "National Sins and Gag Orders", *Current*, 3 de marzo, 2022, https://currentpub.com/2022/03/03/national-sins-and-gag-orders/.

en la importancia de enseñar la historia honesta y abiertamente.[220] El abanico de posibles respuestas entre quienes han convertido esta cuestión en un campo de batalla político se hace eco bastante fiel de las preocupaciones de Agustín. Al igual que la fe de los cristianos romanos que idolatraban Roma se vio sacudida por la caída de la ciudad en manos de los godos, la idolatría anterior de Estados Unidos sacude la fe de algunos cristianos, que han llegado a ver los defectos de la historia de la nación. Al mismo tiempo, otros cristianos han descubierto que el ídolo del nacionalismo está tan profundamente arraigado que se niegan a reconocer cualquier defecto en el pasado de la nación.

Numerosos historiadores y teólogos estadounidenses han escrito sobre estas cuestiones de forma convincente y, en algunos casos, profundamente pastoral. He aquí algunos ejemplos recientes. En *Was America Founded as a Christian Nation?* [¿Fue Estados Unidos fundada como una nación cristiana?], John Fea ofrece una visión general de los argumentos de ambos lados del debate, pero reconoce, al igual que hizo Agustín, la importancia de pensar históricamente para poder entender los problemas latentes en la misma pregunta del título del libro. Nuestra identidad como cristianos debe residir en Dios y, por tanto, no debe estar vinculada a idolatrar la historia de la nación como cristiana. La nuestra no es la ciudad de Dios.

Las diferentes filosofías de la historia y el pensamiento histórico también desempeñan un papel en la consideración que John Wilsey hace del nacionalismo cristiano estadounidense, concretamente a través de un estudio del excepcionalismo estadounidense: una creencia presente desde los tiempos de los puritanos de que Dios estaba llevando a cabo planes particularmente especiales a través de Estados Unidos. Profundamente crítico con la idea de Estados Unidos como nación cristiana, Wilsey también explica los peligros de tal distorsión tanto de la historia como del evangelio para nuestra comprensión del papel de Dios en la historia.[221] Tales distorsiones guardan un notable parecido con la forma en que los

[220] Para un ejemplo de la evaluación honesta de los pecados en la historia de Estados Unidos por parte de un historiador cristiano, política y teológicamente conservador y la importancia de esa evaluación honesta para proporcionar esperanza para el futuro, véase el estudio de la historia de Estados Unidos para las edades de escuela media y secundaria de Wilfred McClay, *Land of Hope: An Invitation to the Great American Story* (Nueva York: Encounter, 2019).

[221] John D. Wilsey, *American Exceptionalism and Civil Religion: Reassessing the History of an Idea* (Downers Grove, IL: IVP Academic, 2015); y *One Nation Under God? An Evangelical Critique of Christian America* (Eugene, OR: Pickwick, 2014).

romanos paganos pensaban en el excepcionalismo romano como un Estado favorecido por los dioses y destinado a una grandeza sin parangón.

El nacionalismo cristiano y el deseo de controlar una determinada narración de la historia estadounidense van de la mano, como demuestran Fea y Wilsey. Además, pocos han hecho tanto como Jemar Tisby para llamar la atención sobre las consecuencias de no abordar el trauma histórico. Ignorar el trauma derivado del racismo sistémico en las iglesias estadounidenses a lo largo de los siglos solo ha dado lugar a más pecado. En *The Color of Compromise*, Tisby ofrece una historia conmovedora y dolorosa que se enfrenta a la idolatría del pasado de Estados Unidos por parte de algunos y hace un llamamiento al arrepentimiento antes de la reconciliación.[222] La historia que presenta muestra en la práctica el peligro de idolatrar la historia de la nación en lugar de buscar la verdad.

En *Reading While Black*, Esau McCaulley retoma el mensaje de Tisby desde un ángulo pastoral, ya que documenta las formas en que las injusticias del pasado han afectado a una lectura afroamericana de las Escrituras.[223] La carga de la historia ha sido pesada y, al negar su peso, algunos evangélicos han preferido la idolatría del pasado de su nación a buscar la justicia y el arrepentimiento ahora.

Por último, en *We the Fallen People*, Tracy McKenzie insta a los cristianos a contemplar la historia estadounidense anterior y actual, específicamente a través del lente del pecado original. Si admitimos que somos un pueblo profundamente caído, en lugar de creer heréticamente que somos buenos, quizá sea más fácil admitir los horribles pecados presentes en la historia de nuestra nación. La admisión del pecado es un requisito previo necesario para reconocer la necesidad de una respuesta correcta a la historia estadounidense: la necesidad de un arrepentimiento genuino y afligido.[224] Agustín habría estado de acuerdo de todo corazón.

En general, los llamamientos al arrepentimiento, colectivo e individual, son un hilo común en las publicaciones recientes que critican el nacionalismo cristiano en Estados Unidos. Sin embargo, en el momento de escribir estas líneas, treinta y siete estados están estudiando proyectos de ley que prohibirían o restringirían significativamente la enseñanza en las escuelas y universidades públicas de que aún existe un racismo

[222] Jemar Tisby, *The Color of Compromise: The Truth About the American Church's Complicity in Racism* (Grand Rapids: Zondervan, 2019).

[223] Esau McCaulley, *Reading While Black: African American Biblical Interpretation as an Exercise in Hope* (Downers Grove, IL: IVP Academic, 2020).

[224] Tracy McKenzie, *We the Fallen People: The Founders and the Future of American Democracy* (Downers Grove, IL: IVP Academic, 2021).

estructural en este país. En el otro extremo del espectro, varias iglesias, como la Primera Iglesia Presbiteriana de Augusta (Georgia) y la Primera Iglesia Presbiteriana Histórica de Montgomery (Alabama), han optado por arrepentirse abierta y públicamente de su racismo histórico.[225] La dolorosa admisión de "los pecados de nuestros padres" que las iglesias han tenido que reconocer nos recuerda lo que Agustín siempre creyó: la historia teológicamente sólida, al igual que un sermón teológicamente sólido, debe consolar a los afligidos y afligir a los cómodos. Si realmente miramos hacia la «gloriosa ciudad de Dios», el nacionalismo religioso no tiene cabida en nuestra visión del mundo.

[225] Thabiti Anyabwile, "A Burden Removed: A Biblical Path for Removing the Racism of Our Forefathers", *The Gospel Coalition*, 18 de noviembre, 2019, https://www.thegospelcoalition.org/blogs/thabiti-anyabwile/burden-removed-biblical-path-removing-racism-forefathers/.

9
El canto de sirena del desierto

Por qué huir de la iglesia no puede resolver el problema del pecado cultural

A mediados de la década de 280 d. C., a principios del reinado del emperador Diocleciano, un asceta cristiano que hasta entonces había pasado gran parte de su vida organizando silenciosamente comunidades monásticas en Egipto, decidió romper totalmente el contacto con la sociedad. Este asceta, Antonio, se trasladó a una fortaleza romana abandonada junto al Nilo para perseguir la santidad en solitario. Resulta irónicamente apropiado que eligiera un fuerte abandonado como lugar de refugio, pero no por las razones que él pensaba. Varios peregrinos y otras personas que también estaban fascinadas con la idea de huir de la sociedad e instalarse en el desierto empezaron a llegar a las inmediaciones de su fortaleza, rodeando al santo encerrado. En su fortaleza, Antonio se vio cada vez más asediado por los renunciantes de ideas afines. Tal vez puso una barra extra en la puerta.

Los rumores sobre él no cesaron hasta que un día, veinte años después de su desaparición en el interior de la fortaleza, irrumpió una multitud de peregrinos en busca de un milagro. Quedaron asombrados al encontrar al asceta Antonio, con un aspecto milagrosamente joven y hermoso, inalterado tras veinte años de confinamiento, desnutrición y batallas diarias contra los demonios.

Cuando Atanasio, obispo de Alejandría, publicó su *Vida de Antonio* en el 360 d. C., apenas cuatro años después de su muerte, se convirtió en un éxito de ventas instantáneo. Inspiró todo un nuevo subgénero hagiográfico: las vidas de los santos del desierto. Pero la gente no solo quería leer sobre Antonio. Muchos de los que supieron de él querían ver a Antonio, o incluso *ser* Antonio. El desierto egipcio, en un sorprendente giro de la trama, se llenó de curiosos y de otros aspirantes a santos durante el siglo siguiente, a medida que el movimiento monástico y el movimiento ascético experimentaban un crecimiento significativo. Como dijo Atanasio de forma conmovedora, el desierto se convirtió en una ciudad.

Sorprendentemente, el movimiento parece haber sido notablemente inclusivo con las mujeres o, más bien, las mujeres ascetas se aseguraron de incluirse a sí mismas en este movimiento, a veces eligiendo vivir completamente solas, y en otras ocasiones, en comunidades monásticas, a veces travestidas como hombres para que se les permitiera unirse. Una de las historias más espectaculares es la de María de Egipto, cuya biografía fascinaría a generaciones de lectores más allá de la Antigüedad; de hecho, yo conocí su historia en un curso de literatura francesa medieval en la universidad. Nacida en Egipto a mediados del siglo IV, se escapó de casa a los doce años, justo en la cúspide de la edad núbil. Renunciando a todas las expectativas sociales, pasó los diecisiete años siguientes trabajando en la industria del sexo en Alejandría, la capital del vicio de la región. Pero a diferencia de la mayoría de las mujeres atrapadas en la industria del sexo, sus biografías destacan que ella eligió esta vida y no se arrepintió de nada.

Finalmente, aburrida del ambiente de vicio alejandrino y burlándose expresamente de los cristianos, cuya fe consideraba ridícula, María decidió viajar a Jerusalén. De manera escandalosa, pagó su viaje acostándose con los peregrinos que la acompañaban, lo que recuerda la prevalencia de las opiniones culturales sobre el sexo entre los cristianos, un tema que analizamos en el capítulo 3. Cuando intentó entrar en la iglesia del Santo Sepulcro de Jerusalén, se encontró con un milagro: una fuerza invisible le impidió la entrada. Enfrentada de este modo inesperado al peso de su vida pecaminosa, se arrepintió. Inmediatamente después, pudo entrar en la iglesia, donde recibió un mensaje divino que le decía que se trasladara más allá del Jordán. Así, durante los casi cincuenta años que le quedaban de vida, María vivió en el desierto, al otro lado del Jordán, al igual que Juan el Bautista, que había predicado originalmente en esa misma zona. De hecho, fue en el monasterio de San Juan Bautista donde comulgó antes de retirarse definitivamente al desierto, llevando consigo nada más que tres panes. De la misma manera que los escasos cinco panes que Jesús bendijo una vez pudieron alimentar a una multitud durante un día, los tres panes de María duraron toda la vida.

Leer sobre la vida de los santos del desierto, como Antonio o María, es fascinante porque nos parecen tan extraños como a su público original, aunque por razones diferentes. Después de todo, ¿quién quiere vivir con tres higos al día y un vaso de agua a la semana en medio del desierto?

Mortificar la carne de diversas maneras —privación de sueño, ropa y entorno deliberadamente incómodos, abnegación de comida y bebida— es una constante en las historias de los santos del desierto, aunque la forma concreta que adoptan estos temas en la vida de cada santo sea diferente. Pero aún nos aguarda una sorpresa.

Incluso cuando estos aspirantes a santos huían de las iglesias y de la gente, con el objetivo de vivir vidas contraculturales totalmente desprovistas de pecado, vemos que el pecado los perseguía de todos modos, personificado en la *Vida de Antonio* por sus continuas batallas con los demonios. Además, esta solución de trasladarse al desierto era claramente insostenible para aumentar la santidad de la iglesia en general. Vivir en comunidad nos permite atender a los demás de una manera que una vida de soledad no nos permite. Nos preguntamos: ¿acaso santos como Antonio o María optaron en última instancia por actuar en interés propio? Resulta que hoy en día vivimos en una sociedad con un número creciente de aspirantes a santos del desierto, aunque nunca hayan oído hablar del movimiento original.

En marzo de 2017, el Grupo Barna, una organización privada que estudia «tendencias culturales relacionadas con valores, creencias, actitudes y comportamientos», publicó un perfil del creciente segmento de cristianos estadounidenses que «aman a Jesús, pero no a la iglesia».[226] Según el estudio, estas personas tienden a mantener creencias bastante ortodoxas y están de acuerdo en que la religión es positiva. La mayor diferencia entre sus vidas y las de los cristianos practicantes tenía que ver con la asistencia a la iglesia y las actividades relacionadas, frente a las prácticas espirituales solitarias. Mientras que una proporción notablemente mayor de los que «aman a Jesús, pero no a la iglesia» pasaba tiempo «en la naturaleza para reflexionar», en meditación y «practicando el silencio o la soledad», los cristianos practicantes y los evangélicos eran significativamente más propensos a leer las Escrituras con regularidad y a asistir a grupos o retiros. Como Antonio, han entrado en su fuerte y han elegido vivir solos, al menos en lo que se refiere a su vida espiritual. Muchos pueden haber sido quemados por la iglesia, su hipocresía y pecaminosidad. Así que anhelan seguir a Dios por su cuenta. Se preguntan: ¿cómo puede estar esto mal?

Al concluir este libro sobre los pecadores y los cristianos culturales de las primeras iglesias, este capítulo examina las historias de ascetas y

---

[226] "Meet Those who 'Love Jesus but Not the Church'", *Barna*, 30 de marzo, 2017, https://www.barna.com/research/meet-love-jesus-not-church/.

santos del desierto como una alternativa a las demás historias consideradas a lo largo de este libro. Una forma de verlas es como la quintaesencia de un escenario hipotético que ya existía en la Antigüedad. Si las iglesias siempre han estado llenas de personas que anhelaban la santidad, pero eran cristianos culturales demasiado propensos al pecado, ¿qué pasaría si los fieles más dedicados se separaran por completo del mundo y, por tanto, de toda forma de tentación y pecado cultural? ¿No sería esta la clave para vivir una vida santa en este mundo?

En efecto, disponemos de pruebas suficientes para ver cómo resultan tales decisiones. Antonio no fue el único que decidió buscar la soledad en el desierto. En los siglos IV y V de nuestra era, un gran número de santos y santas del desierto decidieron llevar una vida santa, y sus historias atrajeron la imaginación de los creyentes desde entonces. Estas historias de fe extravagante que, aun así, procedían de pecados profundamente culturales nos permiten afrontar el enigma esencial al que nos enfrentamos en nuestras iglesias hoy en día: las personas son pecadoras, y siempre (y dondequiera) que los pecadores se reúnan, habrá pecado. Dado que las personas están arraigadas en la cultura que las rodea, gran parte de ese pecado estará inspirado en creencias culturales, tan profundamente arraigadas que no podemos separarlas fácilmente del evangelio. Al mismo tiempo, un cristiano no puede vivir solo sin la iglesia, por lo que las historias de los santos del desierto, variadas, pero similares, nos ofrecen una respuesta conmovedora al creciente número de individuos que hoy se autoidentifican como cristianos, pero rechazan la iglesia. Renunciar a la iglesia para servir solo a Dios era entonces, y sigue siendo hoy, otra forma de cristianismo cultural.

Un parque temático cristiano: El turismo cristiano de la Antigüedad tardía

En la década de 420 de nuestra era, un santo sirio que se sentía asediado por las multitudes que atraía allá donde iba —tan fuerte era su aura de santidad— decidió dar un paso radical para conseguir por fin algo de soledad. Se trasladó a vivir a unas ruinas cercanas y eligió la cima de un alto pilar, a tres metros del suelo, como su nueva morada permanente. Para su sorpresa, las multitudes no hicieron más que intensificarse, obligándolo a trasladarse a pilares cada vez más altos para separarse de la gente de abajo. Finalmente, se instaló en una columna de quince metros de altura, donde pasó los treinta años que le quedaban de vida. Las multitudes, sin inmutarse, seguían llegando. Al final, el santo varón se resignó a enseñar a las multitudes todo el día, todos los días, y dedicó el resto de su tiempo a orar, hasta que una muerte pacífica lo reclamó en plena oración en el año 459 de la era cristiana.

Simeón el Estilita, el santo del pilar, ejemplifica el nuevo fenómeno de los santos como espectáculos y destinos turísticos en la Antigüedad tardía. El flujo constante de peregrinos que acudían a visitarlo desde lugares tan lejanos como Constantinopla es típico de este nuevo fenómeno del turismo cristiano de la Antigüedad tardía. Entre sus numerosos visitantes se cuentan incluso dos emperadores bizantinos: Teodosio II y León I.[227] Irónicamente, debido a su decisión de alejarse de la gente y vivir en lo alto de un pilar, solo se convirtió en una atracción mayor de lo que era antes, cuando su fama como sabio, santo y maestro era regional y no internacional.

La imagen de un hombre que pronuncia homilías, conferencias y consejos desde lo alto de una columna de quince metros parece más propia de un artista que de un santo. De hecho, personas como Simeón se convirtieron en atracciones turísticas habituales, a las que acudían peregrinos de distintos niveles de devoción religiosa, de forma parecida a como nosotros visitaríamos un zoo o un museo. Al igual que Simeón, los propios objetos de atracción no siempre estaban encantados, pero eso solo los hacía aún más fascinantes para los posibles visitantes, que deseaban obtener una visión o una bendición. Una de nuestras mejores fuentes de esta compleja relación entre los santos del desierto y sus visitantes turísticos procede de la *Investigación sobre los monjes de Egipto* de Rufino de Aquilea.

Desde septiembre del 394 hasta principios de enero del 395, siete monjes del monasterio de Rufino en el monte de los Olivos de Jerusalén viajaron por Egipto. Visitaron a muchos monjes y comunidades monásticas desde la Tebaida, en el sur, hasta la ciudad del delta de Diolcos, en el norte. Parece que al menos uno de ellos tomó abundantes notas del viaje, ya que tras regresar a Jerusalén compuso en griego un relato de viaje en primera persona. Como la describe un erudito moderno, «esta obra es uno de los escritos cristianos más innovadores que se compusieron durante el siglo IV de nuestra era, y hasta el día de hoy sigue siendo una fuente primaria indispensable para la práctica y la sabiduría monástica egipcia contemporánea». Pero el autor, por razones que desconocemos, la publicó de forma anónima. Rufino, devoto del ascetismo desde hacía mucho tiempo y turista experimentado del desierto egipcio, tradujo

[227] Para un estudio de los santos del desierto como espectáculos, véase Georgia Frank, *The Memory of the Eyes: Pilgrims to Living Saints in Christian Late Antiquity* (Berkeley: University of California Press, 2001).

esta obra al latín poco menos de una década después, demostrando y facilitando el atractivo del cuaderno de viaje tanto para el público de habla griega como latina de todo el Imperio romano. Más que una mera traducción, Rufino la consideraba «una pieza autónoma de propaganda monástica».[228]

Curiosamente, Rufino había pasado años antes viajando por Egipto y es de suponer que había visto algunos de los mismos lugares. Por alguna razón, no escribió un diario de viaje propio. Sin embargo, su familiaridad personal con los lugares y los santos incluidos en el volumen quizá lo impulsó a traducirlo, lo que aseguró una difusión mucho mayor de la obra.

Cualesquiera que sean sus razones para esta traducción, el texto de Rufino nos proporciona una ventana crucial para comprender a dos grupos diferentes que exhibían un cristianismo influenciado culturalmente de maneras distintas. En primer lugar, los monjes que viajaron con el narrador original, cuya obra tradujo Rufino, nos presentan la perspectiva de los turistas cristianos de la época y nos permiten trazar un perfil: ¿quién viajó? ¿Por qué hicieron este viaje? ¿Y de qué manera su acto turístico representa el cristianismo cultural? En segundo lugar, la narración de Rufino, complementada con los numerosos dichos célebres de los padres y madres del desierto, reducidos a concisos fragmentos, permite conocer mejor a estos santos del desierto y su propio modo de cristianismo cultural. En última instancia, veremos que cada uno de los dos grupos, aunque buscaba fervientemente a Dios, también procedía de un trasfondo cultural profundamente arraigado que había proporcionado un marco para sus acciones.

El turismo cristiano como nuevo *grand tour*

A mediados del siglo II d. C., un escritor griego pagano con poca imaginación, pero interesado en documentar meticulosamente la cultura, mitología e historia de su patria ancestral, sometida desde hacía mucho tiempo al dominio romano, escribió un extenso cuaderno de viaje y tratado geográfico, *Descripción de Grecia*. La obra de Pausanias está repleta de información, pero es extremadamente árida. Parece que se especializó en minimizar algunos de los lugares más famosos y las historias asociadas a ellos. Por ejemplo, al identificar el manantial de Narciso, asociado al mito de un hombre que se consumió tras enamorarse de su propio reflejo

[228] Andrew Cain, *Rufinus of Aquileia, Inquiry about the Monks in Egypt* (Washington, DC: Catholic University of America Press, 2019), 11-13.

en el río, Pausanias afirma con toda naturalidad: «Dicen que Narciso miró en el agua y, al no comprender que veía su propio reflejo, se enamoró inconscientemente de sí mismo y murió de amor en el manantial. Pero es una completa estupidez imaginar que un hombre lo bastante mayor como para enamorarse fuera incapaz de distinguir a un hombre del reflejo de un hombre».[229] De hecho, sí.

Pocos han acusado a Pausanias de tener sentido del humor. Sin embargo, la popularidad de su obra ya en la Antigüedad es testimonio de un nuevo fenómeno que surgió en el Imperio romano: la industria del turismo. Una de las ventajas de la *pax romana*, la paz que reinó en el Imperio romano a partir de finales del siglo I a. C., fue el surgimiento de la que posiblemente fue la primera industria turística en auge del mundo. Es cierto que viajar en el mundo romano exigía un compromiso de meses o años, ya que solo se podían recorrer unos cuarenta kilómetros en un día en carro y a caballo. Pero los aristócratas romanos podían permitirse esta inversión, sobre todo porque visitar determinados lugares, como Atenas y Delfos, era una señal de prestigio y refinamiento. Así nació el gran viaje original por el Mediterráneo grecorromano.

Con una ruta predeterminada más o menos establecida, el recorrido original incluía un viaje hacia el sur a través de Italia, por la Vía Apia, y luego visitas a lugares tan famosos de Asia Menor y Grecia continental como Troya, Atenas, Delfos y Olimpia. También se incluían, para disgusto de los viajeros, las características del viaje que Pausanias minimiza, aunque siempre han sido una parte auténtica de las experiencias turísticas: propietarios de posadas malhumorados, restaurantes especializados en intoxicaciones alimentarias y el elemento criminal ocasional, como los carteristas. Y luego estaban los peligros del viaje, que incluso la *pax romana* solo podía disminuir y nunca eliminar: los salteadores de caminos en tierra, los piratas en el mar y los desafíos del clima y los animales salvajes en cualquier ruta.[230]

La versión original del *grand tour* era también un asunto pagano que incluía numerosos lugares religiosos. Por ejemplo, Delfos estaba especializada en lo sagrado y había sido un centro de turismo religioso desde mucho antes del Imperio romano. Estaba repleta de templos y altares a todas las divinidades mayores y menores del panteón griego. Allí se

[229] Pausanias, 9.31.7.

[230] Para conocer la historia del gran viaje romano a través de los ojos de un periodista moderno que intentó recrearlo él mismo, véase Tony Perrottet, *Pagan Holiday: On the Trail of Ancient Roman Tourists* (Nueva York: Random House, 2003).

encontraba el *omphalos*, que Pausanias describió con reverencia y que aún hoy atrae a los turistas: una piedra decorada que se consideraba el ombligo del mundo, de ahí su nombre. Como estudiante de posgrado en la Escuela Americana de Estudios Clásicos de Atenas, recuerdo lo irresistible que resultaba el *omphalos* para los turistas, incluidos ratones de biblioteca de posgrado, que posaban junto a él para hacerse una foto con sus propios ombligos a la vista. Otra de las grandes atracciones de Delfos en la época prerromana era el oráculo de la Pitia. La Pitia, el oráculo más famoso de la Antigüedad, se drogaba con hojas de laurel y recitaba misteriosas y confusas profecías sobre el futuro en hexámetros perfectos a los desconcertados visitantes desde el siglo VIII a. C. Hacer el gran viaje, en definitiva, era recorrer un mundo lleno de dioses antiguos.

La cumbre del gran viaje solía ser una visita a Egipto, con un crucero de lujo por el Nilo. Estos cruceros no se parecían mucho a las barcazas hedonistas de la película de Hollywood *Cleopatra*, pero se les podía dar ese sabor si se pedía. Por ejemplo, el crucero por el Nilo al final del viaje del emperador Adriano a Egipto en 130 d. C., fue una fiesta salvaje, aunque al final salió terriblemente mal. El crucero de Adriano, que pretendía ser una cita romántica prolongada con su amante Antínoo, terminó por desgracia con el ahogamiento accidental de Antínoo, un recordatorio más de los peligros de los viajes, antiguos o modernos. Adriano se consoló, al parecer, declarando dios al difunto Antínoo.

Por supuesto, el gran viaje pagano, con su énfasis en los lugares sagrados paganos, era inadecuado para los cristianos. Sin embargo, la narrativa del viaje de los monjes a través de Egipto se hace eco de la obra de escritores de viajes como Pausanias, lo que deja claro que nos encontramos ante un gran viaje cristiano. ¿Estaban estos monjes haciendo algo nuevo en su viaje o seguían la ruta establecida? Podemos responder a esta pregunta a partir de *Investigación sobre los monjes de Egipto*. En primer lugar, el narrador señala que en cada parada de los monjes había otros turistas que también habían acudido allí para ver al santo en cuestión. Además, en el diario de viaje se señalan las dificultades que encontraron los monjes en determinados lugares, ya fuera por el clima o, en algunos casos, por la amenaza de los ladrones. En el epílogo, el narrador explica por qué no tomaron determinados caminos ni visitaron ciertas regiones. Por ejemplo, los siete monjes no visitaron a los de Tebaida por la siguiente razón:

> No pudimos llegar hasta ellos debido al peligro del viaje, pues aunque todas las zonas de esa región están infestadas de salteadores de caminos, las situadas más allá de la ciudad de Licia están plagadas

> de bárbaros. No teníamos forma de llegar hasta ellos, y de hecho no fue sin peligro que vimos a los hombres que antes recordé. Durante el viaje estuvimos siete veces en peligro de perder la vida, pero «a la octava no nos alcanzó la desgracia», pues Dios nos protegió en todo momento.[231]

A causa de los viajeros que los monjes encontraban en cada etapa y de los peligros del viaje, que impedían viajar a algunas zonas, parece que los monjes tomaron el camino más transitado, la ruta del gran viaje cristiano para todos los que estaban fascinados con los ascetas y deseaban verlos.

En general, Rufino demuestra que, hacia el año 390, los turistas cristianos habían tomado un concepto cultural pagano y lo habían convertido en algo propio. El gran viaje original del Imperio romano tenía una dimensión religiosa, ya que permitía visitar santuarios especialmente famosos y otros lugares imbuidos de significado para los fieles paganos. Del mismo modo, este nuevo gran viaje cristiano por el desierto egipcio se basó en la idea pagana anterior de este tipo de viajes como una experiencia espiritual. Pero en lugar de grandes edificios y ciudades, las atracciones en torno a las cuales se construyó este nuevo viaje fueron los propios ascetas del desierto. Eran, a su manera, bastante espectaculares, como demostrarán los siguientes ejemplos.

El objeto de la primera parada descrita es Juan de Licópolis, que vivía en una ermita en un acantilado. El narrador señala la empinada montaña que debían escalar los visitantes para llegar hasta él. Una vez que lo conseguían, sin embargo, disponían de una hospedería para quienes la necesitaran. Juan no salía de la ermita y rara vez permitía visitas en su interior. De hecho, a las mujeres ni siquiera se les permitía entrar en su campo de visión, un detalle que sugiere que algunas mujeres hacían el gran recorrido. A los visitantes masculinos, sin embargo, se les permitía verle a través de la ventana de su ermita, y él «les daba una palabra de Dios para edificarlos o respuestas para animarlos».[232]

Otra parada fue Or, un asceta analfabeto cuya dieta fascinaba a los visitantes: vivía principalmente de raíces y hierbas del desierto. En raras ocasiones, solo después de largos ayunos, comía verduras de su huerto. Es uno de los muchos ascetas, señala el narrador, a los que se atribuían milagros y poderes sobrenaturales. En primer lugar, en su vejez, recibió

---

[231] Cain, *Rufinus of Aquileia*, 213.

[232] Cain, *Rufinus of Aquileia*, 64.

milagrosamente el don de la lectura. Y en segundo lugar, también en su vejez, recibió el poder de expulsar demonios.

Los milagros de otros ascetas incluían la expulsión de animales salvajes (un hipopótamo y un cocodrilo) de la región en nombre de Cristo, y el milagro de la curación. Teón, por ejemplo, que llevaba treinta años viviendo en completo silencio en su celda, «extendía la mano hacia ellos a través de la ventana, la apoyaba sobre la cabeza de todos, daba su bendición y los despedía curados de toda enfermedad».[233] Dídimo, objeto de otra parada en el recorrido, era famoso por su capacidad para caminar descalzo sobre escorpiones y serpientes venenosas sin sufrir daño alguno.

No todas las paradas tenían que ver con un santo del desierto. Algunos destinos eran monasterios o comunidades similares llenas de monjes, que transformaban el paisaje desértico. Por ejemplo, una de las vistas del relato era una montaña llena de cuevas, en la que vivían muchos monjes bajo la dirección de un santo, Pitirión. En otro lugar de la región de la Tebaida, los viajeros visitaron un monasterio dirigido por un tal Isidoro. Este monasterio estaba rodeado por una muralla, como una ciudad, y albergaba a mil monjes. Vivían en absoluto silencio y nunca abandonaban los muros del monasterio, cultivando y fabricando prácticamente todo lo que necesitaban. Solo dos monjes se dedicaban a hacer recados en el mundo exterior.

Especialmente llamativa es la descripción que hace la delegación de la ciudad de Oxirrinco en la Tebaida. Estaba «llena de monjes por dentro y completamente rodeada de monjes por fuera. Todos los edificios públicos que había en ella, junto con los templos dedicados a la antigua religión pagana, eran ahora viviendas de monjes, y en toda la ciudad se veían muchos más monasterios que casas».[234] Con doce iglesias, la ciudad se ha transformado «en una especie de iglesia de Dios unificada. Porque no hay herejes ni paganos, sino que todos los ciudadanos son cristianos, todos son católicos, hasta el punto de que da absolutamente igual que el obispo dirija la oración litúrgica en la calle o en la iglesia».[235]

En general, todas las paradas del gran viaje tenían algo interesante que ofrecer, ya que se podían encontrar ascetas viviendo en diversos hábitats improvisados, desde cuevas a monasterios, e incluso una ciudad entera, en el caso de Oxirrinco. Los viajeros por esa ruta parecen haber sido muchos. Por ello, la delegación de siete monjes cuyo viaje tradujo Rufino

[233] Cain, *Rufinus of Aquileia*, 101.

[234] Cain, *Rufinus of Aquileia*, 98.

[235] Cain, *Rufinus of Aquileia*, 99.

se cruzaba continuamente con otros viajeros que hacían el mismo recorrido. Sin embargo, no todos los cristianos pudieron realizar esta difícil travesía por el desierto. Y, sin embargo, el mismo deseo de conocer a los ascetas —los héroes de la fe de la época— consumía a quienes no podían viajar para verlos. Tal vez como respuesta al deseo de conocer y experimentar a los ascetas desde la distancia, también en esta época empezaron a circular varias colecciones de aforismos y relatos citables de los padres y madres del desierto —al estilo de las redes sociales—. La existencia de estos dichos en griego, latín y copto sugiere su popularidad en todo el mundo mediterráneo, incluido Egipto.[236]

Los santos (del desierto) de las redes sociales

Sobre el padre del desierto Juan el Enano se conserva una concisa anécdota: «El mismo *abba* era muy fervoroso. Alguien que vino a verlo alabó su trabajo, y él guardó silencio, pues estaba tejiendo una cuerda. Una vez más el visitante comenzó a hablar y una vez más él guardó silencio. La tercera vez le dijo al visitante: "Desde que has venido, has alejado a Dios de mí"».[237]

Como ejemplifica esta historia, los dichos de los santos y ascetas del desierto son breves y directos. Al leerlos, no podemos esperar conocer a las personas reales: los dichos son demasiado formulistas. Pero sus palabras revelan una profunda hambre de Dios y la convicción de que el mejor lugar para encontrar a Dios era el desierto. Entre los numerosos dichos atribuidos a *abba* Arsenio, que abandonó una vida de prominencia política y se trasladó al desierto a finales del siglo IV de nuestra era, se encuentra esta anécdota: «Cuando aún vivía en el palacio, *abba* Arsenio oró a Dios con estas palabras: "Señor, guíame por el camino de la salvación". Y se oyó una voz que le decía: "Arsenio, huye de los hombres y te salvarás"».[238] Y el padre del desierto Or tiene fama de haber dicho: «Si huyes, huye de los hombres; o el mundo y los hombres que hay en él te harán cometer muchas locuras».[239]

Quizá el tema más popular de los dichos sea el rigor de las prácticas ascéticas, como reducir al mínimo la comida, el sueño y toda comodidad

[236] Véase, por ejemplo, la nueva colección de dichos de Antonio: Lisa Agaiby y Tim Vivian, *Door of the Wilderness: The Greek, Coptic, and Copto-Arabic Sayings of St. Antony of Egypt. An English Translation with Introduction and Notes* (Leiden: Brill, 2022).

[237] Benedicta Ward, *The Desert Christian: Sayings of the Desert Fathers* (Nueva York: MacMillan, 1975), 92.

[238] Ward, *The Desert Christian*, 9.

[239] Ward, *The Desert Christian*, 248.

corporal, junto con la necesidad de soledad. «Se decía de *abba* Teodoro de Ferme que las tres cosas que consideraba fundamentales eran: la pobreza, el ascetismo y la huida de los hombres».[240] Otros dichos comentan sobre tipos particulares de prácticas ascéticas en solitario. Por ejemplo: «*Abba* Arsenio solía decir que una hora de sueño es suficiente para un monje si es un buen luchador».[241] El cuaderno de viaje *Investigación sobre los monjes de Egipto* señala que algunos monjes dormían sentados en lugar de acostados. Y un dicho atribuido a *abba* Poemen ("Pastor") afirma: «Debido a nuestra necesidad de comer y dormir, no vemos las cosas sencillas».[242] En otra ocasión, se dice que *abba* Poemen dijo en el mismo sentido: «Hay tres cosas de las que no puedo prescindir: la comida, el vestido y el sueño; pero puedo restringirlas hasta cierto punto».[243] Una madre del desierto, madre Sinclética, también comentó que «así como la medicina más amarga expulsa a las criaturas venenosas, la oración unida al ayuno aleja los malos pensamientos».[244]

La repetición continua de los mismos motivos sobre diferentes ascetas solo sirve para distanciar a las personas reales del ideal. De hecho, existen dichos casi idénticos sobre múltiples padres y madres del desierto. Por ejemplo, un dicho sobre madre Sara afirmaba que «durante sesenta años vivió junto a un río, y nunca levantó los ojos para mirarlo».[245] Un dicho similar existe sobre *abba* Heladio: «Se dice de *abba* Heladio que pasó veinte años en las celdas, sin levantar nunca los ojos para ver el tejado de la iglesia».[246] Centrando sus ojos y sus mentes plenamente en Dios, ni siquiera veían el mundo que les rodeaba, con desierto y todo.

Este carácter formulista de la puesta en escena de los ascetas en la gira o de su representación en colecciones de dichos concisos demuestra que para el público de la Antigüedad tardía la austeridad y la disciplina de los santos del desierto era lo que los hacía tan fascinantes. Además, seguramente había algo especial en poder presumir de haberlos visitado, al igual que existía un elemento de prestigio y jactancia para quienes habían

[240] Ward, *The Desert Christian*, 74.

[241] Ward, *The Desert Christian*, 11.

[242] Ward, *The Desert Christian*, 186.

[243] Ward, *The Desert Christian*, 193.

[244] Laura Swan, *The Forgotten Desert Mothers: Sayings, Lives, and Stories of Early Christian Women* (Mahwah, NJ: Paulist, 2001), 44. [En español: *Las madres del desierto* (Buenos Aires: Sudamericana, 2003)]

[245] Swan, *The Forgotten Desert Mothers*, 38.

[246] Ward, *The Desert Christian*, 62.

hecho el *grand tour* pagano. Como Rufino (y su anónima fuente griega) dice al final del prólogo de su cuaderno de viaje:

> Bendito sea Dios, «que quiere que todos se salven y lleguen al conocimiento de la verdad», y que guio nuestro viaje a Egipto y nos mostró cosas grandes y extraordinarias, cuyo recuerdo será beneficioso conservar para la posteridad, para que estas cosas no solo sean fuente de salvación para nosotros, sino que también formen la base de una narrativa salvífica que es eminentemente adecuada para enseñar la santidad y que abre, a los deseosos de hacer el viaje hacia la virtud, un camino robusto pavimentado por las obras de los que nos precedieron en la fe.[247]

Para Rufino y su fuente, el veredicto estaba claro: todo cristiano que se respete debe ir a ver a los ascetas o leer sobre ellos para santificarse. Ya fuera viendo a los ascetas u oyendo hablar de ellos, quienes no estuvieran del todo preparados para adentrarse en el desierto, podían cosechar los beneficios espirituales anunciados del gran viaje y presumir de ello ante los demás.

«¿Qué salisteis a ver en el desierto?»

Sin embargo, el fenómeno de ascetas y santos como atracciones turísticas y objetos de momentos citables no era totalmente nuevo en el mundo de la Antigüedad tardía. Más bien, el fenómeno recuerda la incómoda pregunta que Jesús hizo a la gente que venía a verlo en relación con el santo del desierto original, Juan el Bautista: «¿Qué salisteis a ver en el desierto?» (Mt 11:7).

Jesús dio la respuesta prevista: los espectadores querían ver a un verdadero profeta. Cabe preguntarse si algunas personas estaban menos motivadas por su respeto a la santidad de Juan y simplemente hicieron una excursión de un día para ver a un hombre que se vestía con pelo de camello y comía langostas. Es probable que esa curiosidad describiera a muchos de los turistas de la Antigüedad tardía que viajaron para ver a Antonio, Simeón y otros que se convirtieron en paradas del *grand tour* por el desierto egipcio. Luego tenemos la inquietante historia de María de Egipto, quien, antes de abrazar una vida como santa del desierto en el antiguo territorio de Juan, fue capaz de encontrar suficientes peregrinos para mantenerse a través de la prostitución mientras viajaba junto a ellos en peregrinación desde Egipto a Jerusalén. Evidentemente, lo que sucedió

[247] Cain, *Rufinus of Aquileia*, 59.

en el *grand tour* estaba destinado a quedarse en el *grand tour*. Y no todo lo que sucedió en el viaje fue espiritualmente edificante.

En última instancia, vemos que el deseo de los turistas cristianos de visitar a los santos y ascetas del desierto era una manifestación del cristianismo cultural, enraizado en la tradición pagana del *grand tour*. El hecho de que el nuevo *grand tour* implicara visitar "lugares" cristianos no se convirtió en una práctica espiritual para todos. La experiencia de María de Egipto puede ser un duro recordatorio, pero las pistas están en otra parte. Los cristianos culturales estaban en todas partes, incluso en los viajes de peregrinación. Estos viajeros interiorizaron las ideas paganas sobre los viajes, el prestigio y el deseo de diversión y encontraron la manera de hacerlas respetables, al menos en apariencia. Esta manifestación cultural del tour cristiano se vio facilitada, ante todo, por la naturaleza escenificada de este fenómeno.

Los santos del desierto, tanto en la narrativa de Rufino como en las numerosas biografías que se conservan de ellos, parecen exhibiciones escenificadas para el espectador. Se sitúan en lugares fijos, como pilares, pequeñas cabañas, grutas y ermitas. En este escenario, los ascetas se resignan a su destino como objetos de exposición. Imaginamos, por ejemplo, a Simeón en su pilar, sorprendido de que el hecho de levantarse del suelo no hiciera, sino aumentar el tráfico que acudía a verlo.

Pero no solo el acto de la escenificación estaba inspirado en lo pagano. Los lugares que muchos de los ascetas del desierto seleccionaron inadvertidamente estaban imbuidos de significado pagano. En particular, el pilar al que se trasladó Simeón pertenecía con toda probabilidad a un templo pagano. Originalmente, tales pilares sostenían el techo del templo o, en el caso de pilares más cortos, una estatua de culto de un dios pagano. Por tanto, al reutilizar el pilar, Simeón se apropió de una estructura pagana y se colocó sobre ella como figura de entretenimiento. Se podría ampliar la analogía para ver a Simeón alzándose casi como un dios, apostado sobre este antiguo pedestal de estatua.

También se pueden establecer similitudes entre la autoescenificación de los ascetas y las exposiciones de los museos o las representaciones escenificadas. Al igual que en las representaciones, el público de los *tours* puede mirar, pero (casi siempre) no puede tocar. El público puede verlos y oírlos enseñar u orar, pero (la mayoría de las veces) no puede hablar con los ascetas. El público sabía, al menos, cuál era la "representación" que podía esperar en cada parada del *tour*: ver los nombres de los santos concretos en cada parada del *tour* de los siete monjes en el libro de Rufino nos recuerda que existían esos cuadernos de viaje. Pero este no era todo el entretenimiento que los visitantes ansiaban de los ascetas. La continua obsesión de los visitantes por la dieta de los ascetas saca a relucir otro paralelismo menos halagüeño: el zoológico.

Los zoológicos o *ménageries* nos parecen un concepto totalmente moderno, pero ya existían en el mundo antiguo. Los zoológicos, que normalmente formaban parte de la propiedad de un individuo adinerado, eran especialmente populares en Egipto, una tierra que rebosaba de animales considerados exóticos para los visitantes, desde cocodrilos hasta camellos y elefantes, entre otros. Además, en la Antigüedad, al igual que hoy, uno de los mayores atractivos para los visitantes de los zoológicos era ver comer a esos animales. Aquí vemos un paralelismo directo con los ascetas del desierto.

En el caso de estos ascetas, como vimos antes, sus hábitos dietéticos reciben un nivel de atención notablemente alto en sus biografías, en los dichos de los padres y madres del desierto y en el cuaderno de viaje de Rufino. Del mismo modo que hoy en día los visitantes pueden ofrecer comida a los animales del zoo (aunque con permiso, y normalmente comprándola en el zoo), los antiguos visitantes llevaban comida a los ascetas que visitaban y comentaban si se la comían. Por supuesto, esta obsesión por los hábitos alimenticios de los ascetas del desierto ya se hace visible en la fascinación de los judíos del siglo I por Juan el Bautista. ¿Qué querían ver los curiosos que iban al desierto? Para algunos, ver a un hombre que se alimentaba de langostas y miel silvestre valía el precio del (figurado) billete.

En conjunto, los relatos que Rufino y su fuente griega original recogieron sobre el *grand tour* de los monjes nos proporcionan una visión de las motivaciones de los turistas cristianos de la Antigüedad tardía para visitar las atracciones humanas del desierto. Aunque a los viajeros cristianos les resultaba fácil atribuir profundas motivaciones espirituales a tales viajes, la realidad era que los cristianos, al igual que los paganos, ansiaban el entretenimiento y disfrutaban de la experiencia de viajar a lugares exóticos. Pero el mundo de la Antigüedad era un mundo lleno de dioses paganos. Así que los ascetas, sin pretender ofrecer tal alternativa, permitieron que los viajes se hicieran respetables. Al mismo tiempo, los cristianos de cultura que se animaban a hacer tal viaje seguían siendo profundamente superficiales en sus creencias, como nos recuerda de forma tan conmovedora la historia de María de Egipto y sus "clientes" en la peregrinación a Jerusalén.

Pero esta historia no trata solo de los propios turistas y de su cristianismo influenciado culturalmente. ¿Qué hay de los santos que, sin saberlo, se convirtieron en objeto de estos viajes? ¿Cómo podemos entender su proceso de reflexión sobre su decisión de abrazar la vida en el desierto? Incluso más que Juan, el destino turístico original del desierto, las elecciones de estilo de vida de estas figuras santas de la Antigüedad tardía plantearon preguntas obvias que cautivaron a sus audiencias: ¿cómo se vive encima de una columna? La comida —otra vez esa obsesión por alimentar a los ascetas— no era un problema. Las biografías de Simeón señalan que los muchachos de la zona le llevaban comida, que él era capaz de levantar en una cesta hasta su estrechísima residencia. Pero ¿y las funciones corporales? Es de suponer que el entorno inmediato de la columna de Simeón no era el más saludable después de un tiempo. ¿Es esta la verdadera razón del muro que se construyó alrededor de su columna, en lugar del pretexto de que era para evitar que las multitudes se acercaran demasiado?

Estas preguntas prácticas subrayan la extrañeza de los ascetas para nosotros y para sus curiosos originales. Son la clave para entender a estos santos del desierto como cristianos culturales. Al plantearnos las cuestiones prácticas relacionadas con el estilo de vida que eligieron, somos capaces de conectar a nuestros santos propensos al espectáculo con sus dos predecesores culturales muy diferentes: la comedia y la farsa de poca importancia, así como los movimientos filosóficos anteriores que abogaban por el ascetismo. Y es a este bagaje cultural, que convierte a los santos del desierto, irónicamente, en cristianos culturales, al que nos dirigimos ahora.

Los santos del desierto como cristianos culturales: Tinajas, barriles y escenarios

En el siglo IV a. C., un filósofo que vivía temporalmente en Atenas descubrió el ascetismo. Fascinado por la idea de la pobreza y de no depender de nadie ni de nada, se deshizo de todas sus posesiones, incluida gran parte de su ropa, conservando apenas lo suficiente para cubrir su cuerpo. Al principio, guardaba un pequeño cuenco de madera como bebedero, pero acabó deshaciéndose de él, después de ver a otra persona beber con las manos ahuecadas. Necesitado de un lugar donde vivir, adoptó como morada una enorme tinaja, *pithos*, que requisó en el recinto de un templo.

Algo se perdió en la traducción, y muchos angloparlantes de hoy han oído hablar de Diógenes y su barril. Sin embargo, no había ningún barril, sino una *pithos*. Estas enormes tinajas se utilizaban para almacenar y transportar productos líquidos (como vino o aceite de oliva) y alimentos (como grano o aceitunas). Las *pithos* tenían un significado añadido gracias a la mitología griega. En el mito de Pandora, el recipiente que esta abrió y que desencadenó todos los males del mundo era en realidad una *pithos*. Otra pérdida en la traducción se conoce como la caja de Pandora, pero Diógenes y sus contemporáneos seguramente sabían más, y la asociación no se les escapó.

Para muchos atenienses del siglo IV que tuvieron la desgracia de encontrarse con él, Diógenes pudo haber parecido uno de los males de Pandora desatados en su sociedad. Viviendo como un espectáculo, Diógenes deambulaba por la ciudad casi desnudo, realizando en público todos los actos que otros realizaban en privado: orinar y defecar en las calles, comer en el ágora (algo muy escandaloso) y dormir al aire libre en su tinaja durante todo el año.

El ascetismo extremo de Diógenes fue un predecesor obvio del ascetismo que abrazaron los santos cristianos del desierto. Otra norma cultural que los santos del desierto heredaron de Diógenes y otros filósofos griegos fue el concepto de una vida de relativa soledad como la mejor manera de adquirir una verdadera vida mental. Para ser justos, Diógenes no vivía completamente apartado de la gente. Sin embargo, vivió apartado de la sociedad y de las expectativas sociales, incluso cuando vivía dentro de una ciudad.

En el siglo IV d. C., los relatos sobre Diógenes se habían convertido en patrimonio cultural para muchos en el mundo de habla griega, y su legado de ascetismo, procesado a través de muchas generaciones de otros filósofos, atraía también a los cristianos. Pero esta no fue la única influencia cultural sobre los ascetas del desierto. Además de la filosofía, podemos discernir en los relatos de los ascetas la influencia de la farsa y la comedia de baja estofa, definida con su humor irreverente y a veces escatológico, y la exhibición de personas de forma exagerada.

La comedia popular fue una característica de la cultura grecorromana del entretenimiento, al menos desde el siglo V a. C. en Atenas. Seleccionando temas de evidente importancia política y cultural, las comedias ponían en escena a personajes con fines cómicos y de entretenimiento. Por ejemplo, el filósofo Sócrates fue objeto de burla en la comedia de Aristófanes *Nubes* (423 a. C.). En los periodos posteriores proliferaron tipos de comedia afines, desde la "nueva comedia" del siglo IV a. C. hasta sus traducciones y adaptaciones en la República romana. En ellas abundan las historias de identidad equivocada y romance. Por suerte, al final el chico suele conseguir a su chica. Además, el género de la farsa, del que se sabe menos, era característico tanto de las representaciones cómicas en Atenas como en el mundo romano. Al situar a sus protagonistas en el escenario, la comedia y la farsa servían para cosificarlos como espectáculo, haciendo hincapié en las funciones corporales y la comida de un modo que humanizaba y deshumanizaba a la vez.

Al colocarse sobre pilares y otros "escenarios", los ascetas de la Antigüedad tardía se conectaron con estas tradiciones, moldeándose a sí mismos como nuevos objetos de farsa y combinando características humanizadoras (y quizá incluso sobrehumanas) con otras deshumanizadoras. Tomando de nuevo el ejemplo de Simeón y su columna, aunque los rumores enfatizaban repetidamente su sabiduría y santidad al vivir durante treinta años en lo alto de una columna, también había un elemento deshumanizador absurdo en presenciar (como debieron hacer los visitantes) cómo un santo orinaba o defecaba desde una columna de quince metros. Incluso Diógenes, que efectuaba tales acciones en público, no lo hacía desde un escenario. La misma farsa puede verse en la historia de Marcos el Loco, que durante ocho años vagó por las calles de Alejandría vestido solo con un taparrabos y fingiendo estar loco. Marcos pretendía que sus acciones fueran una penitencia por sus quince años anteriores de vida pecaminosa (irónicamente, como monje en el desierto). Su historia evoca el modelo de ascetismo de Diógenes en la ciudad. Por último, la obsesión por las prácticas alimentarias de los ascetas se inscribe igualmente en esta puesta en escena cómica. Nos viene a la mente, por ejemplo, la historia de *abba* Isaac, que mezclaba las cenizas de la ofrenda de incienso con su escasa comida. Un acto así habría sido, una vez más, un espectáculo naturalmente apto para una farsa.

También hay una dimensión de género en los elementos de escenificación de la comedia y la farsa en las manifestaciones públicas de los ascetas. Se conservan varias historias de mujeres que se disfrazaban de hombres para ingresar en monasterios. Por ejemplo, Eugenia de Alejandría ingresó en un monasterio disfrazada de hombre y acabó convirtiéndose en su abad. Eufrosina de Alejandría también se disfrazó de hombre e ingresó en un monasterio, afirmando ser eunuco. Sorprendentemente, la belleza de este aparente eunuco provocó peleas entre los hermanos —un recordatorio de la omnipresencia y la naturaleza ineludible del pecado—, lo que la llevó a una celda solitaria en el desierto. Aún más sorprendente es la historia de Marina, que se disfrazó de hombre y no reveló su verdadera identidad, ni siquiera cuando fue acusada falsamente de haber engendrado un hijo fuera del matrimonio. Estas historias dan la vuelta a las normas escénicas de la Antigüedad, que obligaban a los hombres a travestirse e interpretar papeles femeninos en el escenario. A la luz de estas historias, el dicho de la madre Sara adquiere un matiz añadido: «Según la naturaleza soy mujer, pero no según mis pensamientos».[248]

En última instancia, reconocieran o no los propios santos el bagaje cultural asociado a su vida ascética en el desierto, lo cierto es que reconocieron, incluso alentando a otros a seguir su ejemplo, que trasladarse al desierto no podía alejar todos los problemas y el pecado. Las madres del desierto parecen haber sido especialmente francas sobre la inutilidad de tal huida. Se supone que la madre Sinclética, la misteriosa madre del desierto a la que se atribuye un inmenso número de dichos, afirmó: «Hay muchos que viven en las montañas y se comportan como si estuvieran en la ciudad, y están perdiendo el tiempo. Es posible ser solitario en la mente mientras se vive en la multitud, y es posible para quien es solitario vivir en la multitud de los pensamientos personales».[249] Del mismo modo, se supone que la madre Teodora dijo: «Había un asceta que, debido al gran número de tentaciones personales, dijo: "Me iré de aquí". Mientras se ponía las sandalias, vio a otro asceta que también se estaba poniendo las sandalias. Este otro asceta dijo: "¿Es por mí que te vas? Porque yo voy delante de ti adondequiera que vayas"».[250]

Pero estas preocupaciones no se limitaban a las madres del desierto. Ammonas, un padre del desierto y discípulo de Antonio, dijo: «He pasado catorce años en Scetes —una solitaria zona desértica— pidiendo a Dios noche y día que me conceda la victoria sobre la ira».[251] La *Investigación sobre los monjes de Egipto* se hace eco de sentimientos similares en varias ocasiones. Un líder de una comunidad monástica, Pitirión, tenía la teoría de que cada individuo, monje o no, tiene demonios particulares asociados con pecados particulares, que siempre lo siguen. Otro líder monástico, Dióscoro, que dirigía una comunidad de cien monjes, estaba especialmente preocupado por la tentación del pecado sexual entre su rebaño.[252] En última instancia, no hay ningún lugar al que podamos huir de nuestras propias disposiciones pecaminosas, culturalmente arraigadas y de nuestra naturaleza pecaminosa.

---

[248] Swan, *The Forgotten Desert Mothers*, 39.

[249] Swan, *The Forgotten Desert Mothers*, 58.

[250] Swan, *The Forgotten Desert Mothers*, 68.

[251] Ward, *The Desert Christian*, 26.

[252] Cain, *Rufinus of Aquileia*, 155, 179.

Pecado cultural en el desierto de las redes sociales

La historia de los santos y ascetas que poblaron los paisajes desérticos de la Antigüedad tardía pone de manifiesto dos nuevas y sorprendentes formas de cristianismo cultural. En primer lugar, la presencia de estos santos como nuevos espectáculos inspiró una versión cristiana, aunque culturalmente pecaminosa, del *grand tour* pagano del imperio. De hecho, la increíble fama que adquirieron algunos de estos santos del desierto guarda un parecido funcional con la obsesión moderna por las celebridades, cuyas casas y lugares favoritos pueden ser también destinos turísticos. En otras palabras, la cultura de la celebridad eclesiástica que Kaitlyn Beaty denuncia en su reciente libro tiene este sorprendente paralelismo antiguo.[253] El desierto virtual que son las redes sociales no ha hecho, sino amplificar la naturaleza farsesca de los santos pilares de nuestros días. Pero, en segundo lugar, los propios ascetas del desierto huían, en última instancia, de la iglesia, pero eran incapaces de escapar de su propia pecaminosidad. Puede parecer chocante pensar en individuos como Antonio como pecadores culturales, pero si examinamos su decisión de llevar una vida solitaria al margen de la sociedad y de la iglesia a la luz de los textos bíblicos originales, esto queda claro.

Las descripciones bíblicas de las cualificaciones de los ancianos ofrecen una llamativa comparación con los santos del desierto. Los ancianos reciben una consideración significativa en el Nuevo Testamento porque son individuos que sirven a sus iglesias locales de una manera particularmente intensa. Las cualificaciones de los ancianos no dejan espacio para los ascetas del desierto.[254] Solo los casados (maridos de una sola mujer) y los que crían hijos fieles se consideran cualificados para el liderazgo eclesiástico. Además, se habla de la importancia de que las mujeres mayores sirvan de mentoras a las más jóvenes.[255]

En esencia, el Nuevo Testamento subraya repetidamente que las personas deben esforzarse por vivir, dirigir y servir en comunidad y no en solitario. Ya hemos señalado en varias ocasiones que, a diferencia de lo que ocurría en el mundo pagano, el Nuevo Testamento y las primeras iglesias reconocían que algunos hombres y mujeres tenían vocación de permanecer en soltería. Sin embargo, veían a estos solteros viviendo incluso esta vocación como parte de la comunidad de la iglesia local,

---

[253] Kaitlyn Beaty, *Celebrities for Jesus: How Personas, Platforms, and Profits Are Hurting the Church* (Grand Rapids: Brazos, 2022).

[254] 1 Tm 3:1-7; Tt 1:5-9; y 1 Pd 5:1-4.

[255] Tito 2:3-5.

ministrando a los demás con obras y oraciones. Los ejemplos de Jesús y Pablo, que permanecieron solteros durante todo su ministerio terrenal, no hacen más que subrayar este hecho. Ambos permanecieron en estrecho contacto con la gente, atendiendo a individuos y comunidades. Aunque Jesús, en particular, pasaba tiempo solo en oración, siempre volvía para atender a la gente. Todo su ministerio, en general, se caracterizó por las relaciones. Además, su reiterada insistencia en valorar a los niños ponía de relieve la importancia de la siguiente generación.[256]

Al abandonar la iglesia y trasladarse al desierto, los padres y madres del desierto rechazaron ese modelo. Incluso los que formaron comunidades monásticas con iglesias en el desierto no reprodujeron el modelo del Nuevo Testamento, ya que no tenían familias, sino únicamente comunidades de un solo sexo (con la ocasional mujer monje travestida en secreto). Esto podría no haber parecido un problema si hubiera pruebas de que estas comunidades excepcionales eran bastiones de la perfectibilidad humana aquí en la tierra. Pero las historias de este capítulo no demuestran eso. Más bien, los ascetas del desierto no solamente seguían luchando en el desierto con los mismos pecados que antes, sino que su acción de trasladarse al desierto proporcionaba a otros, los turistas, nuevas oportunidades para pecar. Para algunos, los ascetas del desierto no eran más que un obstáculo para el crecimiento espiritual.

Y lo que tal vez sea más importante, al alejarse de las iglesias, las comunidades y las familias, los ascetas del desierto se apartaron de la circulación de la sociedad humana real. Los requisitos para ancianos y diáconos, que citan el matrimonio, ponen de relieve cómo, al rechazar el matrimonio, los ascetas rechazaron la enorme responsabilidad de discipular a otros portadores de la *imago dei* en sus hogares y comunidades. Al rechazar las ciudades y las iglesias de esas ciudades, rechazaron la oportunidad de ayudar a los demás. En última instancia, al elegir el desierto, se eligieron a sí mismos y a sus propios deseos, en lugar de esforzarse por ser una bendición para el mundo que los rodeaba. Y esa es exactamente la elección de cualquiera hoy en día, que piensa que podría dejar la iglesia y seguir a Dios solo. En un mundo en el que cada vez hay más oportunidades para trabajar desde casa, practicar el culto desde casa y vivir una vida de soledad, la casa de cualquiera podría convertirse en una ermita. Pero siempre que te encierres en esa fortaleza, en el desierto de las videollamadas, llevarás contigo, como Antonio, a tus demonios.

[256] Por ejemplo, véase Lucas 18:16.

El canto de sirena del desierto y su paz me cantan maravillosamente algunos días en mi casa, llena de los ruidos caóticos de tres niños. A menudo, alguno está enfadado con otro. Muy a menudo, alguno le grita a otro. Hay muchas risas, que son tan maravillosas como ruidosas. Como resultado, a veces he llegado a decir: «Ni siquiera me oigo pensar». Y esa es la cuestión. La gente es difícil. Los ascetas tenían razón. La gente, con su incesante ruido y su pecaminosidad, nos distrae de Dios. Sin embargo, es sirviendo a otras personas, a esos ruidosos portadores de la *imago dei* que nos distraen, como nos vemos obligados a enfrentarnos diariamente a nuestra propia naturaleza pecaminosa y podemos buscar diariamente la santificación. Así es el cristianismo contracultural.

Conclusión

El legendario historiador del mundo grecorromano de mediados del siglo XX, Moses I. Finley tenía fama de sentarse en el fondo de una sala durante las conferencias de otros eruditos y luego lanzar una pregunta durante el turno de preguntas y respuestas: «¿Y qué?». Es una pregunta que intimida, pero es pertinente tenerla en cuenta al concluir cualquier libro. Si no se lo ha planteado, debería hacerlo.

¿Cuál es el significado de las muchas historias y estudios de casos de diferentes pecados culturales presentes en las primeras iglesias? ¿Por qué es importante que reconozcamos que hubo cristianos culturales en la iglesia desde sus primeros días? ¿Qué debería usted, sufrido lector que ha llegado hasta aquí, sacar de todo esto, aparte de grandes anécdotas históricas para futuras fiestas? Aunque, para ser justos, nunca hay que subestimar el valor de tales anécdotas. Como les aseguro a mis alumnos, soltar datos de historia antigua en las fiestas es, de hecho, la clave de una vida social robusta.

Pero el material presentado en este libro tiene implicaciones mucho más serias que la mera recopilación de anécdotas. En última instancia, cualquier cuestión que afecte a nuestro pensamiento sobre el yo a la luz de la eternidad es seria. Es importante una comprensión matizada y compleja de la historia de la iglesia y de su pueblo. Sin duda, Agustín pensaba que una comprensión adecuada de la historia por parte de los cristianos estaba inextricablemente unida a una comprensión sana de la teología.

Creo que el argumento general —que los cristianos culturales estuvieron presentes en todos los periodos de la iglesia primitiva, desde el siglo I hasta el V— tiene importantes ramificaciones para los cristianos de hoy. Esta es, de hecho, la primera conclusión obvia que espero que los lectores saquen de este libro: deberíamos pensar más en el cristianismo cultural como una dimensión fundamental de la historia de la iglesia. En la iglesia primitiva había muchos cristianos culturales, al igual que en las iglesias actuales. Y esta conclusión nos lleva a dos más que están relacionadas.

Hacia el final de mis estudios de posgrado, leí un libro que me hizo replantearme algunos supuestos básicos que había mantenido hasta entonces sobre la democracia clásica ateniense. En el proceso, ese libro tuvo implicaciones para mi pensamiento metodológico más amplio sobre la gente del pasado. Ese libro era *The Bad Citizen In Classical Athens* [El mal ciudadano en la Atenas clásica], de Matthew Christ —y no, no está emparentado con Jesucristo, que yo sepa—.[257] El libro de Christ me mostró por primera vez los feos aspectos de la democracia ateniense, que funcionaba con mucha menos fluidez de lo que podríamos imaginar a primera vista, porque sus ciudadanos estaban mucho menos comprometidos con el éxito de la empresa democrática de lo que yo había imaginado.

A menudo idealizamos Atenas como la primera democracia del mundo, una afirmación engañosa omnipresente en los libros de texto introductorios. Sí, era una democracia en la que los ciudadanos escribían y hablaban repetidamente de su orgullo y confianza en su gobierno y en su sistema jurídico, que incluía una impresionante estructura de juicios por un jurado de iguales. Sin embargo, muchos atenienses guardaban rencor durante décadas, estaban bastante dispuestos a demandarse unos a otros y se resistían a formar parte de esos jurados de los que parecían tan orgullosos. Estos mismos ciudadanos criticaban a los políticos que los dirigían, mientras que la participación en las asambleas democráticas y en las votaciones era, como bromeaba el dramaturgo Aristófanes, mucho menor que en las comedias.

Los ciudadanos deseaban la seguridad que les proporcionaba el ejército ateniense, pero muchos estaban dispuestos a eludir el deber militar. Algunos ciudadanos que fueron reclutados desertaron posteriormente en campaña o incluso durante la batalla. Este comportamiento era tan común que el término *lanzador de escudos* se convirtió en un insulto, ya que el escudo hoplita pesaba cerca de nueve kilogramos, por lo que no es de extrañar que alguien ansioso por huir de la batalla se deshiciera de él. Después de haber paseado por algunos antiguos campos de batalla bajo el sol mediterráneo de mediados de verano, cuando estas batallas se libraban originalmente, estoy francamente asombrada de que alguien hubiera querido seguir luchando.

[257] Matthew Christ, *The Bad Citizen in Classical Athens* (Nueva York: Cambridge University Press, 2006).

El argumento de Matthew Christ implicaba cuestionar algo que yo daba por sentado. Por supuesto, conocía la sólida tradición de crítica intelectual al gobierno popular en la Atenas clásica; basta pensar en figuras filosóficas como Sócrates, que hizo de ello su carrera. La *República* de Platón, de hecho, presentaba una imagen del Estado ideal que criticaba eficazmente cómo Atenas, su Estado no tan ideal, manejaba todos los aspectos de la vida y el gobierno. Pero nunca me había planteado que mientras algunos ciudadanos de la democracia ateniense criticaban al gobierno y a sus gobernantes, incluso la propia noción de gobierno popular, algunos de esos mismos ciudadanos, junto con muchos otros, eran también pésimos ciudadanos.

Puede parecer chocante, pero está claro que es posible que individuos y grupos posean la visión correcta de la ideología de cómo deben actuar el Estado y sus ciudadanos y, sin embargo, actúen de forma totalmente contraria a esa ideología. A veces, a todo el mundo, pasado y presente, le encantaría que no se le aplicara ninguna de las normas, al tiempo que aplica esas mismas normas a los demás.

Creo que la difícil pregunta que hizo Matthew Christ sobre la democracia ateniense —¿cuán bueno era su ciudadano promedio?— es paralela al argumento principal de esta investigación. Y esto nos lleva a la segunda conclusión que espero que transmita este libro: nunca debemos idealizar a la gente del pasado. Esa heroización es peligrosa, pues se trata de personas reales, imperfectas y profundamente pecadoras.

Por un lado, todos hemos leído las reprimendas tanto de Jesús como de Pablo a muchos creyentes en el Nuevo Testamento. No obstante, sigue siendo tentador idealizar a los primeros cristianos como mejores que nosotros, quizá solo porque fueron los primeros. Pero, como muestra este libro capítulo a capítulo, el cristiano "típico" de la iglesia primitiva no era un superhéroe de la fe y, en realidad, estaba mucho más influenciado negativamente por su cultura de lo que nos gustaría pensar. Si lo pensamos teológicamente, nosotros también somos mucho peores de lo que nos gustaría pensar. Por eso nosotros, los enfermos que fingimos estar sanos, necesitamos tan desesperadamente la buena nueva.

Es un instinto natural buscar modelos de conducta, pero en última instancia tiende a llevarnos por la resbaladiza pendiente de la mala historia. El estudio de Matthew Christ sobre los malos ciudadanos ofrece ilustraciones útiles a este respecto. Como historiadora de la Antigüedad, fascinada por los atenienses, sin darme cuenta, estaba idealizando a este pueblo, al que había dedicado años a estudiar en detalle. Esta idealización me hizo pasar por alto algunas partes de las fuentes primarias que siempre tenía delante, como las anécdotas que Christ destacó en su propio argumento sobre los soldados que eludían el deber y las amargas bromas sobre los ciudadanos que no acudían a votar.

Muchos feligreses y eruditos modernos piensan de los primeros cristianos de la iglesia primitiva, de la misma manera idealista que yo tuve la tentación de pensar de los ciudadanos democráticos atenienses. En muchas ocasiones, he oído a mis alumnos y a los cristianos de la iglesia decir que los primeros cristianos eran mucho más devotos que nosotros. Ellos eran las verdaderas personas de fe, como dice el argumento, los que estaban dispuestos a ir a los leones antes que renunciar a Cristo. Hasta cierto punto, eso es verdadero.

Ciertamente, podemos pensar en muchos ejemplos que muestran la dedicación de los primeros creyentes. A lo largo de este libro hemos visto ejemplos como los de Perpetua, Felicidad y Cipriano. Es fácil idealizar a los primeros seguidores de Jesús simplemente porque fueron los primeros; después de todo, tenían una conexión real con el Hijo de Dios. Algunos de ellos pudieron ver y oír las enseñanzas de Jesús, presenciaron milagros de primera mano y estuvieron dispuestos a renunciar a muchas cosas por seguir la verdad. Sin embargo, si miramos de cerca, como hemos hecho en este libro, veremos que ya desde sus primeros días la iglesia estuvo llena de pecadores. En la raíz de muchos de los pecados más comunes de estos primeros creyentes, estaba la cultura circundante que daba a esos pecados un sabor grecorromano distintivo. Ansiosos por seguir a Cristo, estos hombres y mujeres eran, sin embargo, cristianos culturales. Y esto hace que no sean tan diferentes de nosotros.

La idealización de la iglesia primitiva y, en general, del pasado parece ser un instinto humano atemporal. La nostalgia es una fuerza poderosa, y nos lleva a idealizar parte del pasado como una época mucho mejor que el presente en el que vivimos. El objetivo, entonces, podría ser volver a ese pasado idealizado: cuando los cristianos eran auténticos, totalmente devotos y no como nosotros. Pero este pasado ideal en el que la iglesia era totalmente santa e irreprochable es, de hecho, un mito. Por supuesto, Apocalipsis nos asegura que esto sucederá en el futuro. No podemos volver a este tiempo ideal en el pasado porque nunca existió.

Así pues, la tercera enseñanza que se desprende de este libro es una exhortación a todos los cristianos de hoy a resistirse a este anhelo nostálgico de restaurar la iglesia a una época en la que (imaginan) era perfecta. La tentación de señalar ese tiempo en el pasado está siempre presente, pero siempre es un impulso culturalmente pecaminoso, sobre todo porque nos lleva a restaurar un pasado imaginado que es falso y refleja nuestro propio bagaje cultural.

La historia de Estados Unidos ha estado repleta de estas restauraciones: épocas en las que la gente se ha esforzado de verdad por restaurar la iglesia del primer siglo. Un ejemplo es el movimiento Stone-Campbell de principios del siglo XIX. Muchos de los que confunden el cristianismo con el patriotismo estadounidense, en particular, han tenido la tentación de pedir tales resurgimientos y restauraciones, animando a los cristianos de hoy a recuperar una nación cristiana que aparentemente habían perdido. Aunque tales movimientos pueden tener mucho amor por el evangelio y un deseo genuino de llegar a algo bueno, el deseo de restaurar la iglesia del pasado es innecesario. Al fin y al cabo, como muestra este libro una y otra vez, los cristianos de la iglesia primitiva, desde la época del Nuevo Testamento hasta la época de Agustín, se parecían mucho a nosotros en su atracción por los pecados de la cultura en la que estaban.

De forma sorprendente, el deseo de restaurar la iglesia a su gloria anterior imaginada es un fenómeno ausente en gran medida en la iglesia primitiva. Los primeros cristianos, desde los tesalonicenses de la época de Pablo hasta Cipriano, que atravesaban crisis tras crisis a mediados del siglo III, pensaban que vivían en los últimos días del mundo. Pensaban que todo estaba pasando y que pronto llegaría a su fin, mientras se lamentaban de la "vejez" del mundo que los rodeaba.

Las conclusiones de estas reflexiones deberían cambiar nuestra forma de pensar sobre la gente de la iglesia primitiva. A su vez, esto puede repercutir en nuestra forma de pensar sobre nuestras propias prácticas y comportamientos. Esto nos lleva a nuestra última y más incómoda conclusión. ¿Dónde nos quedamos cortos y actuamos como cristianos culturales? Las recientes batallas culturales en torno a ciertos temas ofrecen un terreno lamentablemente fértil para el debate, como demostrarán los ejemplos seleccionados en el resto de la conclusión.

El precio de la vida humana: Enfoques culturales y contraculturales

En septiembre de 2021, justo cuando comenzaba otra ola de COVID-19, el estado de Texas, donde las tasas de mortalidad eran de las más altas del país en ese momento, propuso una oferta de recompensa de 10 000 dólares a cualquiera que procesara con éxito a un proveedor de abortos. La ley se sugirió como una medida totalmente cristiana y provida. En aquel momento me preocupaba una cuestión accesoria que planteaba la ley, con su oferta de recompensa de 10 000 dólares para quienes procesaran con éxito a los proveedores de abortos: ¿cómo se puede poner precio a una vida humana?[258]

Resulta que la iglesia lleva mucho tiempo reflexionando sobre esta cuestión y dando respuestas teológicas y prácticas. Teológicamente, los cristianos evangélicos están de acuerdo en la doctrina clave de la redención: la "recompra" de la humanidad pecadora mediante el sacrificio de Jesús en la cruz. Pero la ley de Texas demostró que, en la práctica y en términos concretos, la valoración de la vida humana es más difícil de cuantificar.

En el capítulo 6, nos encontramos brevemente con una crisis que Cipriano, obispo de Cartago, recibió el encargo de resolver: la recompra de cristianos que habían sido secuestrados por tribus nativas y que iban a ser vendidos como esclavos, o incluso prostituidos, si no eran rescatados. Como Cipriano señaló en su carta de respuesta a los obispos de las pequeñas ciudades que se pusieron en contacto con él en busca de ayuda, adjuntó 100 000 sestercios para la recompra de los cautivos, lo que se calcula que equivale a un millón de dólares en moneda moderna.

El hecho de que Cipriano fuera capaz de recaudar estos fondos en poco tiempo para esta emergencia, en una época en la que él y su iglesia se enfrentaban a muchas otras emergencias, incluida una pandemia de ébola, demuestra hasta qué punto los cristianos cartagineses consideraban fundamental su responsabilidad de comprar a sus compañeros cristianos, incluso en una época de profundo sufrimiento en la que nadie podía saber con certeza cuándo podrían arrebatarle su propia vida, ya fuera por la peste o por el martirio. Sí, a veces la vida humana tiene un precio literal, pero entonces, como cristianos, quizá deberíamos ser más conscientes de ello que el mundo que nos rodea.

Creo que hay una analogía útil para nosotros hoy, cuando los efectos de la pandemia siguen reverberando en nuestra sociedad. ¿Cuánto vale una vida humana? ¿Y cómo demostramos que la valoramos? El llamamiento de Cipriano a una ética provida contracultural implicaba apoyar a quienes lo necesitaban con dinero y recursos, atender a las viudas y a los indigentes. En comparación, la ley de Texas, con su recompensa monetaria por denunciar a los proveedores de abortos, resulta muy burda, incluso cuando las tasas de mortalidad por COVID-19 del estado han sido de las más altas de Estados Unidos.

[258] Nadya Williams, "Pricing Human Life", *Current*, 30 de septiembre, 2021, https://currentpub.com/2021/09/30/pricing-human-life/

Dado que el Tribunal Supremo ha anulado recientemente el caso *Roe contra Wade*, el llamamiento a los cristianos para que apoyen la vida de forma práctica con medios económicos y recursos no es menos urgente que nunca. Redimir la vida de los demás debería adoptar formas prácticas como atender a madres solteras, viudas, huérfanos y otras personas que sufren en nuestro entorno, precisamente por los presupuestos teológicos que compartimos los cristianos. «Aquel que nos redimió en la cruz con su sangre, ahora debe ser redimido por nosotros mediante el pago de dinero», recuerda Cipriano con naturalidad.[259]

Leggings y culpar a Betsabé

Una visión culturalmente inspirada de la humanidad es omnipresente en cómo muchos cristianos en nuestra sociedad ven a las mujeres. Particularmente alarmante en estos días de #MeToo y #ChurchToo y tras la publicación del informe de la Convención Bautista del Sur sobre el abuso sexual en la congregación es la tendencia a culpar a las mujeres por los pecados cometidos contra ellas por los hombres. Esta actitud, sin embargo, no es bíblica. Más bien, se deriva de la suposición cultural moderna de que, dado que las relaciones involucran a dos personas, cualquier problema es culpa de ambos. En el proceso, esta suposición ha llevado a desconfiar de las víctimas de violaciones y otros tipos de violencia, considerándolas trágica e injustamente culpables de los pecados cometidos contra ellas. Cerrando el círculo, esta visión de los abusos, inspirada en la cultura actual, también ha influido en la lectura que algunos evangélicos hacen de la Biblia. He aquí un ejemplo.

Recientemente, se ha producido otro alboroto en las redes sociales sobre las interpretaciones de la historia de David y Betsabé en Segunda de Samuel 11. Los veteranos de Twitter han observado que, como tantas otras tendencias, este tema se repite con notable regularidad. La cuestión principal: ¿fue Betsabé violada o se trató de una relación consentida y, por tanto, de un flagrante adulterio? Las respuestas entre el público evangélico en general estaban divididas. Tal vez, argumentaban algunos, no deberíamos culpar solo a David de lo sucedido. Como dice el adagio derivado del igualitarismo moderno, hacen falta dos para bailar el tango. Además, parece que Betsabé se bañaba desnuda en público, así que, dada su falta de pudor, ¿no se lo estaba buscando?

Varios teólogos reflexivos, entre ellos Carmen Joy Imes, ofrecieron respuestas perspicaces a estos argumentos, destacando el modo en que la

[259] Cipriano, *Epístola* 62.2.

reprimenda de Dios que el profeta Natán dirigió a David dejaba bien claro que la culpa era unilateral.[260] Natán comenzó, después de todo, contándole a David lo que parecía ser una historia sobre otra persona: un hombre rico que sacrificó el único cordero de su vecino pobre para servir de cena a un invitado. Solo cuando David exclamó indignado que ese hombre debía morir, Natán le dijo que él era el hombre. En esta analogía, el lector se da cuenta de que David es el hombre rico. El marido de Betsabé, Urías, es el vecino pobre. En cuanto a Betsabé, ella es el cordero que fue llevado al matadero. Ella es la víctima en este escenario.

En su análisis de las representaciones de Betsabé en las Biblias infantiles de finales del siglo XX, la historiadora del arte Elissa Yukiko Weichbrodt observó los paralelismos entre las sugerentes formas en que se enfatiza el cuerpo de Betsabé en estas ilustraciones y otras representaciones culturalmente aceptadas de, por ejemplo, los miembros desnudos de mujeres en anuncios de máquinas de afeitar femeninas.[261] En otras palabras, nuestra cultura ha influido tanto en nuestra percepción de la mujer, que estas opiniones se han filtrado incluso en las ilustraciones de la Biblia para niños. Al destacar a las mujeres como objetos de la mirada, nuestra cultura sugiere que son culpables, al menos en parte, de los pecados de quien las mira. Esta actitud también es visible en la obsesión por la modestia de la mujer, popularizada especialmente por la cultura evangélica de la pureza de los años ochenta y noventa. Todavía resuenan vestigios tóxicos, como muestra el siguiente ejemplo.

A finales de la primavera de 2022, Owen Strachan, que no es ajeno a este tipo de polémicas, criticó los *leggings* femeninos como inmodestos en un episodio de podcast.[262] Su hipótesis era que cuando las mujeres visten de forma inmodesta, llevan a los hombres al pecado. Si esas mujeres sufren alguna agresión, la culpa es exclusivamente suya. Por lógica inversa, se podría asimismo preguntar lógicamente a las víctimas de agresiones, como también ha sucedido a veces: ¿qué has hecho para que te ocurra esto?

---

[260] Carmen Joy Imes, "Blame David, Not Bathsheba. The Prophet Nathan Did", *Christianity Today*, 18 de julio, 2022, https://www.christianitytoday.com/ct/2022/july-web-only/rape-david-bathsheba--adultery-sexual-sin-prophet-nathan.html.

[261] Elissa Yukiko Weichbrodt, "Seeing Bathsheba", *Current*, 25 de julio, 2022, https://currentpub.com/2022/07/25/seeing-bathsheba/.

[262] Owen Strachan, "Should Women Wear Tight Leggings?", *Antithesis*, 22 de abril, 2022, https://podcasts.apple.com/us/podcast/should-women-wear-tight-leggings-a-biblical/id1152518569?i=1000558336598.

La actitud de evangélicos como Strachan es notablemente similar a la perspectiva de romanos paganos como Ovidio, que también veían a las mujeres como nada más que objetos de presa para perseguir y seducir. Jesús y los líderes de la iglesia primitiva, como Tertuliano y Cipriano, lucharon contra esta actitud y destacaron que la ropa de las mujeres era lo más importante para las propias mujeres conversas. Dios es quien te mira, no los hombres, enfatizó especialmente Cipriano en su tratado *Sobre la vestimenta de las vírgenes*, que mencionamos en el capítulo 5.

Una visión contracultural y bíblica de la mujer hoy en día, al igual que en cualquier periodo anterior de la historia de la iglesia, implica verlas no como objetos sexuales —un estándar de la sociedad—, sino como Dios las ve. Ver a las mujeres a través de los ojos de Dios en lugar del lente pecaminoso del mundo es tan difícil de aplicar hoy como en el siglo I de nuestra era. Y este desafío se extiende también a cómo vemos a los inmigrantes, a los extranjeros y a los que no se parecen a nosotros en nuestra sociedad.

Inmigración, teoría crítica de la raza y guerra

En la primavera de 2020, cuando todo el mundo se esforzaba por comprender la pandemia mortal que asolaba el mundo, tuve que llevar a mi hija, que entonces tenía un año, al pediatra para una revisión periódica. La enfermera me estaba haciendo varias preguntas básicas de nuevo rigor durante la exploración inicial: ¿ha estado la familia expuesta al COVID-19 recientemente? ¿Algún miembro de la familia ha viajado al extranjero últimamente? Y entonces llegó el gran final: ¿ha estado el niño recientemente "cerca de alguien enfermo o sucio", como (añadió la enfermera a modo de aclaración) un inmigrante? La pregunta, y la forma atroz en que estaba formulada, me pararon en seco.

Como mencioné en la introducción, emigré a Estados Unidos en el instituto. Cuando hablo inglés, mi extraño acento híbrido —ni ruso ni hebreo— casi ha desaparecido. O, al menos, la mayoría de la gente que me conoce por primera vez asume que simplemente procedo de otra parte de Estados Unidos. En otras palabras, a la mayoría de la gente no le parezco extranjera. Como mujer blanca de ascendencia judía, tampoco parezco "diferente". Pero la revelación inadvertida por parte de la enfermera de sus suposiciones —que son los extranjeros de quienes llegan las enfermedades y las amenazas— mostró los prejuicios poderosamente arraigados en la cultura que nos rodea.

Para ser una nación compuesta por inmigrantes, Estados Unidos ha tenido sin duda una relación inusualmente conflictiva con la inmigración y la política de inmigración. Desde las diversas cuotas que limitaron a ciertos tipos de inmigrantes a finales del siglo XIX y la primera mitad del XX, hasta los prejuicios a los que se han enfrentado diversos grupos de inmigrantes en distintos periodos de tiempo, la historia de la inmigración estadounidense es más luctuosa que festiva.[263]

Dentro de esta historia más amplia, resulta especialmente lamentable la negativa de algunos estadounidenses, incluidos cristianos devotos, a ver el rostro de Jesús en los inmigrantes que no se parecen a ellos. En el reciente libro *Heathen: Religion and Race in American History* [Paganos: religión y raza en la historia de Estados Unidos], Kathryn Gin Lum muestra cómo los cristianos blancos estadounidenses, desde el siglo XVIII hasta la actualidad, han tendido a considerar a cualquiera que no fuera blanco como un "otro" efectivamente inferior e incivilizado. Esto significa, en términos religiosos, ver también a estos individuos *en masse* como paganos necesitados de salvación —material y religiosa— en lugar de compañeros herederos en el reino de Dios.[264] Esta visión por defecto, que confunde el cristianismo con la identidad estadounidense, también pasa por alto la realidad de que el centro de gravedad del cristianismo se ha estado desplazando hacia el sur global desde hace algún tiempo.[265]

Este punto de vista, resultado del nacionalismo cristiano y de la creencia en la superioridad de los estadounidenses blancos sobre todos los demás, tiene un impacto destructivo en nuestra capacidad para llevar a cabo una antropología bíblica precisa. En otras palabras, distorsiona nuestra capacidad de amar a los demás como lo hizo Jesús y como nos llamó a hacerlo como creyentes. Esto tiene un impacto destructivo tanto en el ámbito interno —como en la oposición obsesiva al concepto conocido como *teoría crítica de la raza* (TCR) por parte de ciertos grupos de políticos estadounidenses que se declaran cristianos— como en el externo —por ejemplo, en la negativa de muchos cristianos estadounidenses a acoger a refugiados y víctimas de guerras—.

---

[263] Escribí sobre las políticas de inmigración antijudías en los Estados Unidos de la época de la Segunda Guerra Mundial en esta entrada de *Anxious Bench*: Nadya Williams, "Israel and Immigration: A Christian Reflection on the Consequences of Past Sins", *Anxious Bench*, 19 de mayo, 2021, https://www.patheos.com/blogs/anxiousbench/2021/05/israel-and-immigration-a-christian-reflection-on--the-consequences-of-past-sins/.

[264] Kathryn Gin Lum, *Heathen: Religion and Race in American History* (Cambridge, MA: Harvard University Press, 2022).

[265] Pocos han hecho tanto por explicar este fenómeno como el historiador Philip Jenkins. Véase *The Next Christendom: The Coming of Global Christianity* (Nueva York: Oxford University Press, 2002); y *The New Faces of Christianity: Believing the Bible in the Global South* (Nueva York: Oxford University Press, 2008).

La TCR sigue siendo un concepto que la mayoría de la gente no puede definir (o las definiciones varían absurdamente), pero esto no ha detenido las luchas a su alrededor. Se ha convertido en una amenaza divisoria, cuya más breve mención basta para fomentar airados debates entre cristianos de la misma iglesia —lo sé porque lo he visto de primera mano—. Cabe preguntarse cuál es la (peor) herejía: ¿la TCR en sí o la oposición a ella? A los cristianos desconcertados por esta cuestión, les recomiendo especialmente el artículo de John Fea, "An Open Letter to American History Teachers: Stop Teaching Critical Race Theory" [Carta abierta a los profesores de historia de Estados Unidos: Dejen de enseñar la teoría crítica de la raza].[266] Enseñar fielmente la historia de Estados Unidos desde sus comienzos genocidas y esclavistas requiere hablar de pecados horribles, y no se necesita ninguna teoría adicional ni terminología divisiva para transmitir la profundidad de los pecados culturales de la nación, que han distorsionado su visión de grupos enteros de personas durante diferentes períodos. Por supuesto, el patriotismo sano también debe tener un lugar en nuestros corazones, como otro historiador, John Wilsey, exhorta a los cristianos a recordar, pero nunca debe convertirse en idolatría.[267]

Si tenemos una visión de la humanidad centrada en el evangelio y en su valor para un Dios amoroso, debería quedarnos muy claro que el racismo estructural sigue siendo un pecado cultural nacional. Pero la otra cara de esta misma distorsión de nuestra percepción de la humanidad afecta al trato que damos a los demás en el extranjero. La historia reciente de Estados Unidos abunda en ejemplos de rechazo a los refugiados, desde los barcos de judíos que huían de los nazis durante el Holocausto hasta los sirios que huían del ISIS. Mientras tanto, durante la brutal invasión rusa a Ucrania (en el momento de escribir estas líneas), algunas voces políticas prominentes, como la autoproclamada congresista nacionalista cristiana de Georgia, mi actual estado natal, Marjorie Taylor Greene, han dado todo su apoyo a Rusia, el invasor. Agustín no estaría impresionado.

Esperando la ciudad de Dios

En última instancia, como pueblo de Dios, vivimos en este mundo, aunque esperamos la ciudad de Dios. Mientras tanto, por mucho que

[266] John Fea, "An Open Letter to American History Teachers: Stop Teaching Critical Race Theory", *Current*, 28 de mayo, 2021, https://currentpub.com/2021/05/28/an-open-letter-to-american-history-teachers-stop-teaching-critical-race-theory.

[267] John D. Wilsey, "Whatever Happened to Patriotism? A Healthy Love of Country is Nothing to Disdain", *World*, 9 de agosto, 2022, https://wng.org/opinions/whatever-happened-to-patriotism-1660044135.

intentemos luchar contra ella, la cultura que nos rodea siempre ha conseguido impregnar la iglesia de diversas formas insidiosas. Aunque puedo identificar algunos pecados culturales en las personas que me rodean, sin duda soy culpable de otros, de los que no soy consciente o cuya magnitud no percibo con exactitud. Pero a lo que vuelvo una y otra vez es a la belleza de este imperfecto y corrompido cuerpo de Cristo, donde cada domingo puedo adorar al Señor resucitado con compañeros pecadores, con los que puedo tener profundos desacuerdos fundamentales sobre temas relacionados con la guerra, el control de armas, el racismo estructural, las mejores formas de respetar y promover una cultura de la vida y mucho más. Al menos, todos tenemos la misma postura sobre los *leggings*: están bien. Algunos miembros de la congregación incluso los llevan a la iglesia.

Dejando las bromas a un lado, en este país y en este mundo divididos, ¿en qué otro lugar podría uno pasar tiempo regularmente con personas con las que tiene desacuerdos tan profundos y que, sin embargo, se aman profundamente? Todos los domingos podemos disfrutar de esta visión de la ciudad de Dios aquí en la tierra, y por ello estoy profundamente agradecida. El hecho de que podamos reunirnos cada semana porque todos creemos en el Señor Jesucristo, que murió por nuestros pecados —incluidos nuestros pecados culturales—, resucitó y está deseoso de tener una relación eterna con nosotros, es la idea más contracultural de todas.

Agradecimientos

Los libros no existen en el vacío porque sus autores tampoco. En el proceso de escribir este libro, me he beneficiado de una comunidad extraordinariamente generosa de eruditos y amigos, que me han dedicado amable y generosamente su tiempo y sabiduría para leer partes del libro y aportar comentarios reflexivos que lo han mejorado enormemente: Meghan DiLuzio, Jeff Dryden, Jen Ebbeler, Jay Green, Andrew Hendley, Bruce Lowe, Steve Walton y John Wilsey. Katya Covrett fue una editora de ensueño. Dotada académica por derecho propio, aportó comentarios minuciosos y recomendaciones de lectura que mejoraron el manuscrito.

Les estoy muy agradecida por su tiempo y experiencia. También reclamo enfáticamente la propiedad de cualquier error o equivocación que pueda haber. Después de todo, escribir libros puede resultar santificador en ocasiones, pero el proceso no conduce a la perfección ni para el libro ni para su autor.

Pero mis deudas van mucho más allá de las contraídas con los colegas que leyeron y comentaron partes del libro. El blog *Anxious Bench* de Patheos y, sobre todo, la revista *Current* me han proporcionado una comunidad intelectual cristiana que me ha ayudado a encontrar una voz más fuerte como escritora y me ha ofrecido la oportunidad de poner a prueba ideas en curso. Pensar junto a escritores públicos experimentados cuyo trabajo admiro ha sido una bendición y la mejor experiencia de aprendizaje que podría haber pedido. Mi especial agradecimiento a Eric Miller, que ha sido un amable mentor y amigo.

La Universidad de West Georgia me concedió un permiso de investigación en la primavera de 2021, lo que me dio tiempo para redactar los seis primeros capítulos. La Iglesia Presbiteriana King's Chapel (PCA) en Carrollton, Georgia, ha sido una iglesia cariñosa y acogedora para mi familia durante los últimos siete años y contando. Ha sido una bendición maravillosa reflexionar sobre las preguntas desafiantes de este libro junto a cristianos más sabios que buscan claramente vivir contraculturalmente en este mundo.

Por encima de todo, estoy agradecida a mi marido, que me ha dejado tiempo para escribir haciendo todo lo posible por cuidar de nuestros hijos en una época de mucho trabajo para él también. Su regalo de tiempo para que yo escriba es algo que aprecio mucho, junto con las bonitas fotos que ha sacado por el camino de los niños buscando fósiles de dinosaurios en nuestro patio trasero, saltando en la pila de hojas o montando en bicicleta. Pero su ayuda y su apoyo han ido mucho más allá del cariño práctico que nos profesa a nuestros hijos y a mí. Como historiador experimentado tanto de la Antigüedad como del evangelicalismo estadounidense moderno, me ha indicado repetidamente direcciones útiles, me ha sugerido libros y me ha hecho preguntas que, en última instancia, han transformado este proyecto para mejor. Gracias, Dan.

Índice temático

Índice *Locorum*